ein Ullstein Buch

ÜBER DAS BUCH:

Seit dem Auftreten des legendären Gangsterpärchens Bonnie und Clyde aus Texas, das raubend und mordend durch die Vereinigten Staaten zog, haben Liebespaare, die gemeinsam Verbrechen begingen, immer wieder die Aufmerksamkeit der Öffentlichkeit erregt. Der Weg ins Verbrechen wird überwiegend eingeschlagen, um sich den Weg für die Liebe zueinander freizumachen. Die Liebe ist oft stark genug, zwei Menschen zu Komplizen bei einem Verbrechen zu machen, sie erweist sich allerdings meistens als zu schwach, die Folgen der gemeinsam begangenen Tat zu überleben – aus Leidenschaft wird häufig Haß, aus dem Miteinander ein Gegeneinander von Bezichtigung und Beschuldigung. An diesem Punkt wird klar, welche zentrale Bedeutung der sexuellen Abhängigkeit zukommt, denn Sexualität und Kriminalität vereinigen sich bei diesen teuflischen Paaren zu einer bösen und explosiven Mischung.

DER AUTOR:

Max Pierre Schaeffer, Publizist, bereiste als Chefreporter großer deutscher Zeitungen die Welt. Er schreibt Romane, Sachbücher und Filmdrehbücher. Seine kriminalpsychologischen Arbeiten wurden häufig in großen Prozessen – so z. B. im Bartsch-Prozeß – zitiert. Seine Kriminalromane, die sich eng an die Wirklichkeit anlehnen, wurden zum Teil verfilmt *(Der Fall Vera Brühne)* und in mehrere Sprachen übersetzt.

Max Pierre Schaeffer

Die teuflischen Paare

Die 10 berühmtesten
Verbrechen aus Liebe,
Habgier und Leidenschaft

ein Ullstein Buch

ein Ullstein Buch
Nr. 20837
im Verlag Ullstein GmbH,
Frankfurt/M – Berlin

Ungekürzte Ausgabe

Umschlagentwurf:
Hansbernd Lindemann
Foto: Mall Photodesign

Taschenbuchausgabe mit
Genehmigung der F. A. Herbig
Verlagsbuchhandlung, München

Printed in Germany 1987
Druck und Verarbeitung:
Elsnerdruck, Berlin
ISBN 3 548 20837 1

November 1987

Vom selben Autor
in der Reihe der
Ullstein Bücher:

Zum Nachtisch Zyankali
(20713)
Mörder aus gutem Hause
(20760)

CIP-Kurztitelaufnahme
der Deutschen Bibliothek

Schaeffer, Max Pierre:
Die teuflischen Paare: d. 10 berühmtesten Verbrechen aus Liebe, Habgier u. Leidenschaft / Max Pierre Schaeffer.
– Ungekürzte Ausg. –
Frankfurt/M; Berlin: Ullstein, 1987
(Ullstein-Buch; Nr. 20837)
ISBN 3-548-20837-1
NE: GT

Inhalt

Der Fall Bonnie und Clyde

Blutige Ballade in Texas

Die Frau am Steuer des schwarzen Ford V8 ist nur ein Meter fünfzig groß. Ein zierliches Püppchen. Über dem kurzgeschnittenen goldblonden Haar trägt sie eine schwarze Ballonmütze. Der Mann neben ihr sitzt leicht zurückgelehnt. Er ist kräftig, mit breiten Schultern und gewölbter Brust. Sein Gesicht unter dem hellen Hut, den er in den Nacken geschoben hat, wird beherrscht von unruhigen großen, dunkelbraunen Augen. Es ist wohl der verkniffene Zug um den Mund, weswegen man ihn »Rattengesicht« nennt. Er schreckt auf, als die Fahrerin ihn anstößt.

»Sieh dir den an«, sagt sie böse lächelnd.

Im Sonnenlicht erkennt man jetzt die Sommersprossen auf ihrer Stupsnase. Ihr Mund wird schmal und hart, als sie auf einen jungen Polizisten an der Straßenkreuzung deutet.

Während sie mit der linken Hand steuert, holt sie mit der rechten eine abgesägte Flinte unter dem Fahrersitz hervor. Sie stellt sie zwischen ihre Beine und fährt geradewegs auf den Uniformierten zu, der zum Schutz gegen die stechende Sonne einen weißen Helm trägt. Als sie ihn erreicht hat, bremst sie. Sie kurbelt das Wagenfenster herunter.

»Wie kommen wir zur Main-Street?« fragt sie.

»Zweite Straße rechts, dann hinter der Kirche links.«

Grüßend tippt der Polizist an seinen Helm. Im selben Moment hebt

die blonde Frau die Schrotflinte. Aus beiden Läufen feuert sie gleichzeitig.
Die Kugeln reißen dem jungen Beamten den Kopf ab. Sein Körper, vom Blut überströmt, sackt langsam in sich zusammen, fällt nach vorne auf die Fahrbahn.
»Schau mal an, sein Schädel hüpft wie ein Gummiball!« ruft die Frau vergnügt ihrem Begleiter zu.
Auch der Mann starrt für einen Moment amüsiert auf das schauerliche Bild, das der sterbende Polizist bietet. Dann ruft er: »Weg hier!«
Die Frau gibt Gas, und mit einigen bockenden Sätzen bewegt der klapprige Ford sich vorwärts, ehe er immer schneller an Fahrt gewinnt.
Als Passanten, von den Schüssen aufgeschreckt, zu der Kreuzung eilen, ist der Wagen längst ihren Blicken entschwunden.
»Typisch Bonnie und Clyde!« heißt es am nächsten Tag in den Zeitungen von Oklahoma City, wo im Juli 1933 die Bluttat passierte – ein schreckliches Verbrechen ohne jeden Sinn.
Bonnie – das ist die am 12. Juni 1911 in Rowena, Texas, geborene Bonnie Parker, eine ehemalige Kellnerin, trotz ihrer geringen Körpergröße von unerhörter Energie und Kaltblütigkeit. Verheiratet mit Roy Thornton, der wegen Mordes zu neunundneunzig Jahren Zuchthaus verurteilt wurde.
Clyde – das ist der am 24. März 1909 in Telice, Texas, geborene Clyde Barrow, ein Meter neunzig groß, Sohn eines Tankstellenbesitzers, ein Tage- und Autodieb.
Seit fast einem Jahr ziehen die beiden plündernd, raubend und mordend durch den Mittel- und Südwesten der Vereinigten Staaten – weit entfernt von der späteren Legende, moderne Robin Hoods zu sein. Und weit entfernt auch von dem Bild jenes einnehmenden

Pärchens, das Faye Dunaway und Warren Beatty in dem später von Regisseur Arthur Penn gedrehten Film »Bonny und Clyde« darstellten. Das echte Gangsterpaar war eine Horrorvision von Mordlust und Rücksichtslosigkeit. Nie zuvor und nie danach hat es in der an Schrecken nicht armen amerikanischen Kriminalgeschichte ein Außenseiterpaar gegeben, das so brutal und gedankenlos tötete. Selbst Verbrecher ihres Schlages sprachen nur verächtlich über die beiden.

Ihnen fehlte jeder Funken Menschlichkeit. Sie dachten in Kugeln, und ihre Sprache waren Schüsse.

Sadisten mit ihrer Freude am Töten sind meistens schon in ihrer Jugend zu erkennen. Peter Kürten, der Massenmörder aus Düsseldorf zum Beispiel, fiel schon als Kind auf, als er Spielkameraden und Tiere quälte. Auch Clyde Barrow ließ bereits als Kind das Böse in sich ahnen. Bewohner von Houston Heights, Nachbarn von ihm, berichteten, daß er als Junge mehrfach Schwierigkeiten bekam, weil er Vögeln die Flügel brach, um dann über ihre hilflosen Flugversuche zu lachen. Clyde ist drittjüngster unter acht Geschwistern. Er wuchs in einem ärmlichen Milieu auf. Als er nach knapp sechs Jahren der Schule den Rücken kehrte, ohne lesen und schreiben zu können, wurde er in seinem Zeugnis »ein unverbesserlicher Schwänzer, Dieb und Faulenzer« genannt. Da er keine Lust zur geregelten Arbeit hatte, schloß er sich der »Sneak Thief Square Root-Bande« an, die auf kleinere Diebstähle spezialisiert ist. Er fungiert als Assistent seines älteren Bruders Ivan Marvin, genannt »Buck«. Die Barrow-Brüder sind immer vorweg, wenn die Bande Lebensmittelmärkte und Tankstellen ausraubt.

Clyde Barrow hat auch eine leicht sentimentale Seite. Er interessiert sich für Musik. Eines Tages stiehlt er ein Saxophon, das er von nun an auf der Flucht vor der Polizei immer bei sich führt. Mit der Zeit gelingt es ihm sogar, dem Instrument Töne und Melodien zu entlocken. Seine Liebe aber gilt seinem Waffenarsenal, das er sich im Laufe der Zeit zusammenstiehlt. Auf dem Höhepunkt seiner Verbrecherlaufbahn gilt er als einer der am besten bewaffneten Menschen in Amerika. Er besitzt schließlich mehrere Maschinenpistolen, Maschinengewehre und Gewehre, ein gutes Dutzend Pistolen und ganze Kisten voller Munition, einschließlich Handgranaten.

Seine erste Waffe ist eine alte Pferdepistole, die nicht mehr funktioniert. Damit überfällt er eine Spielhölle. Die Ausbeute ist zwar gering, aber es gelingt ihm dabei, den Wächtern zwei Achtunddreißiger abzunehmen. Diese Revolver sehen von nun an immer mehr Menschen auf sich gerichtet. So der Pächter einer Tankstelle in Denton, Texas.

»Geld her!« schreit Clyde ihn an.

Ehe der zitternde Mann reagieren kann, macht sein Bruder Buck sich an der Kasse zu schaffen. In diesem Moment fährt der Wagen des Sheriffs in den Hof. Die beiden Gangster sind mit einem Satz im Wagen und rasen davon, verfolgt vom Sirenengeheul des Polizeiautos. Die Beamten schießen auf die Fliehenden. Eine Kugel trifft Buck in den Rücken.

Clyde am Steuer ist ein glänzender, mutiger Fahrer. Doch in einer scharfen Kurve, bei Tempo hundertfünfunddreißig, kommt sein alter Ford ins Schleudern, stürzt in einen Graben. Beide Achsen brechen. Während Clyde entkommen kann, wird der verletzte Buck verhaftet. Man verurteilt ihn zu fünf Jahren Zwangsarbeitslager in Eastham. Sein jüngerer Bruder macht auf eigene Faust weiter, bei seinen Einbrüchen und Raubzügen begleitet von Ray Hamilton, einem Mitglied ihrer Gang. Dieser Hamilton hat eine Geliebte, die zu dieser Zeit neunzehnjährige Bonnie. Mit bürgerlichen Namen heißt sie Mrs. Roy Thornton, denn sie ist verheiratet. Freunde von ihr wissen, daß sie den Namen ihres Mannes und zwei Herzen eintätowiert auf ihrem Oberschenkel trägt. Mit der Treue nimmt sie es allerdings nicht so genau. Ihr Mann verübelt es ihr nicht: schließlich sitzt er wegen Mordes im Zuchthaus von Eastham. Für neunundneunzig Jahre, was soviel wie lebenslänglich heißt.

Als Clyde im Januar 1930 in dem kleinen Lokal in Dallas, in dem sie arbeitet, auf Bonnie trifft, verändert das sein Leben. Der Jung-Gangster, Mädchen gegenüber sehr schüchtern und unerfahren im Umgang mit ihnen, gerät sofort in den Bann der zierlichen, goldhaarigen Serviererin. Für ihn hat sie eine faszinierende Ausstrahlung, der er sich nicht entziehen kann. Einerseits weckt die kleine Frau in ihm den Beschützerinstinkt. Zum anderen aber spürt er eine gewisse Seelenverwandtschaft. Bonnie, die das Leben in Dallas anödet, fühlt sich »zu Tode gelangweilt«, wie sie Clyde sagt. Und sie sagt auch: »Es muß bald etwas passieren. Ich bin es leid, den Kerlen den Kaffee zu servieren.« Er sagt: »Komm zu mir. Dann erlebst du was.«

Bonnie verläßt ihren Freund Ray Hamilton und wechselt zu Clyde. Er lebt in einer schäbigen Wohnung, aber das ist für sie nicht wichtig. Wichtig ist, daß ihr neuer Liebhaber ein Mann ist, der etwas unternimmt, der ihren Drang nach Abenteuern und immer neuen Sensationen stillen kann.

An einem Februartag 1930 sitzen sie gerade sich zärtlich umarmend auf der Couch, als zwei Polizisten ins Haus kommen und Clyde abholen. Er hat in Waco, Texas, einen Einbruch begangen und dabei vergessen, Handschuhe zu tragen. Die Quittung: zwei Jahre Gefängnis. Zum erstenmal zeigt Bonnie, was in ihr steckt. Sie, die im allgemeinen keinen Büstenhalter trägt, zieht zum erstenmal einen an, bevor sie am Besuchstag zu Clyde ins Gefängnis geht. In dem intimen Kleidungsstück hat sie eine Achtunddreißiger versteckt, die einen Bisley-Griff hat, schmal genug, um sie durch die Gitterstäbe zwängen zu können. Das gelingt ihr in einem unbewachten Augenblick. Drei Tage später schießt ihr Geliebter sich mit der Waffe den Weg nach draußen frei, ohne dabei jemanden ernsthaft zu verletzen.

In Middleton, Ohio, wird er von der Polizei gefaßt, als er von einem Frachtzug springen will. Dieses Mal schickt man ihn nach Eastham, damals bekannt als die »Feuerhölle«. Eine Zwangsarbeiterfarm inmitten von Baumwollfeldern. Bruder Buck war kurz vorher, am 2. März 1930, aus der Anstalt ausgebrochen.

Hätte ihn seine armselige Kindheit nicht schon auf die Bahn des Verbrechens getrieben, so wäre er spätestens in Eastham zum »Outlaw«, zum Gesetzesbrecher, geworden. Hier lernt er von den Mitgefangenen alles, was ihm noch zum perfekten Gangster fehlt.

In Eastham sind die Sitten rauh. Für unbedeutende Vergehen wird Clyde gepeitscht und auf der »Fußkavallerie« gefoltert. Er muß auf ein Pökelfaß klettern, das auf einem Holzblock steht und so lange darauf sitzen bleiben, bis er in der brennenden Sonne ohnmächtig wird. Um nicht mit einem Kommando zu einer gefährlichen Arbeit ausrücken zu müssen, hackt Clyde sich den großen Zeh seines linken Fußes ab. Hier in Eastham tötet Clyde Barrow den ersten Menschen.

Ein Mitgefangener namens Ed Crowder geht zur Gefängnisverwaltung und verrät, daß Clyde an einem verbotenen Glücksspiel teilgenommen hat. Wieder wird er gepeitscht und gefoltert. Als er erfährt, wem er das zu verdanken hat, schwört er, den Verräter bei nächster Gelegenheit umzubringen. Wenige Tage darauf nimmt er ein schweres Eisenstück und schlägt dem Mann den Schädel ein. Nach zwanzig Monaten in der Hölle von Eastham begnadigt Ross Sterling, der Gouverneur von Texas, ihn dennoch – auf ein Gesuch seiner Mutter hin.

Am 2. Februar 1932 erwartet ihn seine kleine blonde Freundin am Tor, durch das Clyde Barrow wieder in die Freiheit tritt. Er sagt: »Ich will nie wieder ein Gefängnis von innen sehen – eher sterbe ich.« Daran hält er sich.

Er versöhnt sich mit dem früheren Freund Hamilton, dem er Bonnie ausgespannt hat, und zieht mit den beiden raubend und mordend durch die Lande – die blutige Ballade von Bonnie und Clyde beginnt. Schon vor seinem Aufenthalt in Eastham fand er heraus, daß seine leichtgewichtige Freundin seine Vorliebe für Schußwaffen und schnelle Autos teilt. Er bildet sie als waghalsige Fahrerin aus und macht sie mit Pistole, Flinte und Maschinengewehr vertraut. Er drillt sie so lange, bis sie schießen kann wie Annie Oakley, die legendäre Heldin aus dem Wilden Westen. Ihr Auge und ihre Reaktion verblüffen ihn.

»Die sind doch wahnsinnig!« sagen grimmig die Menschen, die in den Zeitungen fast täglich von den Verbrechen des jungen Paares lesen müssen, das sich – manchmal nur um einer Beute von fünfzig oder hundert Dollar willen – quer durch Banken, Tanzsäle, Cafés, Tankstellen und durch Kleinstädte schießt. Niemand und nichts mehr ist vor ihnen sicher.

Schon einen Monat nach seiner Begnadigung wird Clyde Barrow als einer der Täter erkannt, die eine Tankstelle in der Nähe von Lufkin,

Texas, ausraubten. Kurz darauf: Bonnie und Clyde fallen einer Polizeistreife auf, als sie in einer Kleinstadt einen Ford V8 – ihr Lieblingsauto – stehlen. Die beiden können flüchten, werden aber in Mabank gestellt. Während Clyde im letzten Augenblick den Verfolgern entkommen kann, wird Bonnie verhaftet und zu drei Monaten Gefängnis verurteilt.

Während sie noch sitzt, begeht ihr Liebhaber seinen ersten Raubmord. Am späten Abend des 27. April 1932 schellt Clyde Barrow in Begleitung eines Komplizen bei John Bucher, der in Hillsboro eine Musikalienhandlung besitzt. Als der Mann nur zögernd die Tür öffnet, sagt Clyde: »Ich brauche eine Guitarrensaite, Mister.«

»Jetzt mitten in der Nacht?«

»Ja, mitten in der Nacht.«

Der Mann dreht sich um. Clyde schießt ihm in den Rücken. Die beiden Gangster rauben dem Toten vierzig Dollar.

Vier Monate später. Vor einer Tanzhalle in Atoka, Oklahoma. Es ist der Abend des 5. August. Sheriff C.G. Maxwell und Untersheriff Eugene Moore werden auf zwei junge Männer aufmerksam, die vor dem Gebäude aus einer Flasche trinken. Es scheint Alkohol zu sein, und das Trinken von Alkohol ist hier verboten.

Der Sheriff geht auf die beiden zu. Er sagt: »Steckt die Flasche weg! So etwas dulden wir nicht.«

Clyde Barrow nimmt die Flasche langsam vom Mund, wischt ihn sich ab. Er lächelt. »Oh, Sie dulden es also nicht?«

»Nein.«

Dann geschieht alles auf einmal. Clyde läßt die Flasche fallen und hat plötzlich zwei schwere Revolver in der Hand. Beide knallen fast gleichzeitig. Die erste Kugel trifft Untersheriff Moore mitten ins Herz.

Er fällt tot zu Boden. Ehe Sheriff Maxwell begreifen kann, was da geschieht, ist auch er von einer Kugel in die Brust getroffen. Sterbend bricht er in die Knie, während Clyde Barrow und Ray Hamilton, der zweite Fremde, in ihren gestohlenen Wagen springen und davonrasen.

Diese völlig unmotivierte Schießerei, die zwei Menschenleben kostet, offenbart einen gefährlichen Charakterzug Clyde Barrows: seine Mordlust. Kurz darauf überfällt er mit seiner Bande, zu der neben Hamilton auch wieder sein Bruder Buck gehört, der kurz vorher bedingt aus der Haft entlassen worden ist, eine einsam liegende Überland-Station in der Stadt Grand Prairie. Ihnen fallen dreitausendfünfhundert Dollar in die Hände – ihre bis dahin höchste Beute. Aber zum erstenmal werden sie auch gejagt wie noch nie: Ranger, Highway-Streifen und die Stadtpolizei hetzen sie im Großeinsatz quer durch Texas. Nur mit viel Glück können sie dem Netz ihrer Verfolger entkommen.

Dann der Abend des 11. Oktober. In Red River Valley betritt Clyde mit einem Begleiter einen Schlachterladen. Clyde fuchtelt mit einer Pistole herum und sagt: »Geld raus! Schnell!« Homer Glace, ein Angestellter, hebt ängstlich die Hände. Sein Chef, Howard Hale, ist trotz seiner siebzig Jahre ein mutiger Mann. Er stürzt sich mit einem Beil auf den kräftigen Burschen, trifft aber daneben. Clyde feuert sechs Kugeln aus seiner Fünfundvierziger auf ihn ab, rafft ein paar Konservendosen zusammen und nimmt fünfzig Dollar aus der Ladenkasse. Der Fleischer stirbt kurze Zeit später.

Inzwischen hat sich auch Bonnie nach ihrer Entlassung aus dem Gefängnis wieder Clyde Barrow angeschlossen.

Am 14. November 1932 raubt Clyde die Oronogo Missouri State

Bank aus, während Bonnie in einem Versteck in der Nähe einen Reifen ihres gestohlenen Autos flickt. Die Beute ist kläglich: nur ein paar hundert Dollar. Dann fahren die beiden, getrieben vom Heimweh, nach Dallas, um Bonnies Verwandte zu besuchen. Auf dieser Fahrt gabelt das Gangsterpärchen den siebzehnjährigen Tankwart W.D. Jones auf. Er schließt sich unter Druck Bonnie und Clyde an, die ihn zum Bankräuberlehrling machen. Er muß Banken ausrauben, Schmiere stehen, mit Maschinengewehren Polizisten in Schach halten und wird obendrein noch von Bonnie und Clyde ausgeplündert. Nachts ketten sie ihn sogar manchmal an, damit er nicht flüchten kann. So gibt er es jedenfalls später zu Protokoll.

In dem Film von Arthur Penn wird Clyde Barrow als impotent hingestellt. Das entspricht – wie so vieles andere in diesem Streifen – nicht den Tatsachen.

Barrow hat in dem Gefangenenlager Eastham seine Neigung zur Homosexualität entdeckt. Nur am Anfang ihrer Beziehung ist er mit Bonnie intim gewesen. Später schläft sie wieder mit ihrem früheren Freund Ray Hamilton. Aber der hat auch eine Liebesbeziehung mit Clyde Barrow. Tankwart W.D. Jones, der angeblich gezwungen wurde, sich der Barrow-Bande anzuschließen, dient schließlich als Liebhaber für beide – für Clyde und für Bonnie, die wiederum starke nymphomane Eigenschaften besitzt.

Das seltsame Leben dieser drei spielt sich vorwiegend auf der Flucht vor ihren Verfolgern ab. Sie schlafen meistens im Freien und essen Erdnußbutterbrote. In Betten übernachten sie nur, wenn sie einsam gelegene Ferienhäuser aufgebrochen haben.

Bonnies Mutter schickt von Zeit zu Zeit frische Wäsche und Picknickkörbe, die Bonnies Schwester Billie dem Pärchen und ihrem Begleiter

überbringt. Billie später: »Wir aßen dann zusammen in irgendeinem Winkel. Aber nie länger als eine halbe Stunde – es war zu gefährlich. Manchmal fotografierten wir uns dann auch gegenseitig. Bonnie bereitete es besondere Freude, diese Fotos von sich und Clyde zusammen mit selbstverfaßten Gedichten an Zeitungen zu schicken.«
Das Gangsterpaar genießt seine Berühmtheit. Es spielt mit dem Entsetzen der Leute, wenn es auf Fotos, die für die Presse bestimmt sind, mit Gewehren und Pistolen herumalbert. Auf einem Bild ist Bonnie mit einer Zigarre im Mund zu sehen und einem an der Hüfte baumelnden Revolver – die »gefährliche Gangsterbraut«.
Die beiden scheinen aber auch zu spüren, daß der Tod nicht mehr weit ist. Anfang 1934 sagt Bonnie Parker zu ihrer Mutter: »Wenn sie mich töten, bring mich bitte nach Hause. Laß nicht zu, daß sie mich in einem Leichenschauhaus ausstellen.« Ein Wunsch, den ihr die Mutter allerdings nicht erfüllen kann.

Die Justizbehörden von Texas, der Morde, der Demütigungen und der Selbstdarstellungen von Bonnie und Clyde in der Presse müde, setzen schließlich einen Mann auf ihre Spur, der ihrem blutigen Treiben ein Ende setzen soll.
Frank Hamer, ehemaliger Rittmeister der Texas Rangers, ein Meter neunzig groß und neunzig Kilogramm schwer, ist eine außergewöhnliche Erscheinung. In jungen Jahren hat der Sohn eines Schmiedes auf den Spuren der Indianer, denen seine Vorliebe gilt, die Berge von San Saba durchstreift. Er lernte, auf dem Boden zu schlafen und seine Sinne zu schärfen. Als er mit zweiundzwanzig Jahren zur Rangertruppe stieß, galt er als blendender Schütze und unfehlbarer Messerwerfer. Dennoch machte er nur selten von der Waffe Gebrauch. Er

zog es vor, den Widerstand seiner Kontrahenten mit einem Handkantenschlag zu brechen.
Er ist fünfzig Jahre alt, als er die Aufgabe übernimmt, die »Staatsfeinde Nummer eins« von Texas auszuschalten. Zwei Jahre vorher war er bei den Rangers ausgeschieden. Doch er zögerte nicht lange, als man ihm antrug, Bonnie und Clyde zur Strecke zu bringen. Für seine Sonderaufgabe wird Frank Hamer zum texanischen Straßenpatrouillendienst abkommandiert.
Während Bonnie und Clyde mit ihrem Gehilfen W.D. Jones weiter ziellos den Südwesten von Texas durchstreifen, weitere Kleinstadtbanken und Geschäfte überfallen, nimmt ihr Jäger Frank Hamer Kontakt mit Menschen auf, die die beiden kennen. So erfährt er einiges von ihren Eigenheiten und Angewohnheiten.
Was Clyde lange vor dem Zugriff von Hamer und anderen Polizeikräften rettet, ist sein sechster Sinn für drohende Gefahr.
Einmal hat er mit Bonnie, W.D. Jones sowie seinem Bruder Buck und dessen Ehefrau Blanche in Jophin in einem einsam gelegenen Haus Quartier bezogen. Er kundschaftet gerade mit Jones eine Bankfiliale aus, als er sagt: »Wir müssen zurück. Da ist was nicht in Ordnung. Ich spüre es!« Die beiden fahren zum Haus, stellen den Wagen in die Garage. Das Bild ist friedlich: Buck und Blanche lesen, Bonnie sitzt am Küchentisch und verfaßt ein neues Gedicht »Die Geschichte des Selbstmörders S.«. Auf dem Herd kocht ein Topf mit braunen Bohnen.
Doch Clyde hat sich nicht getäuscht. Plötzlich durchschlagen Polizeikugeln die Scheiben. Die drei Männer und Bonnie schießen zurück, während Blanche laut schreiend davonläuft. Wenig später schlägt die Garagentür auf, ein Ford mit Clyde am Steuer rast heraus. Wild um sich schießend, bahnt sich die Barrow-Bande den Weg aus der

Umklammerung. Zwei Polizisten – Wes Harryman und Harry McGinnis – werden erschossen. Kurz darauf reißt Buck seine Frau, die vor ihnen über die Straße läuft, in den Wagen.
Doch das Glück, das Bonnie und Clyde so lange begleitet hat, neigt sich dem Ende zu.
Auf einer ihrer langen nächtlichen Fahrten, in denen sie auf den Landstraßen Hunderte von Kilometern zurücklegen, um heute eine Tankstelle in Texas und morgen eine Bank in Kansas ausrauben zu können, überschlägt sich ihr Wagen und brennt aus. Bonnie erleidet dabei schwere Verbrennungen. Doch das hindert sie nicht daran, zusammen mit der Bande weitere zwölf Banken auszurauben: Sie läßt sich von Clyde jedesmal in den Wagen tragen. Mit dem Gewehr in ihrem bandagierten Arm liegt sie auf dem Rücksitz und hält »Wache«, während die anderen in die Gebäude eindringen und Geld, manchmal aber auch nur Geiseln, herausholen.
Von solchen Geiseln, die in der Gewalt der Barrows waren, erfährt Frank Hamer, daß die Bande »sehr nett« sein kann. Einer von ihnen, ein Sargunternehmer, wird von Bonnie sogar geküßt. Sie sagt ihm: »Wir machen das alles nur zum Spaß!« Doch Hamer läßt sich nicht täuschen. Er weiß, daß er es mit eiskalten Gegnern zu tun hat.
Zweimal geraten die Barrows in eine Falle der Polizei. Bei Platte City in Missouri können sie noch entkommen. Auf einem verlassenen Ausstellungsgelände bei Dexter in Iowa aber scheint ihre Fähigkeit, sich aus den ausweglosesten Situationen herauszuschießen, erschöpft zu sein. Buck Barrow wird von drei Kugeln getroffen und stirbt fünf Tage später. Seine Frau Blanche wird von der Polizei gefaßt. Bonnie und Clyde können auch diesmal entkommen. Der junge Komplize Jones schafft es ebenfalls. Er flüchtet nach Texas, wo er verhaftet wird.

Von nun an sind Bonnie und Clyde ganz auf sich allein gestellt. Sie leben und schlafen nur noch in ihrem Wagen, den sie an einsamen Stellen parken. Noch einmal holen sie zu einem großen Schlag aus. An einem nebligen Morgen tauchen sie auf einem der Felder auf, von dem die Zuchthausfarm Eastham umgeben ist. Sofort eröffnen sie das Feuer auf einen Wachbeamten, der eine Sträflingskolonne zur Arbeit führt. Tödlich getroffen bricht der Mann zusammen. Fünf der Sträflinge folgen Bonnie und Clyde, die wie Schemen vor ihnen herhuschen. Die beiden führen die Gefangenen zu ihrem Wagen, der in der Nähe versteckt ist. Bald darauf ist das Auto im dichten Nebel verschwunden.

Die Befreiungsaktion galt Ray Hamilton, dem alten Freund und Komplizen. Zusammen mit ihm und dem Lebenslänglichen Henry Methvin, der ebenfalls mit ausgebrochen ist, unternimmt das Pärchen eine Serie neuer Überfälle. Hamilton springt aber ab, als es Streit über die Aufteilung einer Beute gibt. Methvin jedoch bleibt bei Bonnie und Clyde. Er soll ihr »Judas« werden.

Trotz aller Tüchtigkeit kann Frank Hamer die beiden schließlich nur durch Verrat zur Strecke bringen. Er bedient sich dabei des Vaters von Henry Methvin, der in Louisiana wohnt.

Der alte Mann fürchtet das Pärchen, dem sein Sohn sich angeschlossen hat. Er hat Angst, daß sie Henry noch tiefer ins Verbrechen ziehen. Auf Geheiß von Clyde Barrow hat der Sohn schon zwei Polizisten getötet.

Henry Methvin stand auf Posten, als neben dem geparkten Wagen, in dem Bonnie und Clyde schliefen, eine Motorradstreife der Polizei auftauchte. Bonnie, vom plötzlichen Lärm aufgeschreckt, sah zwei Uniformierte heranfahren. Sie rüttelte Clyde wach. Der rief Methvin zu: »Putz sie weg!« Henry Methvin zögerte nicht eine Sekunde. Beide Polizisten fielen tot von ihren Maschinen.

Als Frank Hamer Vater Methvin um dessen Hilfe bei der Überwältigung des Mörder-Pärchens bittet, ist der sofort damit einverstanden. Er erhofft sich dafür eine mildere Behandlung seines Sohnes. Auch Henry, vom Vater eingeweiht, ist schnell bereit, Bonnie und Clyde in eine Falle zu locken, um so seine eigene Haut zu retten.

Er verrät Hamer ein Geheimnis: Er hat mit Bonnie und Clyde einen bestimmten Treffpunkt an einer Straße bei Arcadia ausgemacht, für den Fall, daß sie voneinander getrennt würden. Am nächsten Tag führt Methvin die Trennung absichtlich herbei: von einem Einkauf kehrt er nicht zu den beiden zurück. Sie nehmen daraufhin an, daß er vor der Polizei geflüchtet sei. Seinem Vater, den sie aufsuchen, sagen sie, daß sie am nächsten Morgen zu dem vereinbarten Treffpunkt fahren werden. Falls er ihn sähe, solle er dem Sohn Bescheid sagen. Der alte Mann unterrichtet Frank Hamer. Der handelt sofort.

Noch am selben Abend baut er an der Straße bei Arcadia einen Hinterhalt auf. Dann versteckt er sich hinter Kieferzweigen, zusammen mit dem Bezirkssheriff Henderson Jordan und vier ebenfalls bewaffneten Beamten. Er hat Anweisung gegeben, die beiden jungen Gangster lebend einzufangen und sie nur zu töten, falls sie selber schießen sollten.

Gemüseautos, Holztransporter und einige Personenwagen fahren am nächsten Morgen – es ist der 23. Mai 1934 – am Versteck der Polizisten vorüber. Von den Gesuchten zunächst keine Spur. Plötzlich erkennt Hamer im Führerhaus eines Lastwagens, der heranrattert, den alten Methvin. Er weist ihn an, auszusteigen, ein Rad abzumontieren und so eine Reifenpanne vorzutäuschen. Kurz nach neun Uhr kommt ein dunkler Ford V8 mit hoher Geschwindigkeit herangefahren. Er ist fast neu, mit einer Zulassungsnummer aus Arkansas.

Frank Hamer erkennt die beiden Insassen sofort. Clyde Barrow am Steuer hat eine dunkle Sonnenbrille auf. Bonnie neben ihm trägt ein rotes Kleid und einen rotweißen Hut. An ihren Fingern blitzen Diamantringe. Clyde stoppt neben dem alten Mann, der auf der Straße kniet und sich mit dem Rad beschäftigt.

Er fragt: »Eine Reifenpanne?«

Methvin sagt: »Ja. Habt ihr Henry gefunden?«

Clyde Barrow sagt: »Nein.«

In diesem Moment springen Frank Hamer und seine Männer aus dem Hinterhalt hervor. Hamer ruft: »Hände hoch! Wir haben auf euch angelegt!«

Die beiden im Wagen denken aber nicht daran, sich zu ergeben. Wie so oft in solchen heiklen Situationen tritt Clyde rasch aufs Gaspedal. Gleichzeitig reißen er und Bonnie die Waffen hoch, die quer über ihrem Schoß liegen. Doch diesmal können sich ihre Finger am Abzug nicht mehr krümmen. Ihre Körper werden von einem tödlichen Geschoßhagel durchsiebt. Beide sind auf der Stelle tot.

Für einen Moment noch fährt ihr Auto mit seinem weiterlaufenden Motor und dem toten Clyde am Steuer auf zwei Rädern weiter. Dann stürzt es eine Straßenböschung hinab. Während sich die Räder des umgekippten Fahrzeugs immer noch drehen, geben die Beamten, deren Kollegen schon so oft von dem Gangsterpärchen hereingelegt wurden, eine weitere Kugelsalve auf den Wagen ab. Schließlich ist er von hundertsiebenundachtzig Kugeln durchsiebt.

Bonnie hockt zusammengesackt auf dem Beifahrersitz, ihr Kopf zwischen den Knien und eine Maschinenpistole auf ihrem Schoß. Mit ihrer linken Hand umklammert sie ein Päckchen blutdurchtränkter Zigaretten. Drei Finger ihrer rechten Hand, der Abzugshand, sind von den Kugeln der Polizeibeamten abgeschossen worden. Clyde, dessen Kopf aus dem Fenster hängt, ist vornüber auf das Lenkrad gefallen. Er hält eine Schrotflinte mit sieben Kerben im Schaft umklammert. Ein Glas aus seiner Sonnenbrille ist herausgeschossen. Man läßt die beiden blutigen Menschenbündel, so wie man sie aufgefunden hat, liegen, als der Wagen nach Arcadia abgeschleppt wird.

Hier findet man in seinem Inneren ein komplettes Waffenarsenal: Browning-Schnellfeuergewehre, sechs automatische Pistolen, einen Revolver, zwei abgesägte automatische Schrotflinten und genügend Ladestreifen und Munition für eine Belagerung. Die Lebensmittel und Decken lassen darauf schließen, daß das Pärchen häufig im Wagen übernachtet hat. Im Auto liegen Führerscheine aus einem Dutzend amerikanischer Staaten. Außerdem das Saxophon, auf dem Clyde so gerne spielte, wenn er nicht gerade auf seinen Streifzügen war. Clyde Barrow hat fünfhundertsieben Dollar in der Tasche – sein ganzer Reichtum, der ihm nach seinen jahrelangen Raubzügen und schätzungsweise fünfzehn Morden geblieben ist.

Als Frank Hamer seinem Vorgesetzten Bericht erstattet, sagt er: »Da war nicht viel zu machen. Sie sind einfach an den falschen Ort gefahren. Beide starben sie mit der Waffe in der Hand, aber sie hatten keine Möglichkeit, sie zu gebrauchen.« Er bedauert es besonders, daß er eine Frau töten mußte. »Ich verabscheue es auch deswegen, weil sie saß. Jedoch, wenn es sie nicht erwischt hätte, hätte es uns erwischt.«

Bei der Untersuchung in Arcadia wird Bonnie mit Hilfe der beiden Herzen, die sie am Oberschenkel eintätowiert hat, identifiziert. Clyde

ist durch das Fehlen des großen Zehs am linken Fuß zu erkennen.
Die Körper der beiden Toten werden einige Tage öffentlich ausgestellt. Die Schaulustigen strömen zu Hunderten herbei. Sie stehen auf Tischen und Stühlen, um einen letzten Blick auf die erschossenen Gangster werfen zu können. Schließlich werden die Leichen von ihren Verwandten nach Dallas geholt. Entgegen einer Prophezeiung, die Bonnie in einem Gedicht machte, wird das Mörderpaar nicht nebeneinander beerdigt. Clyde begräbt man neben seinem Bruder Buck auf dem Westfriedhof von Dallas. Bonnie findet ihre letzte Ruhe im Crown Hill Memorial Park.
Auf ihrem Grabstein steht folgender Vers (der allerdings nicht von ihr selbst stammt): »So wie die Blumen süßer werden / durch Sonnenschein und Tau, / so wird diese Welt lichter / durch das Leben von Menschen wie Euch.«
Ein Vers, der mithalf, die – falsche – Legende von Bonnie und Clyde zu begründen.

Der Fall Ruth Blaue und Horst Buchholz

Ein Mann zuviel

Der blonde Mann mit dem Profil eines Jünglings steht hämmernd in seiner Werkstatt im Schwarzwalddörfchen Gremmelsbach bei Villingen. Durch das Fenster sieht er ein schwarzes Auto vorfahren. Drei Männer steigen aus. Einer von ihnen bleibt verwundert vor der Büste stehen, die der Blonde gerade aus einem Stein meißelt. Sie zeigt unverkennbar die Züge eines Toten – eines Mannes, der das Opfer eines Mordes wurde. Um diese Tat aufzuklären, sind die drei Männer – Kriminalbeamte – in die Idylle des Künstlers eingedrungen.
Der Beamte vor der Büste dreht sich um. »Sie müssen mitkommen, Herr Buchholz!« sagt er.
Der Blonde führt noch mechanisch einige Schläge aus. Dann hält er inne. Langsam legt er den Meißel nieder, bindet sich den Kittel ab. Wortlos geht er mit zu dem schwarzen Auto. Seiner Geliebten, die man aus der angrenzenden Wohnung holt, entfährt ein Schrei, als sie die Blechmarken der Polizisten sieht. Ruth Blaues schmales Gesicht verfärbt sich.
»Was wollen Sie von uns?« fragt sie.
»Es geht um den Tod Ihres Mannes …«

Mühsam legt sie die wenigen Meter zum Polizeiauto zurück. Stumm sitzt sie dann neben dem schönen, blonden Mann, an dessen Seite sie zurückgezogen in dem kleinen Ort im Schwarzwald lebt. Horst Buch-

holz, mit seinen dreißig Jahren zehn Jahre jünger als sie, starrt düster aus dem Fenster, als der Wagen anfährt.
»Die beiden sind angenehme und ganz solide Menschen – bei allen überaus beliebt«, hat ein Gemeindebeamter den Kripobeamten das Paar beschrieben. Die Polizisten, die sie an diesem Morgen des 16. August 1954 zur Vernehmung abholen, halten sie nicht für so solide. Ruth Blaue und Horst Buchholz stehen unter Mordverdacht. Die Kriminalpolizei vermutet, daß sie den Mann getötet haben, dessen Kopf der junge Bildhauer gerade meißelte – John Blaue, Ruths Ehemann, seit sieben Jahren vermißt.

Der Fall begann mit einem unheimlichen Fund, den badende Kinder im Mai 1947 in einem Dorfteich bei Elmshorn machten: Sie zogen einen Seesack mit einer nackten Männerleiche aus dem Wasser.
Der ein Meter einundachtzig große Tote wies am Schädel fünf schwere Schlagverletzungen auf. Kein Zweifel: Er war das Opfer eines Verbrechens. Die einzigen Erkennungszeichen an seinem grausam verstümmelten Körper: ein Goldzahn im rechten Oberkiefer, drei fehlende Zähne im Unterkiefer.
Um die Identität des Toten zu klären, ging man bei der Kriminalpolizei die Vermißtenmeldungen durch. Damals, zwei Jahre nach Kriegsende, glich dieser in normalen Zeiten richtige und systematische Weg der Polizeiarbeit eher einem Lotteriespiel. Denn in den Wirren dieser Tage quollen die Karteikästen über von Namen und Schicksalen von Menschen, die von ihren Angehörigen gesucht wurden. Die von heute auf morgen einfach verschwunden waren, untertauchten.
Unter den vielen Namen stießen die Beamten auch auf den Namen John Blaue. Nach den Angaben seiner Frau war der Fuhrunternehmer

Mitte 1946 in die Sowjetzone gefahren, um einen Lkw zu kaufen. Seitdem, so hatte sie erklärt, fehle jede Spur von ihm. Nach ihrer Auskunft konnte er nicht der Tote aus dem Dorfteich sein. Denn, so sagte sie auf entsprechende Fragen, er habe weder einen Goldzahn noch drei fehlende Zähne gehabt.

Auch der Vergleich mit anderen Vermißten führte zu keinem Erfolg. Das Protokoll vom Fund des Toten im Seesack wanderte in die Akte »Ungeklärte Fälle«. Die Leiche wurde in der Gruft 634 auf dem Elmshorner Friedhof beigesetzt.

Sieben Jahre später nahmen sich Kriminalrat von Knoblauch und Oberkommissar Paukstadt die verstaubten Akte vor. Es gehörte zu ihrer Routine, ungeklärte Fälle von Zeit zu Zeit neu aufzurollen. Beim Lesen der Vermißtenmeldungen stieß der Oberkommissar auf die Angaben der Ruth Blaue. Irgendwie hatte er dabei ein merkwürdiges Gefühl, und er fragte sich: hat die Frau überhaupt die Wahrheit gesagt, als sie angab, daß ihr Mann noch ein vollständiges Gebiß hatte?

Sein Instinkt, in vielen Dienstjahren geschärft, trieb ihn dazu, diesen Punkt zu klären. Er begann zu ermitteln. Doch plötzlich waren die fehlenden Zähne gar nicht mehr so wichtig.

Etwas anderes erschien ihm mit einemmal sehr viel interessanter. Etwa die Tatsache, daß Ruth Blaue 1948 überraschend Elmshorn verlassen und ihr Geschäft, einen florierenden Buchladen, aufgegeben hatte. Oder daß sie vorher nicht nur die Kleidungsstücke ihres Mannes auf dem Schwarzen Markt verkaufte, sondern auch die Konzession für sein Fuhrunternehmen – obwohl sie doch mit seiner Rückkehr rechnen mußte. Ihr Mann war nach ihren Angaben ja »nur« vermißt. Merkwürdig auch, daß sie dann ohne erkennbaren Grund vom Norden zum Süden, nach Gremmelsbach im Schwarzwald gezogen

war. Daß sie dort mit dem Bildhauer Horst Buchholz wie »Mann und Frau« zusammenlebte.
Mit diesem Mann, so ergaben die Nachforschungen des Oberkommissars, war sie schon in Elmshorn leidenschaftlich verbunden. Sie lebte mit ihm, dem Untermieter, und mit ihrem Mann in ihrer Dachwohnung in der Ollnstraße 153 in einem Dreiecksverhältnis. Bis John Blaue dann plötzlich spurlos verschwand.

Nun erschien den Kripoleuten alles in einem anderen Licht. Sie begannen sich mit den beiden lebenden und dem toten Menschen in diesem »Dreieck« näher zu beschäftigen.
RUTH BLAUE: eine ungewöhnliche, dem Geistigen zugewandte Frau. Dichterin, Philosophin, Künstlerin. Hochintelligent – aber von »geringer Lebensklugheit«, wie später ein Sachverständiger meint. Schwärmerisch – jedoch eigensinnig und kompromißlos. Sie selbst sagte von sich: »Ich sehe einfach keine Mittelwege – immer nur ein Entweder-Oder...« Sie stammt aus gutem Hause und galt in Elmshorn als Kopf eines Zirkels geistig interessierter Menschen, die sich zu Diskussionen und Vorlesungen in ihrem Buchladen, der »Blaue-Stube«, trafen.
JOHN HEINO BLAUE, ihr vermißter Ehemann. Marineoffizier, Spediteur. Lebenslustig, unkompliziert, Frauenfreund. Ein völlig anderes Naturell als sie. Er kannte keine Sorgen und Probleme. Er gab das Geld mit vollen Händen aus. Typisch für ihn der Ort, wo er seine Frau Ruth kennenlernte: im »Zillertal«, einem Lokal auf der Reeperbahn. Ihr geistig weit unterlegen, vergötterte er sie – wenn er es auch mit der ehelichen Treue nicht immer genau nahm. Großzügig nahm er es hin, als er merkte, daß seine Frau sich ihrem Untermieter Horst Buchholz

zugewandt hatte. Nur selten machte er seinem Herzen mit einem kräftigen, aber kurzen Donnerwetter Luft.

HORST BUCHHOLZ, ehemaliger Oberfähnrich im Jagdgeschwader Mölders, vom Krieg nach Elmshorn verschlagen. Offen und ehrlich – aber nachgiebig und weich. Sensibel und gerecht denkend – jedoch impulsiv und leicht verletzlich. »Noch ein richtiger Junge!« sagte Ruth Blaue von ihm. Sie erkannte seine künstlerische Begabung, förderte ihn, richtete ihm ein eigenes Atelier ein, verkaufte seine Arbeiten. Wie manchen anderen Flüchtling nahm sie auch ihn in ihre Wohnung auf. Er aber durfte auch bleiben, als Ruths Mann aus der Gefangenschaft heimkam. Denn da war sie ihm längst schon mehr als nur Förderin seiner Kunst.

Diese drei Menschen also lebten 1946 in der kleinen Dachwohnung in Elmshorn nebeneinander. Höchst unterschiedliche Charaktere und Temperamente. Spannungen blieben deshalb nicht aus – trotz des verträglichen Charakters von John Blaue.

Hatte man ihn gewaltsam aus diesem Dreieck herausgedrängt? Weil er die Harmonie, die geistige und körperliche Gemeinschaft seiner Frau und seines Untermieters störte? Weil er, der rauhe »Seebär«, den in höheren Regionen schwebenden Liebenden im Wege war?

Das waren zunächst nur Vermutungen. Zu wenig, um nach dem Paar im stillen Schwarzwaldwinkel greifen zu können. Oberkommissar Paukstadt nahm sich den Seesack vor, in dem die immer noch nicht identifizierte nackte Männerleiche gefunden worden war. Der Seesack konnte aus dem Besitz des Seemanns John Blaue stammen. Das war jedoch nicht mehr festzustellen. Dafür aber etwas anderes: Die Drähte, mit denen der Seesack zugebunden war, stammten von dem vor Norwegen versenkten Schlachtschiff »Tirpitz«. Nach Angaben

eines Marinekameraden hatte John Blaue zusammen mit ihm auf diesem Schiff Dienst getan.
Das war ein wichtiges Indiz – die erste Spur zu dem Unbekannten in Gruft 634! Zu John Blaue?
Noch aber fehlte das entscheidende Glied in der Brücke von den Lebenden zu dem Toten.

Oberkommissar Paukstadt besuchte den Schlossermeister K. in Elmshorn. Von ihm wußte er, daß er früher dem Bildhauer Horst Buchholz bei der Anfertigung von Tonplastiken geholfen hatte. Buchholz verwendete Drähte dazu, um den Figuren inneren Halt zu geben. Der Kriminalbeamte stöberte in der Werkstatt herum, um nach einem Stückchen Draht zu suchen, das Buchholz bearbeitet hatte. Er fand es im abgeschlagenen Tonarm einer Plastik. Er löste ein fünf Millimeter dickes Stückchen Draht heraus und nahm es mit.
Zusammen mit den Drähten des Seesacks schickte er seinen Fund nach Wiesbaden zum Bundeskriminalamt. Ergebnis der Laboruntersuchung: Alle Drähte stammen von der »Tirpitz«!
Das hieß: John Blaue hatte sie mitgebracht – eine Kostbarkeit in jenen Tagen der Armut. Das hieß auch: Er war der Tote aus dem Teich. Und das hieß weiter: Seine Frau hatte gelogen, als sie angab, ihr vermißter Mann habe ein vollständiges Gebiß gehabt. Sie wollte die Polizei irreführen.
Der Verdacht, John Blaue getötet zu haben, fiel auf sie und ihren jungen Liebhaber. Aus ihrem abgelegenen Winkel im Schwarzwald holten Kriminalbeamte sie zum Verhör.

Noch am selben Tag werden Ruth Blaue und Horst Buchholz in

Villingen vernommen. Als erste muß die Frau Rede und Antwort stehen. Müde schüttelt sie auf alle Vorhaltungen den Kopf. »Nein«, sagt sie. »Mit dem Tod von John habe ich nichts zu tun!«

»Dann erklären Sie uns bitte: Warum haben Sie kurz nach seinem Verschwinden die Speditions-Lizenz Ihres Mannes verkauft?« fragt einer der vernehmenden Beamten. »Und seine Wäsche? Und seine Anzüge?«

Ruth Blaue gibt keine Antwort.

»Dann werde ich Ihnen sagen, warum«, sagt der Beamte. »Weil Sie wußten, daß er nicht mehr wiederkommen konnte! Weil Sie ihn zusammen mit Ihrem Liebhaber erschlagen und dann im Teich versenkt hatten!«

Da fährt die schmächtige blasse Frau hoch. Sie schüttelt den Kopf. »Nein ...«

»Haben Sie eine andere Antwort?«

»Ja. Kurz nachdem John in die Ostzone gefahren war, meldete sich bei mir eine Frau. Von ihr hörte ich, daß man John an der Zonengrenze festgenommen und ins Zuchthaus Oranienburg geschafft hatte. Da konnte ich mir doch ausrechnen, daß es Jahre dauern würde, bis er zurückkäme.«

»Haben Sie das damals der Polizei mitgeteilt?«

»Nein.«

»Warum nicht?«

Ruth Blaue zuckt mit den Schultern.

»Haben Sie daraufhin die Vermißtenanzeige zurückgezogen?«

»Nein.«

»Wer war die Frau?«

»Eine Fremde. Ich habe sie nicht gesehen – sie rief mich an.«

»Das kann nicht stimmen, Frau Blaue. Ihr Mann ist niemals in die Ostzone gefahren. Er ist ermordet worden – in Elmshorn!«
Ruth Blaue bleibt bei ihrer Schilderung. Sie wiederholt immer wieder, daß weder sie noch Buchholz etwas mit dem Verschwinden ihres Mannes zu tun hätten. Beharrlich leugnet sie jede Schuld – bis am nächsten Tag ihr Geliebter ein Geständnis ablegt.

Und nun passiert etwas Ungewöhnliches.
Im allgemeinen zerbricht die Partnerschaft zwischen einem Paar, das gemeinsam einen Mord begangen hat, sobald die Tat ruchbar wird. Die früheren Liebesbeziehungen schlagen dann zumeist um in Haß und wilde gegenseitige Beschuldigungen. Das erleichtert der Polizei die Arbeit.
Hier, im Mordfall Blaue, aber ist genau das Gegenteil der Fall: Die beiden Verdächtigen entlasten sich gegenseitig. Ja mehr noch: Jeder von ihnen will allein John Blaue erschlagen haben.
Erstaunt hören die Kriminalbeamten, wie sie das blutige Drama schildern, das sich im Dunkel der Nacht vom 14. zum 15. November 1946 in der engen Dachkammer der Ruth Blaue in Elmshorn abspielte. Jeder der beiden schildert es anders.
»Ich habe John Blaue mit der Axt erschlagen«, sagt Buchholz in einer Vernehmung am 17. August 1954.
Der blonde Bildhauer will am Tatabend in seiner Schlafkammer einen Streit zwischen dem Ehepaar Blaue gehört haben. Dabei habe Blaue auch auf ihn geschimpft. Dadurch sei er sehr erregt worden. Wütend sei er aus dem Bett aufgesprungen, um den anderen zur Rede zu stellen. Buchholz: »Im Gang neben der Küche sah ich die Axt stehen. Ein sogenanntes Buschmesser mit breiter Schneide und

langem Stiel. Länge mit Stiel etwa 30 bis 40 Zentimeter. Ich nahm es und bin damit zu Blaue gegangen. Auf dem Weg zu ihm hörte ich Ruth ins Bad gehen. Blaue richtete sich auf, als ich das Dachzimmer betrat. Er machte Anstalten hochzuspringen. Ich habe ihn auf die Couch zurückgedrückt und ihm dabei die Schläge versetzt ... Ich weiß nicht, wie viele. Er hat weder geschrien noch einen Laut von sich gegeben, sondern nur laut geröchelt. Ich glaube, er war kurz danach tot ... Erst als er in seinem Blut vor mir lag, sah ich, was ich angerichtet hatte.«

»Und Frau Blaue? War sie dabei?« fragte der vernehmende Beamte.

»Nein. Sie war noch im Bad. Ich ging zu ihr und sagte ihr, was passiert wäre. Sie kam erst heraus, als ich den Toten in den Seesack gepackt und das Blut weggewischt hatte. Sie hat mir am nächsten Tag nur beim Abtransport geholfen.«

Als Ruth Blaue von diesem Geständnis ihres Geliebten erfährt, beginnt sie zu schluchzen. Sie sagt: »Horst Buchholz hat keine Schuld. Wenn einer Schuld hat, dann bin ich es!«

»Sie haben also Ihren Mann umgebracht, Frau Blaue?«

Die dunkelhaarige Frau hebt langsam ihr schmales Gesicht hoch. Ihre Augen brennen. Sie nickt halb. Sie sagt: »Ja und nein ...«

Und dann erzählt sie den Beamten eine völlig andere Version.

»Ich hatte ständig Streit mit meinem Mann. Da bin ich am 14. November abends mit ihm tanzen gegangen. Ich wollte alles Quälende zwischen uns beseitigen. Aber in dem Tanzlokal konnten wir nicht in Ruhe sprechen, und wir gingen in unsere Wohnung zurück. Mein Mann wurde ausfällig. Er fing an, alle Schuld an unserer zerrütteten Ehe auf Buchholz zu schieben. Da dachte ich: Jetzt machst du Schluß! Ich sagte ihm, ich könne nicht mehr länger mit ihm leben. Lieber wolle ich sterben. Da sagte mein Mann überraschend zu mir, auch er wolle nicht mehr leben. Wir beschlossen, gemeinsam Selbstmord zu begehen. Ich löste für jeden von uns etwa zwanzig Schlaftabletten in einem Glas auf. Mein Mann trank sein Glas in einem Schluck. Plötzlich sackte er zurück ...«

Sie selbst habe ihren Todestrunk dann nicht mehr angerührt. Aus dem vagen Gefühl heraus, ihn unkenntlich machen zu müssen, habe sie später mit der Axt auf ihren Mann eingeschlagen. Horst Buchholz sei dazu gekommen. Er habe aber nicht mehr eingreifen können.

Ruth Blaue: »Ich nahm an, daß mein Mann schon tot war, als ich zuschlug. Ich hatte die zwanzig Tabletten für unbedingt tödlich gehalten.«

Das alles klingt sehr seltsam. Ein Toter soll also »ermordet« worden sein.

Diese Darstellung nehmen ihr weder die Polizei noch der Untersuchungsrichter ab. Denn alle Zeugen, die den lebenslustigen, optimistischen John Blaue kannten, bezweifeln, daß er freiwillig aus dem Leben geschieden ist. Sie halten seinen angeblichen »Selbstmord« für eine Erfindung Ruth Blaues – einen raffinierten Schachzug, um sich und ihren Geliebten vor der Mordanklage zu retten.

Während der Vernehmungen tischt sie den Beamten insgesamt zweiundzwanzig verschiedene Tatversionen auf. Auch Horst Buchholz ändert immer wieder seine Geständnisse. Mal will der eine, mal der andere der Mörder oder zumindest »schuldig« am Tode John Blaues sein. Mal schützt der eine sich selbst, mal den anderen. Nur den gemeinsamen Abtransport der Leiche geben beide übereinstimmmend zu.

Nach ihren Schilderungen zogen sie dem Blutenden den Schlafanzug aus. Dann legten sie ihn in Hockstellung, die Knie bis zur Brust hochgezogen. Sie umwickelten ihn mit einem dicken Strick, der auch um den Hals geschlungen und fest an den Leib geschnürt wurde. So steckten sie den Toten zuerst in einen Gummiumhang, dann in einen Seesack. Um den Seesack wickelten Horst Buchholz und Ruth Blaue noch eine Wolldecke und ein Stück Segeltuch. Schließlich verschnürten sie alles mit Draht. Dann schafften sie das Bündel aus der Dachwohnung in die Bildhauerwerkstatt auf dem Hof. Dort stellten sie es aufrecht an die Wand. Am nächsten Abend packten sie es auf Ruths Damenfahrrad. Die Frau hielt das Bündel fest, während der Mann das Fahrrad durch die Dunkelheit schob. Es regnete. Wortlos gingen die beiden nebeneinander her. Am Dorfteich in Klein-Nordende machten sie halt.

»Ich hatte darauf bestanden, meinen Mann im nahen Badeteich zu versenken«, sagt Ruth Blaue. »Weil er als Seemann sich ein solches Begräbnis gewünscht hatte. Am Teich zog Horst sich aus und brachte den Sack (an dem er vorher Ziegelsteine befestigt hatte) in die Mitte des Wassers. Der Regen rieselte in zarten grauen Schleiern herab, und alles war von einem unwirklichen Grau, und alles war so still. Horst kam aus dem Wasser, ging auf mich zu und brach vor mir zusammen. Ein überwältigendes Mitleid erfaßte mich ...«

Und Horst Buchholz gibt zu Protokoll: »Auf dem Rückweg sagte Ruth zu mir: ›Du weißt Bescheid – wenn jemand nach John fragt, sagen wir, daß er am Morgen weggefahren ist. In die Ostzone, um einen Lkw zu kaufen. Dabei müssen wir bleiben!‹«

Nach den wechselnden Geständnissen und Schuldzuweisungen wissen die Untersuchungsbehörden schließlich nicht mehr, wer die Wahrheit sagt, wer lügt. Die Beamten fragen sich, ob John Blaue nicht ganz anders zu Tode kam, als die beiden Verhafteten in immer neuen Darstellungen angeben.

Nach Meinung des Staatsanwaltes, der die Ermittlungen leitet, haben sie den Mord an John Blaue verabredet und mit verteilten Rollen ausgeführt. Ruth hätte demnach ihrem Mann heimlich ein Schlafmittel ins Abendessen gemischt, um ihn rasch einzuschläfern und wehrlos zu machen. Ihr Geliebter oder sie selbst oder beide zusammen hätten dem Schlafenden dann die tödlichen Beilhiebe versetzt. Wer von ihnen zuschlug, spielt nach Meinung des Anklägers keine Rolle. Beide seien Mörder, denn jeder von ihnen habe das Verbrechen als »eigene Tat« gewollt. Ihr gemeinsames Motiv: Das Opfer war ihrer Liebe im Wege.

Ruth Blaue zeigt im Untersuchungsgefängnis eine sichere Gelassenheit und Ruhe. Sie verblüfft in ihren Vernehmungen durch ihre scharfe Intelligenz und die phantasievolle Ausschmückung ihrer wechselnden Tatschilderungen.

Und sie schreibt in ihrer Zelle bewegende Gedichte an den Geliebten. Eines davon lautet: »Es sind die gleichen Mauern, kalt und schwer, / die meine Angst und Deine Not umfassen. / Es sind die gleichen Gitter rings umher, / die uns nicht mehr zueinander lassen. / Darum berühr' ich oft mit heißer Hand / den kalten Stein und wag' ein wehes Streichen. / Und leise, leise bebt die harte Wand. / Es ist, als könne ich Dich dann doch erreichen.«

Horst Buchholz dagegen ist unruhig, leidet sichtbar unter der Tat. Er, der vielleicht erst unter dieser Last, unter schweren inneren Kämpfen zum großen Künstler, zum »Herrgottsschnitzer« heranwuchs, dessen Madonnen und Christusfiguren unter Kunstkennern begehrt waren, zeigt sich in der Haft zutiefst deprimiert.

Dreimal versucht er vergeblich, sich umzubringen. Das erste Mal, am 4. Juli 1955, mit Hilfe einer Rasierklinge. Daraufhin wird er ins Strafgefängnis Neumünster gebracht und scharf bewacht. Tagelang werden ihm die Hände auf den Rücken gefesselt. Beim zweitenmal verhindern Wärter im letzten Augenblick, daß er sich durch einen Treppenschacht zu Tode stürzt. Beim drittenmal versucht er in Gegenwart seiner Mitgefangenen, sich seinen Schädel an der Zellenwand einzurennen. Das geschieht am 8. November. Seine Zelle wird daraufhin alle Viertelstunde durch ein Guckloch beobachtet.
Einen Tag später, an seinem 31. Geburtstag, liegt Buchholz morgens um vier Uhr tief atmend auf seiner Pritsche. Alles scheint in Ordnung. Um 4 Uhr 17 aber entdeckt der kontrollierende Beamte etwas, was ihn alarmiert: am Hals von Buchholz, am Bettzeug und auf dem Boden der Zelle – überall Blut. Er holt den Arzt. Aber diesesmal kommt jede Hilfe zu spät. Trotz seiner gefesselten Hände ist es dem Häftling gelungen, sich die Halsschlagader durchzuschneiden.
Ruth Blaue bricht zusammen, als sie vom Tod des jungen Geliebten erfährt. Ihr Verteidiger, Rechtsanwalt Dr. Pikert, sagt einer Journalistin: »Sie weinte wie eine Mutter, die ihr einziges Kind verlor. Ihr Schmerz wirkte um so erschütternder, als sie sich bisher niemals eine Gefühlsregung hat anmerken lassen.«
Fünf Tage später beginnt der Prozeß vor dem Itzehoer Schwurgericht. Mit einem Taschentuch in der Hand, das sie zusammenpreßt, betritt sie den halbgetäfelten Gerichtssaal. Ihr schmales Gesicht hebt sich aschfahl von ihrem schwarzen Pullover ab, den sie unter ihrem braunen Wollmantel trägt. Allein nimmt sie auf der Anklagebank Platz. Allein muß sie sich verantworten.
Man fragt sich, ob Ruth Blaue nun alle Schuld auf den toten Geliebten

wälzen wird. Oder ob sie die reine Wahrheit spricht im Angesicht dieses Todes – sie, die unter ihr erstes Geständnis geschrieben hatte: »Es war gelebt, es war gehandelt – nun Gott, richte du!«

Mit leiser Stimme erzählt sie von ihrer Jugend. Als Neunzehnjährige lernte sie in Hamburg ihren ersten Ehemann kennen, einen Arzt. Am Hochzeitstag wurde sie wegen einer Kreditmanipulation vorübergehend in Haft genommen. Sie wurde dafür nicht bestraft, aber ihr Mann ließ die Ehe wenig später für nichtig erklären. Kurz vor dem Kriege lernte sie ihren zweiten Ehemann, John Blaue, kennen. 1940 heirateten sie.

Oberamtsrichter Schneble, der Vorsitzende, will wissen, was John Blaue für ein Mensch gewesen ist.

VORSITZENDER: »Schildern Sie ihn aus Ihrer Erinnerung.«

ANGEKLAGTE: »Er war etwas robust. Genau das, was man sich unter einem Seemann vorstellt. Ein netter Kerl, ich mochte ihn gern. Er trank gerne und liebte Mädchen, aber Albert Einstein zum Beispiel gehörte leider gar nicht zu seiner Welt. Er kannte ihn nicht einmal.«

Schon vor der Heirat baute sie zusammen mit ihm in Hamburg ein Speditionsgeschäft auf, den »Blauen Blitz«. Als die Firma aufgelöst werden mußte, weil die Wehrmacht die Fahrzeuge beschlagnahmte, ging auch die Ehe bald in die Brüche. Er hatte eine Freundin, sie einen Geliebten. Blaue fuhr zu See, seine Frau wurde Flakhelferin. Damals habe sie unter Gedächtnisstörungen gelitten, und deshalb sei sie in einem Lazarett beobachtet worden, schildert sie. Nach dem Zusammenbruch zog sie zu ihren Eltern nach Elmshorn.

VORSITZENDER: »Und dort lernten Sie Herrn Buchholz kennen?«

ANGEKLAGTE: »Ja. Ich nahm mich damals vieler Künstler an, die der Krieg nach Holstein verschlagen hatte. Es war alles wie eine selbstverständliche Gemeinschaft. Eines Tages kam Herr Buchholz. Wir hatten noch etwas Platz unterm Dach, da war es doch gar keine Frage, daß er zu uns zog.«

VORSITZENDER: »Wann spürten Sie, daß Sie ihn liebten?«

ANGEKLAGTE: »Es war vom ersten Augenblick an Liebe. Sie war selbstverständlich zwischen uns.«

Sie schildert den Tag, als ihr Mann aus der Kriegsgefangenschaft zurückkehrte. Auch er zog in die Dachwohnung, in der seine Frau und Horst Buchholz als »Untermieter« lebten. Das Verhältnis der drei Menschen wurde immer gespannter.

ANGEKLAGTE: »Die Situation wurde unerträglich. Ich beschäftigte mich mit Selbstmordplänen.«

VORSITZENDER: »Haben Sie mit Herrn Buchholz Mordpläne gegen Ihren Mann geschmiedet?«

ANGEKLAGTE: »Nein – nie.«

VORSITZENDER, überraschend: »Wer beging die Tat, Frau Blaue?«

ANGEKLAGTE, nach kurzem Zögern: »Die Beilhiebe führte Herr Buchholz.«

Sie berichtet dann, was sie auch schon vor der Polizei und dem Untersuchungsrichter angegeben hat, daß sie am Tatabend mit ihrem Mann tanzen gegangen sei, um sich mit ihm auszusprechen. Wieder zu Hause habe sie dann Selbstmord begehen wollen, und ihr Mann habe sich diesem Vorsatz angeschlossen. Sie habe je zwanzig Schlaftabletten in zwei Wassergläsern aufgelöst. Sie sei erstaunt gewesen, daß er sein Glas in einem Zug austrank.

VORSITZENDER: »Bemerkte Ihr Mann nicht, daß Sie nicht von Ihrem Glas tranken?«

ANGEKLAGTE: »Nein, ich weiß nur, daß er mir plötzlich leid tat. Sein Gesicht veränderte sich. Er sackte zurück.«

Dann will Ruth Blaue aus dem Zimmer gelaufen sein und ihren Geliebten getroffen haben. Sie ging dann ins Badezimmer, Buchholz zu ihrem Mann. Mit dem Beil müsse er den Sterbenden oder schon toten »Selbstmörder« erschlagen haben.

VORSITZENDER: »Was Sie hier erklären, haben Sie auch früher schon einmal ähnlich gesagt. In der Voruntersuchung haben Sie aber eine Reihe anderer Darstellungen gegeben. Welche ist nun richtig?«

ANGEKLAGTE: »Alles, was ich früher sagte, war falsch. Ich wollte Herrn Buchholz die Verantwortung nicht allein tragen lassen.«

Sie will ihren Mann auch niemals tot gesehen haben, sondern Buchholz bei der Beseitigung der Leiche erst geholfen haben, als er bereits in dem Seesack verpackt war.

VORSITZENDER: »Schalten Sie da Ihr Gedächtnis nicht bewußt ab, Frau Blaue?«

ANGEKLAGTE: »Nein, das weiß ich ganz genau.«

Die Aussage Ruth Blaues wird zweifelhaft, als die ersten Zeugen aussagen. Sie schildern John Blaue als überaus lebenslustig, stets bereit zu lachen. Niemand von ihnen kann sich vorstellen, daß dieser Mann Selbstmord begangen hat.

Auch nach den Worten des Sachverständigen Professor Dr. Fritz ist die Aussage der Angeklagten mehr als zweifelhaft. Er erklärt, die Wirkung von Evipan-Tabletten, die John Blaue geschluckt haben soll, trete nicht schlagartig, sondern erst nach Stunden ein.

Hat sie also gelogen, um sich von Schuld reinzuwaschen?

Professor Dr. Hallermann (Kiel) schildert Ruth Blaue in seinem Gutachten als einen eidetischen Typ, fähig, in bunten Bildern zu träumen, belastet mit der gefährlichen Gabe, die Grenzen zwischen Wirklichkeit und Phantasie zu verwischen. Wahrheit und Lüge gingen bei ihr ineinander über. Im Gefühlsleben sei sie überschwenglich, immer noch backfischhaft und von mimosenhafter Empfindlichkeit. Daneben ständen eisenharte Durchsetzungsfähigkeit, Geltungssucht und Egoismus.

Mit Spannung warten die Menschen im Saal auf die Plädoyers. Denn bis zum Schluß des Prozesses ist als Urteilsspruch alles möglich: von Lebenslänglich wegen Gattenmordes über die mildere Bestrafung wegen Totschlagversuches oder gar nur wegen unterlassener Hilfeleistung bis zum Freispruch mangels Beweisen. Es gibt ja keinen Zeugen der Tat. Und Horst Buchholz, der als einziger die Angeklagte widerlegen könnte, ist tot.

Oberstaatsanwalt Dr. Stein läßt sich dadurch nicht beirren. Beschwörend ruft er aus: »Horst Buchholz war nur der verlängerte Arm der Angeklagten, nichts weiter. Er griff aus einem falsch verstandenen Gefühl der Ritterlichkeit, die nur aus seiner Jugend zu erklären ist, zum Beil und führte die tödlichen Schläge aus.«

Das Verbrechen sei im bewußten gewollten Zusammenwirken der beiden geschehen. Ruth Blaue habe es vorbereitet. Sie habe ihrem Mann und einem Untermieter, einem möglichen Zeugen, Schlaftabletten in den Brotaufstrich gegeben, damit die Tat während der Nacht ungestört durchgeführt werden konnte. Sie habe das Zimmer entsprechend hergerichtet, das Fenster verhängt, die Lampe verstellt, den Teppich zurückgeschlagen.

Der Oberstaatsanwalt: »Moralisch ist diese Frau, die Theater spielt und lügt, auch für den Tod von Horst Buchholz verantwortlich.« Sein Antrag: Lebenslänglich wegen Mordes.

Verteidiger Dr. Pickert warnt das Gericht in seinem Plädoyer vor einem Fehlurteil. Die Tat liege neun Jahre zurück. Erdachtes mische sich mit dem tatsächlichen Geschehen. Die Beweisaufnahme habe nicht klären können, ob Frau Blaue schuldig sei oder nicht.
Der Anwalt: »Gehandelt wurde von Buchholz. Es war ein Totschlag, begangen an einem schon Sterbenden. Frau Blaue wußte, es war für sie geschehen. Wenn die Tat nicht umsonst sein wollte, mußte sie Buchholz decken. Die Angeklagte hat sich, wenn überhaupt, der Begünstigung oder der unterlassenen Hilfeleistung schuldig gemacht. Beides sind nur Vergehen, also längst verjährt!« Sein Antrag: Freispruch.

Die Spannung im Saal hat sich während der Plädoyers durch Unruhe, durch Zwischenrufe gelöst. Mehrfach mußte der Vorsitzende zur Ordnung rufen. Nur die Angeklagte verfolgte das Duell zwischen Ankläger und Verteidiger fast ohne jede sichtbare Bewegung. Doch plötzlich spannt sich ihr Gesicht, als Oberamtsrichter Schneble einen letzten Appell an ihr Gewissen richtet. Ein dramatischer Höhepunkt des Prozesses.

VORSITZENDER: »Frau Blaue, Sie allein können wissen, was sich in den Tagen vor dem Tod Ihres Mannes, was sich in der Tatnacht in Ihrem Haus in Elmshorn zugetragen hat.

Horst Buchholz ist nicht mehr. Sie sahen in ihm Ihren Bruder, Ihren Freund, Ihren Geliebten. Er war Ihnen nach Ihren eigenen Erklärungen ein wertvoller Mensch. Wollen Sie ihm etwa der Wahrheit zuwider jetzt die Alleinschuld an der grauenhaften Tat aufbürden, so kann er sich gegen diese Belastung, gegen die Befleckung seiner Person nicht wehren.

Ihm täte das vielleicht nicht weh – aber könnten Sie selbst noch je mit gutem Gewissen an sein Grab treten? Könnten Sie je ohne Schuldgefühl und ohne Selbstvorwürfe an ihn zurückdenken? Würden Sie selbst mit einer vielleicht ungesühnten Schuld beladen, wirklich je wieder froh und innerlich frei werden können? Würden Sie sich noch achten, noch in den Spiegel Ihrer Seele schauen können, von den Folgen einer Tat freigekauft, nur um den Preis der Schändung des Andenkens an einen Toten, der Ihnen lieb und teuer war? Nicht um der irdischen Gerechtigkeit, sondern um Ihretwillen und für Horst Buchholz sage ich Ihnen: Sie wissen, ob Sie schuldig sind. Wenn Sie es sind, dann erleichtern Sie Ihr Gewissen!«

Wie gebannt starren alle Menschen im Saal auf Ruth Blaue. Wie wird sie auf diese mahnenden, zu Herzen gehenden Worte reagieren?
»Ich habe den von mir gemachten Angaben nichts hinzuzufügen«, sagt sie nach kurzem Zögern. »Sie entsprechen der Wahrheit. Die moralische Schuld am Tod des Horst Buchholz trifft andere.«
Danach wird die Sitzung unterbrochen. Frau Blaue wird aus dem Saal geführt, mit zum Gebet gefalteten Händen. Ruhig und gefaßt tritt sie am Nachmittag des 18. November 1955 vor ihre Richter. Der Vorsitzender Dr. Schneble verkündet das Urteil: »Lebenslänglich Zuchthaus, Aberkennung der bürgerlichen Ehrenrechte auf Lebenszeit wegen Mordes, begangen an ihrem Ehemann John Blaue.«
VORSITZENDER: »Mord liegt bereits vor, weil die Angeklagte ihrem Mann ohne sein Wissen Schlaftabletten eingab, um so seine Tötung zu ermöglichen.«
Es sei ganz gleich, wer die Beilhiebe geführt habe, ob Buchholz allein, ob die Angeklagte allein, ob beide zusammen – das Einschlä-

fern und damit Wehrlosmachen des Opfers genüge als Beweis für heimtückischen Mord.

Zum Motiv der Tat heißt es in der Urteilsbegründung: »Es war der Wunsch Ruth Blaues mit Buchholz, mit dem sie geschlechtlich besser harmonierte, auf jeden Fall zusammenbleiben zu können. Ein anderer akuter Anlaß für die Tat hat nicht bestanden ... Sie hat also ihren Ehemann um des Geliebten willen getötet.«

Ein Wiederaufnahmeantrag des Verfahrens wird später abgelehnt.

Der Fall Edith Thompson und Frederick Bywaters

Die rosaroten Liebesbriefe

Ein typischer Londoner Herbstabend, voll kalter Feuchtigkeit und voller Nebel. Der Wind pflügt das träge Wasser der Themse auf, und die Straßenlaternen haben Mühe, gegen die unheimliche, milchige Düsternis aufzukommen.

Mit langsam wachsendem Tempo gleitet der Vorortzug der Eastern Railways aus dem verwirrenden Labyrinth der Schienenstränge im Zentrum der Millionenstadt in die dünner besiedelten Außenbezirke. Kurz vor Mitternacht hält der Zug auf dem Bahnhof Ilford im Osten Londons. Türen klappen. Einige Fahrgäste steigen aus.

»Komm, Schatz!« sagt ein Mann mit steifem Hut und dunkelblauem Abendmantel.

Es ist Percy Thompson, Angestellter in einem Schiffahrtsbüro. Eine schlanke, fast hagere Gestalt von Anfang Dreißig, mittelgroß, mittelblond, mit klaren, blauen Augen, alltäglichen Zügen und ein wenig eckig wirkenden Bewegungen. Höflich hilft er seiner jungen Frau Edith aus dem Abteil.

Sie ist achtundzwanzig und auffallend hübsch. Kleine Nase, lebhafte dunkle Augen, zarte Backenknochen. Das brünette Haar, kurzgeschnitten und leicht gewellt, bildet den Rahmen für ihr schönes, ovales Gesicht.

»Danke«, sagt sie.

Sie hakt sich bei ihm ein. In Gedanken ist sie noch halb bei dem Theaterstück, das sie im »Criterion« am Piccadilly Circus gesehen haben.
»Und morgen gehen wir tanzen!« sagt unternehmungslustig ihr Mann, während sie durch das weiche Licht der Bogenlampen auf den Ausgang zuschreiten.
Sie runzelt die Stirn. »Du – und tanzen?« Ihre Stimme klingt kühl, fast schroff. »Das ist doch nicht dein Ernst!«
»Doch«, erwidert er, »Du weißt ja, ich mach' mir sonst nichts draus. Es ist deinetwegen. Freust du dich?«
Sie nickt, müde und gleichgültig.
Auf dem Bahnhofsvorplatz schlagen sie die Richtung zu ihrem Haus in der Straße Kensington Gardens ein. Die Leute, die mit ihnen ausgestiegen sind, verschwinden nach rechts und links in die Dunkelheit. Sie durchqueren die Belgrave Road. Nur ihre Schritte und das ferne Geräusch der Stadt sind zu hören.
Zwei Minuten später ein spitzer, gellender Aufschrei. Die Stimme einer Frau reißt die Menschen in den Häusern ringsum aus dem Schlaf. Fenster werden aufgerissen. Einige Gestalten, trotz der feuchtkalten Witterung nur in Mantel und Negligé, laufen auf die Straße. Der erste, der die Stelle des Aufschreis erreicht, sieht eine taumelnde Männergestalt.
Percy Thompson ist der Hut vom Kopf gefallen. Er ächzt, sein Kopf sackt ein wenig nach vorn, und seine Knie geben nach. Er fällt gegen eine Wand, rutscht ab, bleibt still liegen. Das linke Bein in merkwürdiger Verkrümmung unter den Oberkörper gedreht. Blut quillt aus seinem Mund.
Edith Thompson beugt sich über ihn. Sie verliert die Fassung. »Ich sah

eine Frau, die hilfesuchend hin und her rannte«, gibt später ein Zeuge, der Verkaufsleiter John Webber, über ihr Verhalten zu Protokoll. »Sie schien vollkommen hysterisch. Als ich ihr Gesicht sah, glaubte ich, eine Wahnsinnige vor mir zu haben. Sie packte mich am Arm und deutete auf ein lebloses Bündel auf der anderen Straßenseite. Dann rannte sie jammernd, in Richtung Courtland Avenue, davon.«

Nach wenigen Minuten kommt Edith Thompson aus dem unteren Teil der Straße wieder herangehetzt. Sie sieht, daß einer der Neugierigen ihren bewegungslos liegenden Mann an der Schulter schüttelt, in der Annahme, er sei betrunken.

»Berührt ihn nicht!« ruft sie keuchend. »Ein Doktor kommt. Jetzt, sofort. Tut ihm nicht weh!«

Der Arzt erscheint kurze Zeit später. Er kniet sich nieder. Die bläuliche Flamme eines Feuerzeuges springt auf, und in ihrem dünnen, flackernden Licht stellt er seine Untersuchungen an. Thompson liegt auf dem Rücken, halb an die Mauer gelehnt. Sein Kopf ist leicht zur Seite geneigt. Der Arzt sieht die beiden dunklen Fäden, die sich aus seinen Mundwinkeln über das Kinn bis in den weißen Kragen ziehen, und die starren, ins Leere gerichteten Augen. Es ist überflüssig, ihm den Puls zu fühlen.

»Ist es sehr schlimm?« fragt Edith Thompson.

Der Arzt zögert mit der Antwort.

Schluchzend verkrampft die Frau ihre Hände ineinander. Sie schwankt. Schwer löst sich die nächste Frage von ihren Lippen. »Ist er ... tot?«

»Es ist nicht mehr viel Hoffnung«, sagt der Arzt.

»Oh, mein Gott!« stöhnt sie. Ihr junger Körper zuckt.

Der Arzt fragt: »Wie ist es passiert?«

Sie hebt die Schultern unter ihrem strengen, dunklen Mantel. »Ich ... ich weiß nicht«, sagt sie. »Ich glaube, wieder einmal ein Herzanfall.«
Ein Unfallwagen rast heran. Als die Träger Percy Thompson weggeschafft haben, steht seine junge Frau immer noch an der Stelle, an der er so plötzlich zusammengebrochen ist. »Darf ich Sie nach Hause begleiten?« fragt höflich ein Polizeisergeant.
Statt eine Antwort zu geben, fragt sie: »Wird mein Mann wiederkommen?«
Der Polizist sieht die Tränen in ihren Augen. Er schluckt. Dann nickt er, den Kopf halb zur Seite gewandt.
»Kommen Sie – es wird schon alles gut werden.«
Nichts wird gut.
In den frühen Morgenstunden des nächsten Tages – es ist der 4. Oktober 1922 – stellt der Polizeiarzt fest, daß Percy Thompson nicht etwa einem Herzanfall, sondern zwei Messerstichen in den Nacken erlegen ist.
Mord also.
Mord auf offener Straße. Ein Verbrechen, wie es in der nebelumsponnenen englischen Metropole sozusagen an der Nachtordnung ist. Die Hintergründe dieses Verbrechens aber, die Motive und Schicksale der Menschen, die in ihm eine Rolle spielen, sollen es weit über viele ähnliche Fälle hinausheben.
»Erzählt uns der Tote sonst noch etwas, Doktor?« fragt Inspektor Hall von Scotland Yard, der den Fall bearbeitet.
Der kleine Polizeiarzt nickt. »Er hat von seinem Ende nicht viel gespürt. Die Stiche wurden von hinten geführt, mit einem äußerst scharfen Messer. Und mit aller Kraft. Der Tod ist sofort eingetreten.«
»Weitere Verletzungen?«

»Keine. Nicht einmal Schürfwunden. Auch die Kleidung ist nicht beschädigt. Es scheint ihn ganz unerwartet getroffen zu haben, ohne daß ein Kampf vorausging.«

»Ihr Kollege tippte heute nacht auf Herztod?«

»Ja.« Wieder nickt der kleine, bewegliche Mediziner im weißen Kittel. »Ihm waren in der Dunkelheit die Einstiche entgangen. Der Tote lag ja auf dem Rücken. Da war der Blutsturz aus dem Mund, dann der Hinweis seiner Frau.«

Inspektor Hall, ein kräftiger, untersetzter Mann mit sorgfältig gestutztem Bärtchen und kritischen, klugen Augen, blickt interessiert auf. Seine linke Braue steigt hoch.

»Sagte sie kein Wort von einem Überfall? Von Messerstichen? Schließlich war sie ja bei ihm.«

»Nein, kein Wort.«

»Merkwürdig: Ihr Mann wird in ihrer Gegenwart erstochen – und sie spricht von einem Herzanfall.« Hall reibt sich mit einem Finger nachdenklich den Nasenrücken.

Dann greift er nach seinem Hut, geht zur Tür. Dort dreht er sich um. »Eine letzte Frage, Doktor: Kommt auch eine Frau als Täterin in Frage?«

»Ich glaube nicht. Es müßte sich schon um eine sehr kräftige Dame handeln.«

»Danke.«

Hall fährt in sein Büro und ruft seine Untergebenen zusammen. Einige von ihnen sehen müde aus. Sie sind lange nicht mehr aus den Kleidern gekommen. In London schläft die Kriminalität nicht, und sie läßt auch die Kriminalisten nur wenig schlafen. Ein kräftiger schwarzer Tee macht sie wieder munter.

Der Inspektor zündet sich eine Pfeife an. »Ein nicht ganz einfacher Fall, meine Herren«, beginnt er. »Wir haben bisher nur die Leiche. Die Tatwaffe fehlt. Es gibt keinen Hinweis auf ein Motiv – und keinen auf einen möglichen Täter. Die vermutlich einzige Augenzeugin, die Frau des Toten, scheint nichts von einem Überfall bemerkt zu haben.« Er berichtet, was er beim Polizeiarzt erfahren hat.

»Vielleicht war es der Schock«, meint einer der Männer. »Sie ist einfach durchgedreht und hat Einzelheiten vergessen.«

Ein anderer wirft ein: »Oder sie hat nichts bemerkt. Es war neblig und dunkel, man konnte die Hand kaum vor Augen sehen. Der Angriff erfolgte außerdem von hinten!«

Und ein dritter sagt: »Womöglich hat sie ihre Gründe, sich an nichts mehr zu erinnern.«

»Wir müssen uns die Dame näher ansehen«, sagt Hall. »Ebenso die anderen Menschen aus Thompsons engerer Umgebung. Das Übliche: Wie lebte er? Freunde? Feinde? Schulden? Liebschaften? Und so weiter.«

Die Beamten nicken. Sie wissen, daß die Motive für Mord ebenso häufig wie beim Täter auch beim Opfer zu finden sind. Um Thompsons Tod zu ergründen, gilt es also, sein Leben zu durchforschen.

Inspektor Hall teilt seine Männer ein, gibt jedem von ihnen bestimmte Anweisungen. Sie trinken ihren Tee aus, dann machen sie sich auf den Weg. Sie arbeiten schnell und präzise. Am frühen Abend liegen die ersten Berichte vor. Hall studiert sie gründlich. Dann verläßt er in Hut und Mantel sein Büro, um die Frau des Toten aufzusuchen. Im Flur trifft er Inspektor Page, der sich mit in die Recherchen eingeschaltet hat.

»Da ist noch ein zweiter Mann im Spiel«, sagt Page. »Ich habe seine

Mutter besucht und mich in seinem Zimmer umgesehen. Dabei fand ich dies.« Er überreicht seinem Kollegen fünf rosarote Briefumschläge. Hall dankt, steckt sie ein und sieht sie sich auf dem Weg nach Ilford genauer an.

Ilford, im Osten Londons, ist ein kleinbürgerliches Viertel, mit dem Ehrgeiz, etwas »Besseres« zu sein. Ein respektabler, aber langweiliger Ort. Mit Golf-, Tennis- und Kricketplätzen, aber trostlos und monoton mit seinem provinziellen Hintergrund und seinen häßlichen, eng aneinandergeschachtelten Backsteinhäusern.

In einem dieser Häuser, Kensington Gardens Nr. 41, wohnen die Thompsons. Hall schellt. Frau Edith öffnet. Sie trägt ein dünnes, dunkelblaues Kleid mit halblangen Ärmeln. Er weist sich aus, und sie führt ihn ins Wohnzimmer, bietet ihm einen Stuhl an.

»Ich kann es noch nicht fassen, daß Percy tot ist«, sagt sie aufgelöst, während sie Hall gegenüber Platz nimmt.

Der Inspektor drückt ihr sein Mitgefühl aus. Dann kommt er ohne Umschweife zur Sache.

»Der Arzt war heute nacht mit Ihren Auskünften nicht ganz zufrieden, Frau Thompson. Um ehrlich zu sein: Ich bin es auch nicht. Schildern Sie mir doch bitte, was heute nacht passierte.«

Er taxiert flüchtig ihr hübsches Gesicht. Er sieht die verhaltene Erregung, das leichte Flattern der Wimpern, als sie erwidert: »Wir kamen vom Bahnhof. In der Belgrave Road hörte ich plötzlich, wie Percy neben mir aufseufzte. ›Oh!‹ sagte er. Dann knickte er in die Knie. Ich half ihm, sich aufzurichten. Wir machten noch ein paar Schritte, dann taumelte er wieder und fiel um. Als ich mich über ihn beugte, sah ich Blut. Ich lief sofort los, um einen Doktor zu holen!«

»Hm. Und wie erklären Sie sich die Messerstiche in seinem Nacken?«
Sie senkt die Lider, zögert. »Das hat man mich heute schon einmal gefragt. Auf der Ilford-Polizeistation.« Traurig zuckt sie die runden Schultern. »Ich weiß es nicht. Wirklich nicht. Ich habe nichts bemerkt.«
»Auch nicht, daß jemand Sie verfolgte?«
»Nein – nichts. Alles ging so schnell.«
Ruhig und kühl fragt Hall: »Wenn Sie niemanden sahen, warum riefen Sie dann: ›Oh, tu's nicht! Tu's nicht!‹«
»Das habe ich gerufen?«
»Ja – Sie!« sagt der Inspektor scharf. »Dafür haben wir Zeugen.«
Die Frau sitzt einen Augenblick reglos. Dann zupft sie nervös an dem weißen Taschentuch in ihrer Hand. »Die Zeugen müssen sich irren«, sagt sie. Hastig fügt sie hinzu: »Vielleicht habe ich tatsächlich etwas geschrien, als mein Mann plötzlich zusammensackte.«
»Sie haben es bestimmt – dadurch wurde ja die ganze Nachbarschaft aufgeweckt!«
Wieder zuckt sie die Schultern.
»Hatten Sie auf dem Heimweg Streit mit Ihrem Mann?«
»Nein. Im Gegenteil: Wir waren sehr vergnügt.« Sie schluchzt in ihr weißes Tuch. »Percy hatte mir versprochen, heute mit mir tanzen zu gehen.«
»Trug er ein Messer bei sich?«
»Nein.« Ihre Lippen zittern leicht. »Das verstehe ich nicht recht ...«
Der Inspektor erhebt sich. Er überragt sie um einen halben Kopf. Sie blickt vergrämt drein, aber er hat Zweifel, ob ihr Gram echt ist. Ohne auf ihre Bemerkung einzugehen, sagt er mit kühler Höflichkeit: »Wenn Ihnen noch etwas einfallen sollte, rufen Sie mich doch bitte in meinem Büro an.«

Edith Thompson nickt.
Auf dem Weg zur Tür wendet Hall sich plötzlich um. »Übrigens – seit wann kennen Sie Frederick Bywaters?«
Die Frage überrumpelt die Frau. Die Farbe in ihrem hübschen Gesicht wechselt. Sie steht aus ihrem Sessel auf, hält sich am Kaminsims fest. »Warum?«
Die Miene des Inspektors bleibt unbewegt. »Eine Routinefrage, Frau Thompson. Sind Sie mit Bywaters befreundet?«
»Ja«, erwidert sie zögernd. »Wir kennen uns seit Jahren. Er ging mit meinen Brüdern zur Schule.«
»Wohnte er nicht für kurze Zeit hier in Ihrem Haus?«
»Ja – letztes Jahr.«
»Und er verließ Sie nach einem Streit mit Ihrem Mann?«
»Ja.«
»Hm.« Inspektor Hall nickt zufrieden. »Sie gingen in letzter Zeit mit Frederick Bywaters aus?«
Man sieht, daß sie Mühe hat, ihre Beherrschung nicht zu verlieren. »Manchmal«, sagt sie schließlich. »Mein Mann wußte davon. Er hatte sich mit Frederick längst wieder ausgesöhnt.«
»Hm. Wußte er auch, daß Sie und Bywaters sich schrieben?«
Edith Thompson scheint etwas zu schwanken.
»Und zwar Liebesbriefe?« Hall zieht die rosaroten Umschläge aus der Innentasche seines Mantels. Er spreizt sie zu einem Fächer.
Die junge Frau senkt rasch den Blick. Eine dunkle Röte schießt in ihr Gesicht. Ihre Stimme klingt brüchig: »Nein – das wußte er nicht.«
Am nächsten Tag, dem 5. Oktober, werden Edith Thompsons Angaben in der Polizeistation Ilford zu Protokoll genommen. Anschließend führt man sie wie zufällig an einem Fenster vorbei, hinter

dem ein gutaussehender, blonder junger Mann sitzt – der Schiffssteward Frederick Bywaters.

Ihr Schritt stockt. Sein unerwarteter Anblick schockiert sie, und völlig entnervt sagt sie: »Oh Gott, was kann ich tun? Warum hat er es gemacht? Ich habe es nicht gewollt.«

Sie sinkt auf einen Stuhl, schüttelt verzweifelt den Kopf. »Ich muß die Wahrheit sagen«, flüstert sie.

Dann gesteht sie, den Arzt, Inspektor Hall und den Vernehmungsbeamten belogen zu haben. Sie schildert, wie sich das nächtliche Geschehen in der Belgrave Road tatsächlich abspielte: »Ein Mann tauchte plötzlich von hinten aus der Dunkelheit auf. Er stieß mich zu Boden. Nach kurzem Wortwechsel drang er mit dem Messer auf Percy ein, noch ehe ich mich dazwischenwerfen konnte. Ich habe den Mann sofort erkannt: Frederick Bywaters!«

»Sie wußten also von Anfang an, daß Ihr Mann ermordet worden ist?« fragt man sie.

»Ja.«

»Warum versuchten Sie dann, uns hinters Licht zu führen? Wollten Sie Ihren Freund decken?«

»Ich weiß nicht. Ich hatte Angst.«

Bywaters leugnet hartnäckig. Er bestreitet jede Schuld. Bis man ihm Edith Thompsons Geständnis vorlegt – und ihre glühenden Liebesbriefe an ihn. Da bricht auch sein Widerstand.

»Ja, ich habe ihn umgebracht!« sagt er dumpf.

»Wußte Frau Thompson, daß Sie es vorhatten?«

Er hebt abwehrend die Hände. »Nein, nein.«

Mit dem Geständnis Frederick Bywaters' haben Polizei und Anklage einen klaren Schuldbeweis gegen ihn in der Hand. Er hat einen Menschen getötet und er wird dafür büßen müssen.

Aber warum hat er getötet? Und welche Rolle hat dabei die Frau des Opfers gespielt?

War sie wirklich so ahnungslos und unbeteiligt, wie sie und er es behaupten? Oder ist sie seine Komplizin, hat sie die Tat mit ausgeheckt und Bywaters' Hand zu den tödlichen Messerstichen gelenkt?

Um das herauszufinden, beginnen Polizei und Anklagebehörde sich zunächst mit dem Charakter und Leben der handelnden Personen des blutigen Dramas von Ilford zu befassen. Vor allem mit dem Charakter und Leben der Edith Thompson – der weiblichen Schlüsselfigur.

Sie wuchs in einem gutbürgerlichen Haus des Londoner Vororts Manor Park auf. Schon früh zeigte sich ihre Neigung, vor sich hinzuträumen und ein wenig an der Wirklichkeit vorbeizusehen. Diese Neigung sollte ihr später noch zu schaffen machen.

Nach der Schule trat sie eine Stellung als Sekretärin an. Im Zug, der sie morgens zum Büro brachte, setzte sich oft ein junger Mann zu ihr ins Abteil. Nach ein paar Monaten sprach er sie zum erstenmal an. Nach einem weiteren Jahr gemeinsamer Bahnfahrt bat er sie schüchtern um ihre Hand. Percy Thompson war nicht gerade der Mann ihrer Träume. Doch Edith, gerade zwanzig, liebeshungrig und temperamentvoll, sah wie so häufig an der Wirklichkeit vorbei. Sie war neugierig auf die Ehe. Am 15. Februar 1915 heirateten sie.

Ihre Neugier war bald gestillt. Percy konnte sie nicht glücklich machen. Er war treu, zuverlässig, arbeitsam – aber ungeheuer langweilig. Ein Mann ohne Witz, ohne Phantasie, ein schlechter Liebhaber.

Thompson hingegen war zufrieden. Mit seiner Ehe, dem Leben überhaupt. Sie hatten ein gemütliches Heim, fuhren wie früher gemeinsam zur Arbeit, und sie verdienten nicht schlecht. Einmal in der Woche führte er seine Frau ins Kino. Und gelegentlich sogar ins Theater in London. Aber nur widerwillig, denn zu Hause fühlte er sich am wohlsten. Er bemerkte nicht, daß seine junge Frau sich innerlich von ihm abkehrte, daß seine Spießigkeit sie anwiderte und daß sie sich nach einem bunteren, abwechslungsreicheren Leben sehnte.

Sie fand dieses Leben in Liebesromanen, die sie sich dutzendweise kaufte und die sie so gierig verschlang, daß sie häufig darüber das Abendessen vergaß. In diesen Romanen traf sie Männer, von denen sie träumen konnte.

Sechs Jahre trottete so die Ehe der Thompsons dahin. Sechs Jahre begnügte Edith sich mit Wachträumen – dann wurden sie über Nacht jäh und stürmisch Wirklichkeit.

Sommer 1921. Kanalinsel Wight.

Einen Tag vor Urlaubsende nahmen die Thompsons an einer Inselrundfahrt teil. Zusammen mit Ediths jüngerer Schwester Avis und deren Freund Frederick Bywaters, einem neunzehnjährigen Schiffssteward, sonnengebräunt, mit jungenhaftem Lächeln, schweren Wimpern über den tiefschwarzen Augen und sensiblem Mund.

Edith und Frederick kannten sich schon lange. Er war mit ihren Brüdern zur Schule gegangen. Sie hatte sich nie für ihn interessiert, ihn fast vergessen. Jetzt aber, am letzten Tag auf der Insel, »entdeckten« sie sich plötzlich. Sie sahen sich auf einmal mit neuen Augen – und jeder hielt den anderen für unwiderstehlich hübsch und begehrenswert.

So war es kein Zufall, daß sie am Abend die Reisegesellschaft »verloren«. Plötzlich waren sie allein am Strand. An einer einsamen Stelle kauerten sie nebeneinander, blickten aufs Wasser, in dessen sanftem

Gekräusel der Mond sich spiegelte, und auf einmal lagen sie sich in den Armen, sanken in den Sand.

Er küßte sie, und ihre Lippen antworten.

»Edith!« flüsterte Frederick.

»Ich liebe dich«, erwiderte sie.

Eine Woge heißer Zärtlichkeit erfaßte beide, riß sie mit, schien sie hoch emporzutragen. Wie sollten sie in diesem Moment schon ahnen, daß ihr Weg nicht in den Himmel des Glücks, sondern steil hinab in einen düsteren Abgrund führen sollte? Es ertönen keine Glocken, wenn im Leben die Fahrt nach unten geht.

Vielleicht wäre es eine Episode geblieben, wenn sich am nächsten Tag, mit Ende des Urlaubs, ihre Wege getrennt hätten. Doch das Schicksal wollte es anders. Es ließ Ediths Ehemann einen gefährlichen Weg beschreiten.

»Sie suchen doch ein Zimmer«, sagte Percy Thompson zu Bywaters. »Wir haben eins frei. Wollen Sie zu uns ziehen?«

Bywaters nickte erfreut. »Aber gern«.

Vier Wochen lebten sie gemeinsam unter einem Dach: der ahnungslose Ehemann, für den das Leben weiterging wie zuvor. Und Edith und Frederick, für die sich alles verändert hatte. Für die jede Nacht zur Qual wurde, bei dem Gedanken, wie schön doch alles sein könnte – ohne Percy.

Dann kam es zu einem Streit zwischen Thompson und seiner Frau. Es blieb nicht bei Worten. Ein Stuhl flog. Edith stürzte. Bywaters eilte ihr zur Hilfe, wandte sich gegen ihren Mann. Wutentbrannt warf Thompson ihn darauf hinaus.

Das konnte Edith und Frederick nicht trennen. Im Gegenteil: Standen sie bisher am Rand des Ehebruchs, so wurden sie nun ein Liebespaar.

Es war eine heiße, stürmische Liebe. Für Edith die erste große Leidenschaft ihres Lebens. Für den acht Jahre jüngeren Frederick war Edith die erste Frau überhaupt. Aber es war zugleich eine Liebe ohne Hoffnung und ohne Zeit. Bywaters war meistens auf See. Oft monatelang. Kam er zwischendurch auf Landurlaub nach London, dann sahen sie sich nur die wenigen Stunden, die Edith sich von ihrem Mann wegstehlen konnte.

Sie hatten nicht den Mut, ihm alles einzugestehen, ihn um die Scheidung zu bitten. So blieben ihnen nur die flüchtigen Begegnungen. Edith litt darunter. Um Frederick nicht zu verlieren, schrieb sie ihm immer neue Liebesbriefe. Sie schrieb sie auf rosarotem Papier. Insgesamt fünfundsechzig. Nach dem Mord an Thompson fand man sie bei ihm.

In ihnen hieß es: »Ich liebe das Leben und die Fröhlichkeit – solange Du mich liebst ... Der Tod ist schrecklich, doppelt schrecklich, wenn man vorher noch nie, nie richtig glücklich war.« Oder: »Nichts ist zuviel, was man für den Mann tut, den man liebt! Und ich liebe Dich – viel, viel mehr als gestern ... und doch sehr viel weniger, als ich Dich morgen lieben werde!«

Aber in Ediths Briefen gab es auch andere Stellen. Sie waren weniger zärtlich als die Beteuerungen ihrer Liebe und Leidenschaft. »Ja, Liebling, Du bist eifersüchtig auf ihn«, hieß es da etwa. »Aber ich will ja, daß Du es bist – so sehr, daß Du etwas Verzweifeltes tust!«

Aus solchen Formulierungen meinen Polizei und Anklage herauslesen zu können, daß Edith Thompson beim Mord an ihrem Mann nicht nur die passive, hilflose Augenzeugin war, als die sie sich hinstellt. Sondern weitaus mehr: Mitwisserin, ja womöglich sogar Anstifterin des blutigen Verbrechens.

Einzig aus ihren Briefen konstruiert man schließlich gegen sie die Anklage der »Verabredung zum Mord am eigenen Ehemann«.

Der Prozeß gegen Edith Thompson und Frederick Bywaters beginnt am 6. Dezember 1922 vor dem altehrwürdigen Londoner Strafgericht Old Bailey. Wie die Woge einer gewaltigen Flut rennt am Morgen die Menge der Neugierigen gegen den Kordon der Polizisten an. Tausende, zumeist Frauen, versuchen sich in den Zuhörerraum zu drängen. Sie erwarten prickelnde Enthüllungen. Schließlich geht es hier um Liebe und Tod, um Eifersucht und Ehebruch – die Elemente der großen Tragödien. Diesmal nicht von einem Regisseur, sondern vom Leben selbst in Szene gesetzt. Und gespannt warten die Zuschauer darauf, ob auch hier, im Theater der Wirklichkeit, im letzten Akt die Köpfe rollen werden.

Punkt neun werden die Angeklagten in den Saal geführt. Zuerst Frederick Bywaters. Lächelnd, aber sein Lächeln ist eine Lüge. Als er sich setzt, verrutscht es wie eine Maske. Sein junges Gesicht wirkt alt und müde.

Dann geht ein Raunen durch den Saal: Edith Thompson. Sieht so eine Mörderin aus? fragen sich unwillkürlich alle, die sie zum erstenmal sehen. Sie wirkt bleich und zart. Die Untersuchungshaft hat ihr Gesicht mit den verträumten, dunklen Augen schmaler gemacht. Aber sie ist immer noch schön. Keine besitzergreifende, strahlende Schönheit, eine Schönheit eher auf den zweiten Blick. Der sich jedoch kaum jemand, kaum eine Frau, kaum ein Mann, entziehen kann. Sie nimmt Platz, als gingen sie der Trubel um sie herum, das Aufsehen, das sie erregt, gar nichts an.

Ahnt sie nichts von der Gefahr, eine schöne Angeklagte zu sein? Weiß sie nicht, wie schnell die Sympathie für eine schöne Frau auf der Anklagebank in Neid, Haß und Mißgunst umschlagen kann? Zumal in diesem Prozeß, in dem es vielen mehr um Moral und Sitte geht als um Schuld und Unschuld.

Da sitzen sie nun nebeneinander: die schöne Sünderin und ihr junger Liebhaber. Die verheiratete Frau mit dem Geliebten. Die Ehebrecherin mit dem Ehebrecher. Die Verteidiger wissen, wie gefährlich dieses Bild ist. Anwalt Whiteley federt hoch, kaum daß die Verhandlung eröffnet ist. Er blickt zum Richtertisch.

»Mylord, ich beantrage, die Angeklagten in zwei verschiedenen Verfahren abzuurteilen! Dieser Prozeß würde sie in ihrer Verteidigung erheblich einschränken. Denn es kann sein, daß Beweise, die den einen Angeklagten entlasten, den anderen belasten. Und da sie sich ja nahestehen, würden sie womöglich auf eine eigene Entlastung verzichten!«

Ein geschickter Schachzug. Der Kronanwalt merkt die Absicht. Er pariert mit geringschätzigem Lächeln. »Ich hoffe, daß Eure Lordschaft den Antrag ablehnen«, sagte er zum Richter.

Der Richter überlegt kurz, nickt. »Abgelehnt!«

Zufrieden setzt sich der Ankläger. Dann blickt er plötzlich erwartungsvoll, als Sir Henry Curtis-Bennett aufsteht, Edith Thompsons Hauptverteidiger. Ein großer, massiger Mann mit roten, dickbäckigem Gesicht und Doppelkinn.

Beruhigend nickt er der jungen Frau auf der Anklagebank zu. Er schiebt seine weißgepuderte Perücke zurecht. Dann reckt er sich, deutet mit seiner fleischigen Hand auf den Stapel rosaroter Briefe auf dem Richtertisch.

»Euer Gnaden«, beginnt er so leise, daß sich die Zuhörer in den letzten

Bänken nach vorn beugen müssen, »ich erhebe Einspruch gegen das Vorlesen dieser Briefe. Der Ankläger beschränkt sich darauf, als Beweismaterial für die Schuld meiner Mandantin einzig und allein diese Briefe vorzulegen. Sie haben jedoch mit dem Mord nichts zu tun.« Sir Henrys Stimme steigert sich etwas. »Wie der Ankläger zugeben muß, ist die Tat von Bywaters ausgeführt worden. Frau Thompson rührte dabei nicht einen Finger. Deshalb beantrage ich, ihre Briefe als Beweismaterial nicht zuzulassen!«

Nach seinen Worten ist es still im Saal. Aller Augen richten sich auf den Kronanwalt. Dessen Gesicht, vorhin noch überheblich lächelnd, wirkt plötzlich schmal und verkniffen. Er steht auf, will etwas erwidern, doch Richter Shearman winkt ab.

»Zugegeben, die Angeklagte ist vielleicht keine Mittäterin«, sagt Shearman, zu dem Verteidiger gewandt. »Doch ihr werden auch Verabredung und Beihilfe zum Mord an ihrem Mann vorgeworfen. Für diesen Punkt können die Briefe wichtig sein. Was befürchten Sie denn von ihnen?«

»Daß aus einzelnen unbedachten Äußerungen in diesen Briefen falsche Rückschlüsse gezogen werden.«

»Inwiefern?«

Sir Henry zupft erneut an seiner Perücke, ehe er antwortet: »Dafür ein Beispiel – den Mordfall Armstrong. Der Ehemann der Toten wurde wegen Giftmordes an seiner Frau verurteilt. Sie starb an Arsenik. Im Februar. Zu dieser Zeit wurde bei Armstrong kein Gift gefunden. Man fand erst welches im Oktober bei ihm – und daraus zog man dann den Schluß, daß er sich dieses Gift für einen neuen Mord besorgt hätte. Daraus wiederum folgerte man, daß er auch seine Frau umgebracht haben muß.«

Ein Raunen und Flüstern wird laut. Der Richter hat Mühe, die Ruhe wiederherzustellen.
»Sehen Sie, Euer Gnaden«, schließt Curtis-Bennett, »deshalb will ich das Vorlesen der Thompson-Briefe verhindern – damit ihr nicht ebenso wie dem armen Armstrong Dinge, die mit der Mordtat in keinem unmittelbaren Zusammenhang stehen, zum Verhängnis werden.«
Er verbeugt sich leicht, setzt sich. Ohne sich umzudrehen, weiß er, daß seine Argumente gezündet haben. Er weiß aber auch, daß sie nur ein Schachzug sind, dem der Kronanwalt mit einem anderen begegnen wird. Denn mit den Briefen steht und fällt das Indiziengebäude der Anklage, steht und fällt der ganze Prozeß.
Die Frau auf der Anklagebank scheint zu erkennen, was in diesem Augenblick für sie auf dem Spiel steht. Unbewußt strafft sich ihr Oberkörper, ihre Hände pressen sich fester an den Rock, ihr Blick sucht das Gesicht des Anklägers, der die Herausforderung angenommen hat.
»Welche Rückschlüsse aus den Briefen der Frau Thompson zu ziehen sind«, entgegnet er, »ist Sache der Geschworenen. Der Fall Armstrong steht hier nicht zur Debatte. Die Briefe wurden zudem nicht nach, sondern vor dem Mord geschrieben – und zwar an den Mann, der die Tat schließlich ausführte.«
Sir Henry springt von seinem Stuhl auf, schneller als sein Gewicht es erlaubt. »Und wo ist die Verbindung zwischen den Briefen und der Tat?«
Sir Thomas Inskip, der Kronanwalt, überlegt nicht lange. »Die Verbindung ist die Liebe der beiden Angeklagten zueinander – und der Haß gegen den dritten, gegen Percy Thompson, der ihnen im Weg stand. Die Briefe sind jedenfalls stichhaltige Beweise für Motiv und Absicht,

den lästigen Ehemann zu beseitigen – und deshalb müssen sie in diesem Prozeß verlesen werden!«
Die Entscheidung liegt jetzt beim Richter. Der wiegt und wägt Argumente und Gegenargumente nur kurz. Seine Meinung steht längst fest. Er nickt dem Ankläger zu. »Die Briefe können tatsächlich einiges über die Hintergründe der Tat aussagen. Ich lasse sie also zu.«
Edith Thompson hat damit die erste Runde im Kampf um ihren Kopf verloren. Von nun an stehen ihre eigenen Briefe gegen sie – die fünfundsechzig Briefe, denen sie in einsamen Tagen und Nächten ihre geheimsten Gefühle und Gedanken anvertraut hat. Sie sieht Frederick Bywaters, der neben ihr sitzt, an, als könne sie bei ihm Hilfe finden. Doch der junge Steward, Hauptangeklagter, aber nur Nebenfigur in diesem Prozeß, zuckt ratlos mit den Schultern.
Auf einen Wink des Richters öffnet sich eine Tür in der holzvertäfelten Wand hinter ihm. Im Gänsemarsch betreten zwölf dunkelgekleidete Gestalten den Saal: die Geschworenen. Man hatte sie während der Debatte um die Briefe nach draußen geschickt. Geräuschvoll nehmen sie wieder Platz auf ihren Bänken. Feierlicher Ernst prägt ihre Mienen. Sie wissen: Auf sie wird es heute und in den nächsten Tagen ankommen. In ihrer Hand liegt das Leben oder Sterben von zwei Menschen.
Als erster appelliert der Ankläger an sie. In seiner Eröffnungsrede schildert er ihnen kurz den Fall. Den Mord an Percy Thompson. Die Ehe, in der nur er, nicht aber seine Frau glücklich war. Ihre Liebschaft mit dem acht Jahre jüngeren Bywaters. Dann kommt er auf den Kernpunkt des Prozesses zu sprechen. »Sie, meine Geschworenen, müssen jetzt beurteilen, was in Frau Thompsons Kopf vorging, als sie Briefe wie diese schrieb: ›Warum muß immer der Mann, der kein Recht auf die Frau hat, sie trösten für das Unrecht, das ihr der Mann antut, der

alle Rechte auf sie hat? Aber so wird es nicht immer sein, mein Liebling. Auch Du wirst einmal ein Recht auf mich haben. Schreibe mir das ... sag es mir ... ich muß es von Dir hören!‹ Oder: ›Er hat das Recht auf mich durch das Gesetz zu allem, zu was Du das Recht von der Natur und der Liebe hast!‹«

An diesem Punkt unterbricht der Vorsitzende ihn, schüttelt den Kopf. »Das ist unerhört!« entfährt es dem alten Mann am Richtertisch. Jegliches Gefühl für solche Formulierungen scheint ihm zu fehlen. Mit entrüsteter Miene blickt er hinüber zu den Geschworenen. Er sagt: »Ich zweifle nicht daran, daß Sie wie jedermann mit einem gesunden Menschenverstand, eine solche Gesinnung verabscheuen!«

Unruhe am Verteidigertisch. Unruhe auf der Pressebank. Ein ungeheuerlicher Vorgang: Der Richter, der als neutrale Instanz über den Parteien stehen soll – er hat klipp und klar Partei für die Anklage ergriffen, kaum daß der Prozeß begonnen hat.

Anwalt Curtis-Bennett steht erregt auf. Es hat ihm den Atem verschlagen. Mühsam ringt er sich die Worte ab. »Euer Gnaden, hier geht es nicht um die moralische Gesinnung – hier geht es um die angebliche strafrechtliche Schuld der Angeklagten!«

»Ich brauche keine Belehrung«, erwidert Richter Shearman schroff. »Die Gesinnung der Angeklagten ist von erheblicher Bedeutung für ihre Schuld!« Er winkt dem Ankläger. »Fahren Sie fort.«

Die Beweise des Kronanwalts sind lediglich Indizienbeweise – mit all ihrer Problematik und ihren Schwächen. Doch jetzt, mit Shearman im Rücken, ist er überzeugt, daß sie genügen werden, um die Schuld Edith Thompsons zu erhärten. Er verliest noch einige Briefauszüge. Dann geht er zur Geschworenenbank, umklammert die hölzerne Barriere.

»Das ist noch nicht alles, meine Geschworenen«, ruft er aus. »Sie werden noch andere Passagen aus den Thompson-Briefen hören, in denen von Gift, von Glühbirnen und zermalmtem Glas die Rede ist, das die Angeklagte ins Essen mischte. Daraus haben Sie Ihre Schlüsse zu ziehen. Wenn Sie zu der Auffassung kommen, daß die Hand mit dem Messer von Frau Thompson gelenkt worden ist, dann müssen Sie sie schuldig sprechen. Genauso schuldig wie Bywaters!«

Die ersten Zeugen können nur Unwesentliches aussagen. Nach ihnen taucht ein anderes Gesicht vor den Geschworenen auf. Noch schmaler, hagerer, verbissener als das des Kronanwalts: Anwalt Whiteley, der Hauptverteidiger Frederick Bywaters'.
»Die Verteidigung wird Sie davon überzeugen, daß die Behauptungen der Anklage nicht stichhaltig sind«, erklärt er sachlich-kühl. »Mit den Briefen der Frau Thompson läßt sich alles – und nichts beweisen. Sie lassen sich nämlich so und so auslegen. Hier kommt es vor allem darauf an, wie der Angeklagte Bywaters sie ausgelegt hat.«
Der Anwalt dreht sich um, ruft Bywaters in den Zeugenstand, Seine erste Frage: »Wann haben Sie und Frau Thompson sich ineinander verliebt?«
»Letztes Jahr. Im Sommer. Ich bin dann zwei Monate weggefahren.«
»Habt ihr euch Liebesbriefe geschrieben?«
»Ja.«
»Nach Meinung des Anklägers habt ihr in diesen Briefen ein Mordkomplott gegen Percy Thompson geschmiedet. Das glaubt er aus Stellen wie der folgenden herauslesen zu können ...«

Frederick Bywaters, mit modischem, dunklem Anzug, dunkler Weste

und flottem, weißem Einstecktuch, blickt konzentriert. Er neigt sich leicht vor, als wolle er sich kein Wort entgehen lassen.
»Es heißt hier: ›Alles, an was ich letzte Nacht denken konnte, war das Abkommen zwischen uns. Sollen wir es durchführen? Laß es uns besser nicht durchführen, Liebling!‹« Anwalt Whiteley hebt den Blick zu Bywaters. »Was war mit diesem Abkommen gemeint?«
»Selbstmord.«
»Wer hatte das vorgeschlagen?«
»Edith ... Frau Thompson.«
»Warum?«
»Wir wollten versuchen, innerhalb von fünf Jahren zusammenzukommen. Wenn es in dieser Zeit nicht klappen sollte, wollten wir gemeinsam aus dem Leben gehen.«
»Mit dem ›Abkommen‹ war also nicht etwa ein Anschlag gegen Thompson gemeint?«
Der Zwanzigjährige schüttelt entschieden den Kopf. »Niemals.«
»Gut.« Verteidiger Whiteley nickt zufrieden. »Ich zitiere jetzt einen anderen Brief: ›Liebling, Du mußt diesmal unbedingt etwas tun! Ich bin ganz ungeduldig. Die Gelegenheiten kommen und gehen – vielleicht kehren sie nie wieder.‹ – Was wünschte Frau Thompson, als sie schrieb: ›Du mußt diesesmal etwas tun?«
»Daß ich Sie mitnehmen soll.«
Richter Shearman schaltet sich ein: »Hat Frau Thompson Sie jemals darum gebeten, sie mitzunehmen?«
»Ja.«
»Wohin?«
»Ins Ausland.«
Der nächste Brief: »Liebling, versuch an alles zu denken. An alle Wege

und Pläne, auf die ich so ungeduldig warte, denn die Zeit ist kurz.« Der Anwalt läßt den Bogen sinken. »Was haben Sie unter den Plänen und Wegen verstanden?«

»Daß wir zusammen weggehen – oder daß sie und Thompson sich trennen.«

»Weiter: ›Mein Liebling, wir haben die Chance verpaßt, aber beim nächsten Mal wird es klappen.‹«

Ohne Zögern erwidert Bywaters: »Das hieß: Wir haben die Chance für eine Trennung verpaßt. Aber beim nächsten Gespräch mit Thompson wird es wohl klappen.«

So fliegen die Bälle zwischen Verteidiger und Angeklagtem hin und her. Die Blicke der Zuschauer pendeln von einem zum anderen. Auf ihren Gesichtern sind die ersten Zweifel an der Anklage abzulesen. Ist der Inhalt dieser Briefe nicht tatsächlich vollkommen harmlos? Bedarf es nicht geradezu böswilliger Phantasie, um in sie hineinzulegen, was der Ankläger aus ihnen herauslesen will?

»Warum fuhren Sie am Tatabend nach Ilford?« fragt der Verteidiger.

»Ich wollte Edith ... Frau Thompson wiedersehen. Und versuchen, ihren Mann zur Scheidung zu bewegen.«

»Der Einfall, dorthin zu fahren, kam Ihnen also spontan?«

»Ja, ganz plötzlich.«

»Warum töteten Sie Thompson?«

»Ich wollte es nicht«, sagt Bywaters. »Als ich die Belgrave Road erreichte, sah ich die beiden vor mir gehen. Ich überholte sie, drängte die Frau zur Seite, packte Percy am Mantel und beschwor ihn, Edith freizugeben. Er erwiderte: ›Ich hab' sie – und ich behalte sie!‹ Er stieß mich von sich und drohte, er würde schießen. Da stieß ich mit dem Messer zu.«

»Sie handelten also in der Erregung des Augenblicks?«

Bywaters nickt, und sein Verteidiger wirft einen demonstrativen Blick zu den Geschworenen. »Danke.«
Edith Thompson lächelt ihrem Freund kurz zu. Sie scheint ein wenig aufzublühen. Die Reporter versuchen ihr Mienenspiel zu deuten. Die Erleichterung einer Unschuldigen? Oder der heimliche Triumph einer Schuldigen, für die ihr Helfer einen wichtigen Punkt gewonnen hat? Dann wechselt das Bild. Der Kronanwalt tritt vor.
Kreuzverhör.
»Nochmals zu den Briefen«, sagt er. »An einer Stelle heißt es: ›Ich habe die Glühbirne dreimal versucht. Aber dann entdeckte er ein großes Stück Glas, und da habe ich es aufgegeben, bis Du nach Hause kommst!‹ – Was heißt das?«
Stühle scharren. Köpfe recken sich. Keiner im Saal will sich die dramatische Zuspitzung entgehen lassen. Der Ankläger hat die Zange angesetzt. Gelingt es Bywaters, sich ihrer gefährlichen Umklammerung zu entziehen?
Er zögert. Sein Gesicht strafft sich. Man sieht, wie es hinter seiner Stirn arbeitet. Alles, fast alles, hängt von seiner Antwort ab. Aber gibt es überhaupt eine überzeugende Erklärung?
»Beantworten Sie meine Frage!« faßt der Ankläger nach. »Sie hat Ihnen wohl die Sprache verschlagen?«
»Einspruch!« fährt Sir Henry wütend dazwischen.
Der Richter nickt. »Stattgegeben.«
Bywaters gibt sich einen Ruck. »Sie wollte mir damit wohl einreden, daß sie gebrochenes Glas gebraucht hat.«
»Wofür?«
»Vielleicht um Selbstmord zu begehen.«
Höhnisch sagt der Ankläger: »Eine höchst seltsame Methode! Wie

erklären Sie sich dann die Stelle, an der es heißt, daß er ein Stück Glas gefunden hat? Damit muß sie doch ihren Mann gemeint haben?«
»Ja.« Bywaters zuckt die Schultern. »Ich nahm an, daß er das Glas auf ihrem Teller entdeckt hat.«
»Da klingt es aber sehr merkwürdig, daß sie weiterhin schreibt: ›Ich habe es aufgegeben, bis Du nach Hause kommst.‹«
Der junge Mann im modischen Anzug braucht wiederum Sekunden, ehe er antwortet: »Edith hatte eben viel Phantasie.«
»Ist das auch Ihre Erklärung für die Stellen, wo von dem ›Bitteren‹ die Rede ist, das sie ins Essen getan hat?«
»Ja, vielleicht.«
»Dann muß man auch Ihnen eine blühende Phantasie bescheinigen!« schließt der Kronanwalt sarkastisch.
Er setzt sich. Mit einem mitleidigen Lächeln für die sechs Verteidiger, die jetzt die Köpfe zusammenstecken. An ihren Mienen ist unschwer abzulesen, welche positive Wendung der Prozeß für den Ankläger genommen hat. Er weiß: Niemand kann die Angeklagte noch entlasten, die gefährlichen Briefstellen zu ihren Gunsten deuten. Außer – Edith Thompson selbst.
Da erhebt sich der Zwei-Zentner-Anwalt Sir Henry Curtis-Bennett, unbeholfen und schnaufend.
Er spricht genau zwei Minuten, in denen nur seine Stimme, sonst kein Laut im Saal zu hören ist. Was er ankündigt, ist eine Überraschung, ja eine Sensation: Edith Thompson will selbst in den Zeugenstand treten, sich dem Kreuzverhör stellen.
Man sieht dem Anwalt an, daß ihm dabei nicht ganz wohl zumute ist. Denn darin liegt zwar die große Chance, das Ruder noch herumzuwerfen, das Vorurteil des Richters und die Argumente des Kronan-

walts zu Fall zu bringen – zugleich aber auch eine tödliche Gefahr: Ein einziges falsches Wort kann das Pendel endgültig gegen Edith Thompson ausschlagen lassen.
Der Richter nickt, ordnet ihre Vernehmung für den nächsten Tag an. »Bis dahin wird die Sitzung unterbrochen.«

Die Reporter eilen zum Telefon. Die Metteure in Londons Zeitungsviertel Fleet Street greifen kurz danach zu den größten Lettern in ihren Setzkästen. Die Rotationen der Massenpresse werden gestoppt. Sie laufen erst weiter, nachdem die sensationelle Nachricht auf Seite eins nachgeschoben worden ist. Dann rufen die Händler sie auf den Straßen aus: »Edith Thompson stellt sich dem Kreuzverhör! Kann sie ihren Kopf noch retten?«
Noch druckfeucht reißt man ihnen die ersten Exemplare aus den Händen. In U-Bahnen und Bussen, in Bars und Büros ist das bevorstehende Ereignis im Strafgericht Old Bailey, die Vernehmung der schönen Angeklagten, Hauptgesprächsthema. Illegale Buchmacher schließen makabre Wetten auf ihr Leben ab.
Am dritten Tag des Prozesses wird zunächst die Vernehmung von Frederick Bywaters beendet. Verteidiger, Ankläger und Richter haben noch einige ergänzende Fragen an ihn. Dann blicken die Menschen im Saal gespannt auf Edith Thompson. Mit kurzen festen Schritten tritt sie in den Zeugenstand. Ihr Gesicht hat die maskenhafte Starre der beiden ersten Tage verloren. Es wirkt heute wach und gespannt. Ihre sonst so verträumten Augen blitzen. Ihr kleines Kinn reckt sich vor. Sie ist eine andere Frau, bereit, den schweren Kampf aufzunehmen.
»War Ihre Ehe glücklich?« fragt Verteidiger Curtis-Bennett. Sie schüt-

telt den Kopf. »Nein, ich war mit meinem Mann wohl nie richtig glücklich.«

»Haben Sie ihm jemals Gift beigemischt?«

»Nein.«

»Haben Sie ihm jemals zermalmtes Glas zu essen gegeben?«

»Niemals.«

»Haben Sie ihm jemals zermahlene Glühbirnen ins Essen getan?«

»Nein, niemals.«

Der Verteidiger wendet sich an die Geschworenen. »Ich darf Sie darauf hinweisen, daß diese Antworten durch das Gutachten des Sachverständigen Dr. Spilsbury untermauert werden. Er hat den Toten auf Antrag der Verteidigung exhumiert. Dabei fand er nicht die allergeringste Spur von Gift oder Glas in Thompsons Körper.«

Barsch unterbricht ihn der Richter: »Diese Feststellung gehört nicht hierher. Fahren Sie mit dem Verhör fort!«

Sir Henry verbeugt sich leicht. »Verzeihung, Euer Gnaden. – Frau Thompson, in einem Ihrer Briefe sagen Sie: ›Liebling, tu etwas morgen abend. Irgend etwas, das uns vergessen macht, wie die Dinge sind. Es wird mir weh tun – aber ich will, daß Du mir weh tust. Ich will es wirklich. Dieser Vorschlag, den ich Dir mache, ist zwar sehr einseitig, aber es macht alles nichts.‹«

Der Verteidiger legt eine kurze Pause ein. Mit erhobener Stimme fährt er fort: »Diesen Brief schrieben Sie am Vorabend der Tat. Was sollte Bywaters Ihrem Wunsch entsprechend tun – sollte er Ihren Mann töten, wie der Herr Ankläger behauptet?«

Die Frau springt auf, schlägt die Hände vors Gesicht. Unter Tränen sagt sie: »Nein, nein – hier wird ja alles verdreht! Der Sinn lautet ganz anders.«

»Was sollte Bywaters also vergessen?«

»Daß ich mit meinem Mann ins Theater gehen mußte.«

»Und was sollte er tun, um zu vergessen – ohne Rücksicht darauf, daß es Ihnen weh tut?«

»Mit meiner Schwester Avis ausgehen. Er war früher mit ihr befreundet – und ich war sehr eifersüchtig auf sie.«

»Und wie ist folgende Formulierung aus einem anderen Brief zu verstehen: ›Ich versuch' das Glas wieder mal gelegentlich, wenn ich mich sicherfühle‹?«

Alle sehen es jetzt: Edith Thompson bewegt nervös ihre Hände. Ein unsicheres Zucken läuft durch ihr Gesicht. Sie zittert leicht.

»Das habe ich nur so hingeschrieben«, erwidert sie stockend.

»Warum?«

Als sie stumm bleibt, will der Verteidiger wissen: »Haben Sie so etwas einmal in Ihren Romanen gelesen?«

Sie nickt. »Ja, ich hab' schon mal was aus einem Roman abgeschrieben.«

Der Kronanwalt blickt verwundert. Die Zuhörer sehen sich fragend an: Ist das des Rätsels Lösung? Die simple Erklärung für die »gefährlichen« Stellen in ihren Briefen? Kein Mordkomplott also – sondern nur »gestohlene Gedanken«, um dem jungen Liebhaber zu imponieren? Phantastereien ohne ernsthaften Hintergrund?

Der Ankläger schaltet sich ein. Er will die wieder aufkeimenden Zweifel sofort ersticken. Und beweisen, daß hier mehr als pure Phantasie im Spiel ist. Scharf fragt er: »Hatten Sie eine Abneigung gegen Ihren Mann?«

»Ja.«

»Wurde daraus Haß, nachdem Sie Bywaters kennenlernten?«

»Nein, nicht gerade Haß.«
»Aber ein ähnliches Gefühl?«
»Ja.«
»Warum haben Sie sich dann nicht scheiden lassen?«

Der Ankläger hat sich ein wenig aufgerichtet, damit ihn bei dieser Frage alle ansehen. Es ist eine der Hauptfragen dieses Prozesses. Eine Scheidung hätte die Probleme Edith Thompsons und Frederick Bywaters' lösen können – ohne Mord.
Leise erwidert die Frau: »Ich hatte Angst, daß mein Mann mir etwas antun würde. Er drohte mir damit, als ich einmal eine Andeutung machte.«
»So blieb Ihnen und Ihrem Liebhaber also nur der eine Ausweg«, folgert der Kronanwalt, »Ihren Mann mit Gewalt loszuwerden, nicht wahr?«
»Nein!« sagt schluchzend Edith Thompson. »Nein ...« Ihre Worte versinken in dem Tumult, den die Verteidiger jetzt inszenieren. Ungewohnt heftig protestieren sie gegen das taktische Manöver des Anklägers, der mit seiner Suggestiv-Frage die Geschworenen beeinflussen will. Nur mit Hilfe der Glocke kann Richter Shearman nach Minuten die Ruhe wiederherstellen.
»Die Frage war statthaft«, entscheidet er kurz. »Weiter.«
»Sie trafen Bywaters am Nachmittag vor der Tat in einem Teeraum?« fährt die scharfe Stimme unerbittlich fort.
»Ja.«
»Sagten Sie ihm bei dieser Gelegenheit, wo Sie abends mit Ihrem Mann hingehen würden?«
»Ja.«

»Daraus konnte er schließen, wann Sie nachts nach Ilford zurückkehren würden?«

»Ja.«

Mit jeder Frage kommt der Ankläger seinem Ziel einen Schritt näher. Mit jeder Antwort stolpert die Frau im Zeugenstand weiter in die Fußangeln, die er für sie auslegt. Mit immer neuen Zitaten aus ihren Briefen versucht er, sie in die Enge zu treiben.

Da springt plötzlich Frederick Bywaters auf. »Das ist doch lächerlich!« fährt er den Kronanwalt an. »*Ich* habe die Tat begangen – im Affekt. Aber sie, sie hat damit nichts, absolut nichts zu tun!« Seine Stimme überschlägt sich. »Hätte ich doch diese verdammten Briefe nur vernichtet!«

»Ja«, erwidert der Ankläger. »Das hätten Sie tun sollen!«

Der Spruch der Jury lautet auf »Schuldig!« Danach ist das Urteil nur noch Formsache: Todesstrafe für beide Angeklagten.

»Edith Thompson«, verkündet der Vorsitzende, »der Richtspruch ist, daß du von hier ins Gefängnis und von dort zur gesetzlichen Richtstätte gebracht werden sollst, um am Halse aufgehängt zu werden, bis der Tod eintritt!«

Während der Richter danach das Urteil für Frederick Bywaters verkündet, der es gefaßt aufnimmt, bricht Edith Thompson in einen endlosen langen Klagelaut aus. Er geht allen zu Herzen, die ihn hören. Ihre Hinrichtung findet am Morgen des 9. Januar 1923 im Londoner Frauengefängnis Holloway statt. Ein entsetzliches Drama. Die Delinquentin wehrt sich verzweifelt, als man sie zum Galgen führen will. Zwei Wärter müssen dem Henker und seinen Leuten zur Hilfe eilen. Dann erst kann man die Frau überwältigen. Ein wimmerndes Bündel Mensch.

»Als wir das sahen«, schildert später Gefängnispfarrer Glanville Murray, »schien es mir einfach unmöglich zu glauben, was da geschehen sollte. Mein Gott, der Impuls, mit Gewalt einzuschreiten und sie zu retten, war fast zu stark für mich. Man hätte die Frau in diesem Zustand nie hängen dürfen!«
Frederick Bywaters steht an diesem Morgen zur selben Zeit in der Todeskammer des Pentonville-Gefängnisses. Bis zum letzten Atemzug bestreitet er die Schuld seiner Geliebten. »Ich schwöre, daß sie unschuldig ist! Sie hat mit der Tat nichts zu tun. Ich schwöre es!«
Nach Edith Thompsons Hinrichtung werden die Zweifel an ihrer Schuld immer lauter. Als ihr Henker John Ellis Jahre später durch Selbstmord endet, sieht die Öffentlichkeit darin ein Indiz dafür, daß sie einem Justizmord zum Opfer gefallen ist. Die Diskussion darüber führt schließlich im Dezember 1964 dazu, daß das Unterhaus die Todesstrafe in Großbritannien abschafft.

Der Fall Vera Brühne und Johann Ferbach

Passierschein für den Mörder

An diesem Tag, es ist der Gründonnerstag 1960, verläßt der Arzt Dr. Otto Praun seine Praxis in der Münchener Lindwurmstraße 213 kurz vor neunzehn Uhr. Er hat es eiliger als sonst. Ein »Dr. Schmitz« hat sich am Nachmittag telefonisch bei ihm angemeldet – der Mann, der ihm seinen Besitz an der Costa Brava abkaufen will. Ein siebzigtausend Quadratmeter großes Grundstück mit einer Traumvilla. Praun will sich davon trennen. Die Anreise nach Spanien ist ihm zu lang und die Vermietung zu schwierig.
»Machen Sie noch die restlichen Bestrahlungen!« ruft er seiner Sprechstundenhilfe Renate Meyer im Hinausgehen zu. »Und frohe Ostern!«
»Danke gleichfalls, Herr Doktor. Frohe Ostern!«

Praun trägt einen grauen Glencheckanzug. Er pfeift leise vor sich hin, als er in sein zweisitziges Mercedes-Coupé klettert. Der Sechzigjährige ist glänzender Laune.
Er kennt diesen Dr. Schmitz zwar noch nicht. Aber von seiner Freundin Vera Brühne, die ihm den Kaufinteressenten aus dem Rheinland vermittelt hat, weiß er, daß der Mann in Geld »schwimmt«. Prauns Beziehungen zu Vera sind in letzter Zeit zwar etwas abgekühlt, aber er braucht sie noch, um den Kauf abzuwickeln. Wenn er »Spanien« los ist, wird man weitersehen. Wie er von Dr. Schmitz am Telefon erfahren hat, wartet Vera Brühne mit ihm in einem Lokal in Starnberg, nicht

weit von Dr. Prauns Villa entfernt. Sie liegt in der Heinrich-Knote-Straße 8 in Pöcking am Starnberger See.
In schneller Fahrt steuert der vitale, grauhaarige Mediziner seinen Wagen über die Olympiastraße. Er ahnt nicht, daß er diese altvertraute Strecke an diesem Abend zum letztenmal fährt. Und auch nicht, daß der angebliche Kaufinteressent sein Mörder ist.
Es ist jetzt neunzehn Uhr. Dr. Otto Praun hat noch fünfundvierzig Minuten zu leben.

Etwa zur selben Zeit geht ein kleiner, untersetzter Mann mit Hornbrille über die leicht gewundene Auffahrt zu der Flachdachvilla Dr. Prauns in Pöcking empor. Am Eingang, der auf der Rückseite des Hauses liegt, schellt er.
Eine schlanke, dunkelhaarige Frau öffnet. Elfriede Kloo, die Haushälterin und Lebensgefährtin Dr. Prauns.
»Herr Dr. Schmitz?« fragt sie.
Praun hat sie telefonisch auf den Besuch des Kaufinteressenten vorbereitet. Sie lag krank im Bett, ist aber aufgestanden, weil sie weiß, wieviel von diesem Besuch abhängt. Sie hat sich manikürt und geschminkt, und sie trägt lila Schuhe.
»Ja«, sagt der Mann mit der Hornbrille. »Mein Name ist Schmitz.«
Er händigt Elfriede Kloo einen Brief aus. Sie sieht blaues Papier und einen Text, der mit einer Schreibmaschine geschrieben ist. Sie liest: »Liebe Friedl. Der Überbringer dieses Briefes ist Herr Dr. Schmitz aus dem Rheinland, von dem ich mit Dir schon gesprochen habe. Es ist ein sehr wichtiger Mann für mich hier in Spanien, deshalb sei besonders nett zu ihm. Ich habe von Dir als meine Frau gesprochen und ihm von unserem schönen Haus in Pöcking erzählt. Zeige ihm alles, er hat übri-

gens eine großartige Idee für den unteren Raum. Koche ihm auf, er ißt gerne gut. Herr Dr. Schmitz hat übrigens eine sehr nette Frau, die ihn auf allen Reisen begleitet und Dir gefallen wird. Ich hoffe, daß es Dir gut geht. Alles Gute und ein Bussi auch für Pitti, Dein Otto.«
Elfriede Kloo ist viel zu verwirrt, um darauf zu achten, daß der Brief bereits vom 28. September 1959 datiert ist, mit der Ortsangabe »Costa Brava«. Es geht alles so schnell, daß sie auch über den seltsamen Inhalt des Briefes nicht nachdenkt. Sie läßt den Fremden, der sich Dr. Schmitz nennt, an sich vorbei ins Haus eintreten. Ihm voran geht sie dann in den Salon.
Der Mann fragt nach dem »unteren Raum« im Keller, der in dem blauen Brief erwähnt ist. Ob er ihn sich einmal ansehen könne?
Elfriede Kloo nickt. »Ja, gerne.«
Er folgt ihr über die Wendeltreppe ins Kellergeschoß. Durch einen Vorraum erreichen sie die Hausbar. Die Frau will ihrem Besucher etwas zu trinken anbieten. Sie tritt an den Barschrank, um die Türe zu öffnen.

Der Mann stellt sich dicht hinter sie, nimmt eine Pistole aus der Tasche. Er hebt sie zu ihrem Nacken hoch, schießt.
Elfriede Kloo stürzt zu Boden. Die Kugel hat den ersten Halswirbel zertrümmert und ist durch den Mund wieder ausgetreten. Die neunundvierzigjährige Frau ist auf der Stelle tot.
Der Mörder sieht, daß »Pitti«, der taube alte Spaniel des Arztes, mit hinunter in den Keller gekommen ist. Er sperrt ihn in einen Abstellraum ein. Dann geht er nach oben. Er ruft in dem Lokal in Starnberg an, in das er Dr. Praun bestellt hat. Er läßt dem Arzt ausrichten, er sei schon in Pöcking.

Um neunzehn Uhr vierzig fährt Praun über die steile Auffahrt zu seiner Villa empor. Den Wagen stellt er nicht wie üblich in die Garage, denn er will seinen Gast nicht unnötig warten lassen.
Er öffnet die Haustür, betritt die Diele, stellt seine Aktentasche auf eine Truhe.
Da kommt der Mann mit der Hornbrille aus dem Wohnzimmer auf ihn zu. Er hält die Pistole in der Hand. Ohne ein Wort zu sagen, drückt er aus kürzester Entfernung die Waffe auf den verblüfften Arzt ab. Die Kugel durchschlägt dessen Unterkiefer.
Dr. Praun fällt gegen einen Heizkörper. Er rutscht nach unten. Dabei verliert er den Hut. In hockender Stellung bleibt er sitzen. Er röchelt, will etwas sagen, hustet dabei Blut aus.
Der Mann tritt nun ganz dicht an ihn heran. Aus nächster Nähe gibt er ihm einen »Fangschuß« in die Schläfe. Dr. Otto Praun fällt auf den Rücken.
Er ist tot.
Der Mann legt die Pistole unter die Hand des Toten. Es soll wie Selbstmord aussehen. Dann verläßt er fluchtartig das Haus.

Fünf Tage später, am 19. April, wird die Sprechstundenhelferin Renate Meyer unruhig. Dr. Praun ist an diesem ersten Tag nach Ostern nicht zur Vormittagssprechstunde in seine Praxis gekommen.
Sie vertröstet die zwölf Patienten, die auf Dr. Praun warten, und ruft dann auf seinem Landsitz in Pöcking an. Sie möchte wissen, was los ist. Als sie nach mehreren Versuchen keine Antwort bekommt, probiert sie es über eine Autofirma am Harras. Ihr Chef wollte dort morgens um acht Uhr sein Mercedes-220-Kabriolett zur Inspektion abgeben. Doch auch in der Werkstatt ist er noch nicht gewesen. Mit-

tags kann Renate Meyer die Patienten nicht länger hinhalten. Sie bestellt einen Praxisvertreter und läßt ihn von ihrem Freund Vogel mit dem Wagen in die Lindwurmstraße holen. Als es am Nachmittag immer noch kein Lebenszeichen von Dr. Praun gibt, recherchiert sie weiter. Nacheinander ruft sie die Münchener Unfallmeldestelle und einige Polizeidienststellen an, die auf der Fahrstrecke des Arztes von Pöcking nach München liegen. Doch ein Unfall, in den ein Dr. med. Otto Praun verwickelt ist, wurde nirgendwo gemeldet. Kein Unfall, aber auch kein Lebenszeichen – was mag passiert sein?

Unruhig fährt Renate Meyer am Abend nach Hause. Eine Zeitlang tröstet sie sich mit dem Gedanken, daß Dr. Praun vielleicht über Ostern nach Spanien gefahren ist, zu seinem Besitz an der Costa Brava. Sie erinnert sich: Ehe er ging, hatte ein gewisser »Dr. Schmitz« aus dem Rheinland in der Praxis angerufen. Sie selbst hatte das Gespräch angenommen und an Dr. Praun weitergegeben. Der Arzt hatte daraufhin etwa acht Minuten vor Ende der Sprechstunde, die üblicherweise bis neunzehn Uhr dauerte, die Praxis durch die Privattür verlassen. In seiner Mappe war eine Fotokopie seines spanischen Grundstücks, über dessen Verkauf er mit dem Anrufer verhandeln wollte. Seither hat Renate Meyer nichts mehr von ihm gehört.

Zusammen mit ihrem Freund und einer Nachbarin sieht sie sich in ihrer Wohnung ein Fernsehspiel an. Immer wieder ruft sie zwischendurch »Feldafing 338« an – die Telefonnummer Dr. Otto Prauns in Pöcking. Vergeblich. Schließlich fährt sie kurz vor Mitternacht mit ihrem Freund Hans-Joachim Vogel zum Haus des Arztes am Starnberger See.

Das Tor ist verschlossen. Das Gebäude liegt seltsam ruhig in der

Dunkelheit. Durch die geschlossenen Vorhänge hinter den Fenstern erkennen sie einen schwachen Lichtschein.
»Na, Gott sei Dank – der Doktor ist da!« sagt Renate Meyer erleichtert. Doch im nächsten Moment fragt sie: »Aber warum hat er sich den ganzen Tag über nicht gemeldet?«
»Komisch«, sagt ihr Begleiter. »Soll ich mal läuten?«
»Nein, nein. Der Doktor hat es nicht gerne, wenn man ihn so unangemeldet überfällt.« Renate Meyer überlegt einen Moment. Dann schlägt sie vor: »Wir fahren in den Ort und rufen von dort aus an. Nur zur Sicherheit.«
Die beiden fahren mit ihrem Wagen ins Zentrum Pöckings. Sie suchen eine Telefonzelle, finden aber keine. Schließlich kehren sie zu dem Grundstück an der Heinrich-Knote-Straße 8 zurück. Sie steigen aus. Vogel nimmt eine Taschenlampe aus dem Handschuhfach des Wagens und leuchtet damit den Kiesweg an der Einfahrt ab. Es sind keine Spuren zu sehen. Er schließt daraus, daß schon längere Zeit kein Wagen mehr über den Weg gefahren ist. Danach öffnet er von außen den Briefkasten, in dem Post und zwei Tüten mit Semmeln liegen. Der Kasten ist also seit Tagen nicht geöffnet worden – und oben in der Villa brennt Licht.
»Seltsam«, sagt Vogel. »Das gefällt mir nicht!«
Er klingelt zunächst kurz, dann etwas länger, schließlich läutet er Sturm. Als sich selbst daraufhin nichts rührt, greift er über das Tor und schaltet die Gartenbeleuchtung an. Ein großer Teil des weitläufigen, etwa zehntausend Quadratmeter großen Geländes, das wellenartig zum Haus auf dem Hügel ansteigt, wird jäh in ein grelles Licht getaucht. Auch die Lampen auf der Veranda sind jetzt eingeschaltet.
»Ich klingelte noch mehrmals«, gibt Vogel später zu Protokoll, »dann

öffnete ich die Gartentüre. Wir gingen über den Fußweg und über die Treppe zur Terrasse. Dort sah ich durch den nicht ganz geschlossenen Vorhang, konnte aber nichts erkennen, obwohl im Wohnzimmer Licht brannte. Wir gingen um das Haus herum und sahen dort den Wagen Dr. Prauns stehen. Der Kühler war kalt, die Türen waren geschlossen, der Fahrersitz war nach vorne geklappt, das Dach mit Tannennadeln bedeckt. Wir klopften an der Haustür und stellten fest, daß sie verschlossen war. Dann gingen wir zur Terrasse zurück. Ich spähte erneut durch den Vorhang, ohne etwas erkennen zu können. Zufällig stützte ich mich dabei auf den Griff der Terrassentür, ich drehte daran, und zu meiner Überraschung ließ sich die Tür öffnen. Im nächsten Augenblick schlug mir ein penetranter, süßlicher Geruch entgegen ...«

Im Haus entdeckt Vogel die Leiche des Arztes. Zusammen mit Renate Meyer fährt er nach Feldafing und verständigt die Landpolizei. Zwei Beamte kommen mit. Beim Durchsuchen des Hauses finden sie auch die tote Elfriede Kloo im Keller.

Gegen ein Uhr fünfzehn treffen ein Polizeiinspektor und sein Mordsachbearbeiter, ein Polizeimeister, in der Villa in Pöcking ein. Sie gehören der Kriminalaußenstelle Fürstenfeldbruck an, die für den kleinen Ort am Starnberger See zuständig ist. Nachdenklich stehen sie an den beiden Leichen. Dr. Otto Praun und Elfriede Kloo sind eines unnatürlichen Todes gestorben. Das ist sofort zu erkennen. Aber mit welchem Tod hat man es hier zu tun – Tötung durch fremde Hand, Unglücksfall oder Selbstmord?

Jeder geschulte Kriminalbeamte geht zunächst grundsätzlich von Mord aus. Denn auch das, was wie ein Selbstmord oder ein Unglücksfall aussieht, kann ein »frisierter« Mord sein. Es gilt also, nach Spuren und Hinweisen zu suchen, die auf die Anwesenheit eines Dritten schließen lassen. Die kriminalistische Erfahrung lehrt, daß es ein perfektes Verbrechen nicht gibt. Jeder Verbrecher, auch der raffinierteste und klügste, hinterläßt eine Spur. Mag er auch einen noch so »sicheren« Plan ausgetüfelt haben, eine psychologische Hürde übersieht er meistens: daß es für ihn nach dem Verbrechen, unter dem unmittelbaren, aufwühlenden Erlebnis der Tat, außerordentlich schwierig ist, seine eigenen Reaktionen restlos zu kontrollieren. Daher ist der »erste Angriff« auf ihn so wichtig. Fehler und Versäumnisse der Beamten am Tatort – auch das lehrt die Erfahrung – sind später in der Regel nicht mehr gutzumachen. In den Großstädten und neuerdings auch bei den meisten Landpolizeien werden deshalb heute jedesmal, wenn der unnatürliche Tod eines Menschen gemeldet wird, große Mordkommissionen zusammengestellt, mit bestens ausgebildeten und ausgerüsteten Experten, die die erste Untersuchung mit größter Sorgfalt führen.

In Pöcking, auf dem Lande, machen sich damals fünf Beamte an die Arbeit, von denen nur einer, der Polizeimeister R., Erfahrung in der Morduntersuchung hat. Und er ist nur ungenügend ausgerüstet. Die anderen, die Inspektoren K. und H. sowie zwei weitere Beamte der Landpolizei, sind keine Spezialisten auf diesem Gebiet; und so ist es kaum verwunderlich, daß ihre Arbeit zu einem katastrophalen, folgenschweren Mißgriff führt.

Zunächst wird schulmäßig vorgegangen: Zwei der Beamten fangen an, das Gelände nach Spuren abzusuchen. Sie bewegen sich dabei von der Grenze des ausgedehnten Grundstücks langsam auf das Haus zu, ihre Umgebung und den Boden gründlich mit Stablampen ableuchtend.

Unterdessen macht der Obermeister sich daran, die Leichen zu fotografieren; eine besonders wichtige Tätigkeit, denn bei einer Morduntersuchung sind gute Aufnahmen von großer Bedeutung. R. verfügt nicht über die erforderliche Ausrüstung, etwa über eine Spezialkamera mit Weitwinkel- und Teleobjektiv, und er ist ein unzulänglicher Amateur auf diesem Gebiet. Sein Vorgesetzter, dessen Aufgabe es wäre, einen besonders ausgebildeten Tatortfotografen hinzuzuziehen, verläßt sich auch in diesem Punkt voll und ganz auf seinen Mordermittler und dessen gute Absicht, die jedoch in diesem Fall nicht ausreicht.

Mit seiner privaten Voigtländer »Prominent« fotografiert der Obermeister zunächst die Leiche des Arztes. Außerdem nimmt er die Pistole und eine Geschoßhülse auf, die neben dem linken Fuß des Toten liegt, sowie Blutspuren an der Couch in der Wohnhalle und ein Projektil, das er auf der Couch gefunden hat. Schließlich richtet er das Objektiv seines Blitzlichtgerätes auch noch auf ein Hundehalsband in der Nähe des Projektils. Im Keller stellt er zwei numerierte Blechschilder neben einem Projektil und einer Patronenhülse in der Ecke des Raumes auf. Dann fotografiert er diese beiden tödlichen Requisiten und anschließend die Leiche Elfriede Kloos. Die Qualität dieser Fotos, so soll sich später zeigen, ist allerdings so amateurhaft und unzulänglich, daß sie nicht die geringste Aussage- und Beweiskraft haben. Richter und Anwälte können darüber nur den Kopf schütteln.

Als nächstes untersucht R. die beiden Toten, um sie im Tatort-Protokoll genau beschreiben zu können.

Elfriede Kloo im Keller ist eine sogenannte »saubere Leiche«. Der Raum, in dem sie liegt, ist kühl, deshalb ist ihr Körper noch nicht in Verwesung übergegangen. Über das Ergebnis seiner Feststellungen

schreibt R: »Direkt unter der Haarwurzel im Nacken wurde ein aufgesetzter Einschuß festgestellt. In unmittelbarer Umgebung der Leiche lagen ein Projektil und eine Patronenhülse, Kaliber 6,35 mm.«
Ein Genickschuß also – das bedeutet: Mord! Die Haushälterin des Arztes ist heimtückisch von hinten getötet worden. Ihr Mörder stand unmittelbar hinter ihr, sie hatte ihm also wahrscheinlich vertraut und nicht mit einer Kugel gerechnet.
Von diesem Moment an müßten die Ermittlungen voll konzentriert in Richtung »Mord« laufen. Spätestens jetzt wäre es geboten, eine »große Mordkommission« des Landeskriminalamtes hinzuzuziehen oder zumindestens die eigenen Anstrengungen der Spurensicherung zu verdoppeln. Das bedeutet unter anderem: Sicherung der Waffe, die neben Dr. Praun liegt, durch sofortige sachgemäße Verpackung für die Laboruntersuchung. Asservierung der Getränkerückstände in den beiden Flaschen und den vier Gläsern auf dem Eßtisch, das Feststellen von Fingerabdrücken an den Türen, Spurensuche im abgestellten Wagen Dr. Prauns, das Festhalten der Tatortsituation durch exakte perspektivische Skizzen. Daß dies alles nicht geschieht, hängt mit der Untersuchung der Leiche des toten Arztes zusammen.
Für Obermeister R., ein Schöngeist mit einem ausgeprägten Sinn für Würde und Ästhetik, ist es das härteste Stück Arbeit. Selbst robustere Naturen wie er hätten davor zurückschrecken müssen, denn bei Dr. Praun hat der Tod schon sein furchtbares Zerstörungswerk begonnen. Doch in R. vollzieht sich eine erstaunliche Wandlung: Ohne Rücksicht auf seine eigenen Empfindungen packt er zu. Er verschwendet nicht einen einzigen Gedanken auf die Gefahr einer Infektion durch Leichengift, als er mit bloßer Hand den deformierten, blutverkrusteten Kopf des Arztes abzutasten beginnt. Gummihandschuhe

hätten ihn zwar geschützt, doch er will keinen Fehler machen. Denn mit nackten Fingern sind unter der Blutkruste mögliche Verletzungen, Spuren von Gewalteinwirkungen besser aufzuspüren. Und doch macht er gerade bei dieser Untersuchung einen entscheidenden verhängnisvollen Fehler.

»Als ich den Mund auseinanderdrückte«, so berichtet er später, »stellte ich fest, daß hinten im Rachen eine Verletzung war, ein Schußkanal. Ich tastete diese Stelle sorgfältig ab, konnte aber keinen weiteren Schußkanal finden. Ich nahm deshalb an, daß es sich um einen Einschuß handelte – um einen Mundschuß.« Diese Feststellung ist falsch. Aber R., der medizinische Laie, und seine Kollegen am Tatort gehen bei ihren weiteren Ermittlungen von diesem falschen Ergebnis aus.

»Sieht nach Selbstmord aus!« sagt er.

Kurz darauf kommt Inspektor H. aus dem Schlafzimmer. In einem Nachtkästchen neben dem prunkvollen Doppelbett hat er einen interessanten Fund gemacht. Es sind zwei Pappschachteln. Die eine enthält eine Selbstladepistole Marke MAB, Nr. 91061, Kaliber 6,35 Millimeter, und die dazugehörige Munition. Die andere ist die Originalpakkung einer belgischen Automatik-Pistole, Modell Baby, ebenfalls vom Kaliber 6,35 Millimeter. Sie ist leer, bis auf ein gefülltes Reservemagazin. Und die Pistole neben der Hand des Toten ist ein solcher sogenannter »Baby-Puster«. R. riecht daran. Kein Zweifel. Aus ihr ist geschossen worden.

»Man hat ihn also mit der eigenen Waffe umgebracht«, sagt Inspektor H. R. schüttelt langsam den Kopf. »Er hat sich wahrscheinlich selbst erschossen. Sehen Sie nur hier –.«

Mit dem Finger weist er auf einige Blutspritzer am Spiegel und an der Konsole oberhalb des Toten. Sie scheinen seine Vermutung zu erhärten. Denn sie deuten darauf hin, daß Dr. Praun vor dem Spiegel stand, als der Schuß fiel. Typisch für Selbstmörder. Seine eigene Waffe liegt neben ihm, und aus ihr ist geschossen worden – ebenfalls typisch für Selbstmörder. Mundschuß schließlich ist die zweithäufigste Art von Selbstmord mit Schußwaffen.

»Und die Frau im Keller?« fragt ein Kollege.

Vielleicht hatten sie Streit gehabt, überlegen die Beamten, und Praun hat Elfriede Kloo in blinder Wut erschossen.

»Und das da hinten?«

Einer der Männer deutet auf die Couch in der Wohnhalle, auf der man das Projektil, das Hundehalsband und die Blutspuren gefunden hat. Da R. im Kopf des Arztes lediglich einen Einschuß, aber keinen Ausschuß fand, ist besonders die Herkunft des Projektils rätselhaft. Auf die Idee, hier einen zweiten Schuß in Betracht zu ziehen, kommen die Tatortermittler nicht. Sie mutmaßen: Der Hund hat sich im Keller mit dem Blut von Frau Kloo besudelt. Dr. Praun setzte ihn auf die Couch, um ihn zu erschießen. Die Kugel ging jedoch daneben, und er brachte den Hund wieder nach unten, ehe er sich in der Diele vor den Spiegel stellte und die Pistole an die Schläfe setzte.

Aber warum? Und weshalb in Hut und Mantel?

Vielleicht wollte er sich zunächst gar nicht umbringen und nur fort von hier, kombinieren die Kriminalbeamten weiter. Auf dem Weg, das Haus zu verlassen, erkannte er jedoch, was er angerichtet hatte. Er ging ins Schlafzimmer, holte eine der beiden Pistolen – und zog die Konsequenz. Vor dem Spiegel in der Diele.

»Das hieße also: Mord und Selbstmord«, faßt Inspektor H. zusammen. An diesem Punkt der Tatortuntersuchung werden die Weichen in die falsche Richtung gestellt. Denn von nun an beginnen die Beamten die

Tatsachen, die sie vorfanden, ihrer – wie man heute weiß: falschen – Theorie anzupassen. Zwar schickt Inspektor H. für »alle Fälle« einen Polizisten in die Nachbarschaft, um zu erkunden, ob jemand über Ostern etwas Verdächtiges auf dem Grundstück oder im Hause Prauns bemerkt hat. Als er aber mit negativem Ergebnis zurückkommt, scheint die Sache klar: Statt nach den Spuren eines möglichen Mörders suchen die Inspektoren und Obermeister R. jetzt nach Hinweisen, die das Motiv des vermuteten Selbstmordes belegen können. Etwa ein Testament oder ein Abschiedsbrief.

Sie finden auch einen Brief, es ist allerdings kein Abschiedsbrief. Er liegt auf dem Sekretär in der Wohnhalle, unter der Lesebrille von Elfriede Kloo.

Es ist der auf blauem Luftpostpapier geschriebene Brief, mit dem sich der Mann mit der Hornbrille bei Elfriede Kloo Einlaß in die Villa verschaffte. Inspektor H. liest den blauen Brief, versteht ihn aber nicht. Mit den Worten »Du, schau mal, was ich hier gefunden habe« gibt er ihn – so die spätere Schilderung eines Beamten – an Inspektor K. weiter. Der studiert ihn, kann sich jedoch ebenfalls keinen Vers darauf machen. Ein Küstenstreifen als Ortsangabe, das ist schon merkwürdig. Das Datum, der 28. September 1959, liegt immerhin fast sieben Monate zurück – was kann das Schreiben also schon mit dem gewaltsamen Tod der beiden Menschen in der Villa zu tun haben? Achselzuckend, ohne ihm einen Wert beizumessen, legt K. den Brief wieder fort, auf ein rundes Rauchtischchen mit roter Brokatdecke.

Eine Brücke, die zum möglichen Täter führen könnte, ist damit abgebrochen. Eine andere Brücke bleibt weiterhin unbeachtet: die vier allem Anschein nach benützten Gläser und die beiden Flaschen, die nebenan auf dem Eßtisch stehen und auf den Besuch fremder Per-

sonen hinweisen. Zu sehr ist für die Beamten die Selbstmord-Theorie schon zur fixen Idee geworden, und nichts kann sie mehr davon abbringen. Auch einige Umstände nicht, die alles andere als Indizien für einen Selbstmord sind: etwa die leicht verderblichen Lebensmittel, die man in der Aktentasche des Arztes gefunden hat, die in der Diele abgestellt ist, oder der Fisch im Kühlschrank, der offensichtlich für den Karfreitag bestimmt gewesen ist. Denn: Kauft jemand, der sich umbringen will, vorher noch ein? Obermeister R. läßt sich dadurch nicht aus der Ruhe bringen. Er argumentiert: Der Selbstmord war ja nicht geplant – er geschah in einer Aufwallung von Zorn, im Affekt. Seiner Sache völlig sicher, schreibt er schließlich in den Tatortbericht: »Die vorgefundene Situation im Tathaus läßt bei Dr. Praun auf Selbstmord schließen.«
Die vermutliche Tatzeit bereitet dem »Maigret« aus Fürstenfeldbruck ebensowenig Kopfzerbrechen. Er gibt »die Nacht vom 15. auf den 16. April 1960« an. Auch diese Feststellung ist falsch.
Der Leichenbeschauer, der bei sorgfältiger Untersuchung den Irrtum hätte korrigieren können, übernimmt die falsche Tatzeit und die falschen Angaben über den Tod von Dr. Praun. Im Falle des Arztes schreibt er auf den Totenschein: »Kopfschuß mit Gehirnverletzung. Vermutlich Selbstmord.«

Der untersetzte Mann mit der Hornbrille, der sich als »Dr. Schmitz« Einlaß in die Villa verschafft hatte, geht inzwischen in Köln wieder seiner Arbeit nach. Er kann sich in Sicherheit wiegen. Wie blind sind die Kriminalbeamten der von ihm gelegten falschen Spur nachgelaufen. Die Pistole, die er neben den von ihm erschossenen Dr. Praun gelegt hat, ist für sie ein eindeutiges Indiz für Selbstmord.

Noch ist die Bluttat in Pöcking nicht als Mord entlarvt worden. Der Mörder läuft frei herum.

Dr. Otto Praun wird am 22. April, einem Freitag, beerdigt, sieben Tage vor seinem 66. Geburtstag. Das Wetter ist kühl und unfreundlich, und man hat die Bestattung geheimgehalten, um keine Neugierigen anzulocken. An dem frisch aufgeworfenen Grab hinter der Aussegnungshalle des Münchener Nordfriedhofs stehen nur wenige Menschen: der Sohn des Arztes, seine geschiedene Frau, eine frühere Freundin, zwei Bewohner des Hauses, in dem er seine Praxis betrieben hat, seine Sprechstundenhilfe mit ihrem Freund und ein befreundetes Ehepaar. Nur wenige Kränze und Blumen schmücken den Sarg, mit dem der Tote schließlich in die Tiefe gelassen wird.

Während der Pfarrer sein letztes Gebet spricht, kreisen die Gedanken einiger der Menschen in schwarzer Trauerkleidung um den Mann, dem die Bibelworte gelten. Dr. Praun ein Mörder und Selbstmörder? Sie können es nicht glauben.

Besonders für Günther Praun, den Sohn des toten Arztes, wird die Mord-Selbstmord-Theorie der Polizei immer unwahrscheinlicher. Sein Vater Anstifter und Akteur eines Verbrechens, das ihn selbst das Leben kostete? Nein, das will ihm immer weniger in den Kopf. Wenn er auch von seinem Vater, zu dem er stets ein eher kühles, distanziertes Verhältnis gehabt hatte, nicht viel wußte, so doch dies: Dr. Otto Praun hing wie kaum ein anderer am Leben.

Nicht erst hier auf dem Friedhof sind Praun jr. diese Zweifel gekommen. Noch in der Nacht vor der Beerdigung hat er lange mit Freunden darüber diskutiert, von einundzwanzig Uhr bis morgens um vier, und deshalb wirkt er jetzt, als er den Worten des Pfarrers lauscht, blaß und übernächtigt. Ebenso wie Renate Meyer und ein Freund Günther Prauns, Richter beim Münchener Landgericht, die mit an dem nächtlichen Gespräch teilnahmen.

»Die Kriminalbeamten müssen sich geirrt haben!« beharrte Günther Praun. »Wenn Vater beerdigt wird, läßt sich das vermutlich nie mehr beweisen.«

»Wir können natürlich noch versuchen, den Staatsanwalt aus dem Bett zu holen«, entgegnete sein Freund, der Richter. »Wegen der Bedenken, die hier aufgetaucht sind, könnte man um eine Verschiebung der Beerdigung bitten, um noch eine Obduktion vorzunehmen. Wollen wir das?«

Fragend blickte er Günther Praun an. Der junge Arzt zeigte sich unschlüssig. Er wußte, daß ein Skandal unvermeidlich sein würde, wenn er noch in letzter Minute den Toten zu Unrecht aus dem Sarg holen ließe.

»Ich schlage vor, wir lassen deinen Vater zunächst einmal beerdigen«, sagte der Richter. »Eine Exhumierung und eine Obduktion kann man ja immer noch beantragen, wenn wir unsere Vermutungen besser begründen können. Du kannst also in Ruhe, vielleicht mit Hilfe eines Anwalts, überprüfen, ob du recht hast und die Polizei sich irrt.«

Dr. Günther Praun hatte schließlich zugestimmt. Hier auf dem Friedhof wundert ihn nur eins: daß die letzte Freundin des Toten, Vera Brühne, nicht erschienen ist.

Am Morgen des 2. August 1960 versammeln sich in dem kleinen kahlen Bürozimmer 10b des Amtsgerichts Starnberg vier Herren: ein Richter, ein Protokollführer und zwei Rechtsanwälte. Anlaß: die Testamentseröffnung über den Nachlaß des Arztes Dr. Otto Praun.

Nacheinander nehmen sie Platz; zuerst Amtsgerichtsrat Binder und der Protokollführer, dann die Anwälte: Konrad Kittl als Vertreter Günther Prauns und Rechtsanwalt Krahl-Urban, der Vera Brühne vertritt. Zur allergrößten Verblüffung des jungen Arztes ist sie von seinem Vater ebenfalls als Erbin eingesetzt worden. Dieser Umstand bedeutet für viele Menschen aus dem Lebenskreis des toten Praun eine kleine Sensation.

Dr. Günther Praun hat sich nach dem gewaltsamen Tod seines Vaters über das seltsame Verhalten Vera Brühnes gewundert. Sie hatte ihm gegenüber abgestritten, am Gründonnerstag, dem Tag, an dem sein Vater zum letztenmal lebend gesehen wurde, in München gewesen zu sein – dagegen wußte er von der Sprechstundenhilfe Renate Meyer, daß sein Vater nach dem Anruf des geheimnisvollen Dr. Schmitz gesagt hatte: »Die Vera ist mit ihm schon in Starnberg!« Günther Praun hatte Vera Brühne erzählt, daß er in der Pöckinger Villa vergeblich nach einem Testament seines Vaters gesucht hatte. Sie hatte jedoch nichts dazu gesagt, bis auf die Bemerkung, er möge sich doch an seinen Notar wenden; aber Monate später reichte sie ohne sein Wissen ein zu ihren Gunsten abgefaßtes zweites Vermächtnis Dr. Otto Prauns beim Nachlaßgericht in Starnberg ein, dessen Existenz sie ihm verschwiegen hatte. Diese Heimlichtuerei, die er nicht verstand, war für ihn der endgültige Bruch mit der Frau, die lange sein Vertrauen besessen hatte. Er mißtraute ihr. Er brachte sie sogar mit dem Tod seines Vaters, den er für Mord hielt, in Verbindung. Und er sprach ganz offen darüber.

Vera Brühne, eine großgewachsene schöne, elegante Blondine, will nicht mit ihm zusammentreffen. Deshalb wartet sie in einer Gastwirt-

schaft in der Nähe des Starnberger Amtsgerichtes auf ihren Anwalt. Er soll ihr über den Verlauf der Testamentseröffnung berichten.
Nachdem Amtsgerichtsrat Binder in dem nüchternen Büroraum das Günther Praun betreffende Testament verlesen hat, verkündete er: »Ich eröffne jetzt das von Herrn Dr. Otto Praun für Frau Vera Brühne errichtete Vermächtnis ...«
Anwalt Kittl lauscht aufmerksam, als der Richter verliest, was Dr. Otto Eduard Christian Praun am 23. Mai 1959 um 10 Uhr vor Don Francisco Xavier Rocha y Rocha, Rechtsanwalt und Notar der Anwaltskammer in Barcelona, in dessen Kanzlei in Arbucias als seinen »letzten Willen« bekanntgegeben hatte:
»Erstens: Er bestätigt sein Testament vom 23. Juni 1953, erlassen in München, dahin, daß es nicht geändert werden soll durch das vorliegende, das sich nur auf Güter bezieht, die der Erblasser in Spanien besitzt.
Zweitens: Er vermacht an Frau Vera Brühne, geborene Kohlen, Bürgerin von München (Bundesrepublik Deutschland), die in seinem Besitz befindlichen und auf spanischem Boden gelegenen Güter und Immobilien im Bezirk Lloret de Mar (Gerona), mit allem Zubehör, allen wesentlichen Teilen, Gebäuden und vorgenommenen Verbesserungen.
Drittens: Natürlich bleibt besagtes Legat ohne Wirkung, wenn der Erblasser im Falle seines Todes diese in Spanien gelegenen Güter selbst nicht mehr besitzt.
Viertens: Für den Fall, daß die Erbin, welche freie Verfügungsgewalt über die ihr vermachten Güter hat, solange sie darüber durch Handlungen zwischen Lebenden verfügt, sterben sollte, nachdem sie die Erbschaft in Besitz genommen hat, aber ohne daß sie solche Disposi-

tionen zwischen Lebenden vorgenommen hätte, verfügt der Erblasser, daß die besagten Güter oder deren noch vorhandenen Teile beim Todesfall der Erbin an seinen Sohn Günther Praun zu dessen freier Verfügung übergehen.

Fünftens: Er widerruft besonders die Verfügungen seines letzten Willens, die er zugunsten von Frau Katja H. erlassen hat.«

Das Schriftstück trägt die Unterschriften von Dr. Otto Praun, dem Notar und den beiden Testamentszeugen Manuel Ferragut und Luis Caralt.

Der Amtsgerichtsrat verliest anschließend noch eine Erklärung des spanischen Notars, nach der Vera Brühne ihm inzwischen den »Tod des Erblassers, eingetreten in Pöcking in der Nacht vom 15. zum 16. April«, mitgeteilt hat.

Danach herrscht in dem kleinen Zimmer einen Moment Stille. Rechtsanwalt Konrad Kittl schüttelt den Kopf. Langsam erheben sich die Herren. Vor der Tür bittet Kittl seinen Kollegen Krahl-Urban: »Auf ein Wort, Herr Kollege ...«

Die beiden suchen ein Lokal in der Nähe auf. Dort kommt es zu einem in erregtem Ton geführten Dialog.

Krahl-Urban: »Ihr Mandant geht mit der Behauptung hausieren, beim Tod seines Vaters sei es nicht mit rechten Dingen zugegangen, und Frau Brühne habe dabei ihre Hand im Spiel gehabt.«

Kittl: »Mein Mandant behauptet nichts. Es ist eine rein theoretische Überlegung. Denken Sie nur an Punkt drei des Testaments: Ihre Mandantin wäre doch leer ausgegangen, wenn Praun seinen spanischen Besitz verkauft hätte – und genau das hatte er kurz vor seinem Tod vor. Er starb also immerhin in einem, sagen wir, für Frau Brühne zweifellos günstigen Augenblick.«

Krahl-Urban: »Ein solcher Verdacht ist doch absurd. Die Ermittlungen der Kriminalpolizei haben einwandfrei Selbstmord ergeben!«
Kittl: »Einwandfrei? Da sind Fehler gemacht worden – schwerwiegende Fehler.«
Dann bringt er einen heiklen Punkt zur Sprache, der für Vera Brühne höchst unangenehm werden kann. Dr. Otto Praun, so sagt er mit Nachdruck, hätte das Erbe seines Sohnes Günther nicht wegen einer Freundin schmälern dürfen, mit der er ein Liebesverhältnis unterhalten habe. Das sei, wie der Kollege ja wisse, nach der sogenannten »Sittenwidrigkeits-Klausel« in den Erbgesetzen ein Grund, das Vermächtnis Vera Brühnes anzufechten. Und zwar mit allergrößter Aussicht auf Erfolg.
»Aber Frau Brühne hatte gar kein Liebesverhältnis mit Dr. Praun.«
»Behauptet sie. Wir wissen es anders. Und wir werden es beweisen.«
»Sie wollen das Testament also anfechten?«
»Im Augenblick nicht. Das heißt: Wenn wir uns auf einer vernünftigen Basis einigen können.«
»Was schlagen Sie also vor?«
Anwalt Kittl entwickelt eine Art Stillhalteabkommen, auf das er sich schließlich mit dem Kollegen einigt: Die Partei Günther Praun verpflichtet sich, das Testament zugunsten Vera Brühnes vorläufig nicht anzufechten, und die Partei Vera Brühne verzichtet bis zum endgültigen Abschluß der polizeilichen Ermittlungen auf die Herausgabe ihres Erbteils.
Als Rechtsanwalt Krahl-Urban Vera Brühne kurz darauf von diesem Gespräch und der getroffenen Vereinbarung berichtet, reagiert sie mit heller Empörung.
»Ich werde des Mordes an Dr. Praun verdächtigt? Das ist ja unglaub-

lich, eine Infamie! Da steckt doch bestimmt diese Meyer dahinter!« Sie beruhigt sich nur langsam. Ihre Stimme ist noch hektisch und aufgeregt, als sie schließlich sagt: »Dagegen muß man doch etwas unternehmen. Das kann ich doch nicht auf mir sitzen lassen! Kann man die Todesursache Dr. Prauns denn nicht hundertprozentig feststellen lassen?«

Anwalt Krahl-Urban nickt. »Man müßte seine Exhumierung und eine gerichtsmedizinische Leichenöffnung beantragen.«

»Wollen wir das tun?«

»Das können wir nicht. Das können nur die engsten Angehörigen Prauns. Also sein Sohn Günther.«

Vera Brühne überlegt nicht lange. »Also gut, dann soll er doch den Antrag stellen. Ich bin damit einverstanden.«

Vier Tage später, am 6. August 1960, schreibt Rechtsanwalt Krahl-Urban nach Absprache mit seiner Mandantin einen Brief an die Staatsanwaltschaft beim Landgericht München II, »betreffend Todesursache von Herrn Dr. med. Otto Praun, verstorben am 16. 4. 1960 in Pöcking, Aktenzeichen: 1 AR 184/60.«

In diesem Schreiben heißt es: »Von Herrn Rechtsanwalt Kittl wurde uns mitgeteilt, daß nach wie vor der Verdacht bestehe, daß sich Herr Dr. Otto Praun nicht erschossen habe, sondern daß er von einer anderen Person, ebenso wie Frau Friedel Kloo, getötet worden sei. Die Ermittlungen der Kriminalpolizei, Außenstelle Fürstenfeldbruck, haben dagegen eindeutig ergeben, daß Frau Kloo mit der Herrn Dr. Otto Praun gehörigen Pistole durch Genickschuß getötet worden ist. Es hat sich weiter ergeben, daß der Schuß, mit dem Herr Dr. Otto Praun getötet wurde, ebenfalls aus der Pistole von Herrn Dr. Otto Praun abgegeben wurde. Desgleichen bestand nach den Feststellungen der Kriminalpolizei Klarheit darüber, daß auch die bei beiden Schüssen verwendete Munition aus dem Patronenbestand des Herrn Dr. Otto Praun stammte. Der Schuß, durch den Herr Dr. Otto Praun getötet wurde, war in den Mund gerichtet worden, so wie sich Selbstmörder zu erschießen pflegen.

Herr Dr. Praun war sich als Arzt genau über den Sitz des Gehirns, in welches ein tödlicher Schuß abgegeben wurde, im klaren. Es ist uns unverständlich, wie man die sehr gründlichen, zuverlässigen und von erfahrenen Kriminalbeamten durchgeführten Ermittlungen in ihrem Ergebnis anzweifeln kann.

Da uns gegenüber zum Ausdruck gebracht wurde, daß für Frau Brühne ein Motiv im Hinblick auf das Vermächtnis vorhanden wäre, haben wir Herrn Kollegen Kittl empfohlen, bei der Staatsanwaltschaft eine Exhumierung und Sektion durch das Gerichtsmedizinische Institut in München in die Wege zu leiten. Wir haben keinen Zweifel, daß auch diese Sektion das sorgfältige Ermittlungsergebnis der Kriminalpolizei, Außenstelle Fürstenfeldbruck, bestätigen wird.«

Dieser Brief ist kaum bekannt geworden. Vera Brühne, so beweist er, hatte also von sich aus die Exhumierung Dr. Otto Prauns angeregt. Zeichen eines guten Gewissens, wie sie selbst erklärte? Oder nur ein taktischer Schachzug, um ihrem Gegenspieler Praun jr. zuvorzukommen, der ohnehin eine Exhumierung ins Auge gefaßt hatte, wie es später der Staatsanwalt darstellte? Eine Mörderin, die sich selbst um die Exhumierung ihres Opfers bemühte, hatte es bis dahin in der deutschen Kriminalgeschichte jedenfalls noch nicht gegeben. Das Ergebnis der Obduktion und der weitere Gang der Ermittlungen sollten zeigen, daß Vera Brühne ein Vabanque-Spiel um Kopf und Kragen riskiert hatte.

Aber für das ehrgeizige Ziel, das sie bei allem im Auge hatte, war ihr kein Einsatz, kein Risiko zu hoch gewesen: ihr Erbe – Dr. Otto Prauns Finca in Spanien.

Die »Finca Caravana« bei Lloret de Mar an der Costa Brava ist einer jener feudalen Landsitze, wie sie die Titelseiten internationaler Architektur-Zeitschriften zieren. Dr. Otto Praun hatte ihn sich für seine alten Tage gekauft, ohne zu ahnen, daß gerade dieser Besitz seine alten Tage nicht verschönen, sondern verkürzen würde.
Vera hatte ihn in mühevoller Arbeit für ihn umgebaut. Kaum aber war der Umbau eingeweiht, da bekam auch sie – ebenso wie ihre Vorgängerin in der Gunst des Arztes, der er die Finca in seinem Testament vermacht, sie dann aber wieder enterbt hatte – die Wankelmütigkeit Dr. Prauns zu spüren. Er warf ihr unredliche Machenschaften vor, nicht zu Unrecht allerdings, nörgelte an der fertigen Finca herum, über die er sich zunächst hellbegeistert gezeigt hatte. So störten ihn zwei fehlende Türgriffe und fehlende Kleiderbügel; und eines Tages ließ er zu ihrer größten Überraschung verlauten, daß er den Besitz wieder verkaufen wolle. Der Weg nach Spanien sei ihm zu weit, er wolle sein Geld lieber in Norditalien oder in der Schweiz anlegen. »Außerdem«, so vertraute er listig einem guten Bekannten an, »geht Vera dann ja leer aus. Ich will mich von ihr trennen, denn wir verstehen uns nicht mehr. Wenn ich in Spanien nichts mehr habe, kann sie nach dem Testament auch nichts mehr erben.«
Das wußte Vera Brühne natürlich auch. Aber diese Frau war aus einem härteren Holz geschnitzt als Katja H., an deren »Enterbung« sie kräftig mitgewirkt hatte und deren Schicksal ihr nun selbst drohte. Dr. Praun kam nicht mehr dazu, seinen schlauen Plan durchzuführen.

Er starb plötzlich und gewaltsam – in einem »für Vera Brühne günstigen Augenblick, der bei einem späteren Sterben wahrscheinlich nicht mehr gegeben wäre«, wie Anwalt Kittl es formulierte.
Der Weg zu ihrer Erbschaft, zu ihrem Traum, Millionärin zu sein, für immer ausgesorgt zu haben, wäre für sie damit frei gewesen – wenn es nicht dieses Aber gegeben hätte: den »infamen« Verdacht des jungen Praun.

Zwölf Tage nach der Testamentseröffnung in Starnberg, am 14. August 1960, erstattet Rechtsanwalt Konrad Kittl im Auftrag Günther Prauns bei der Staatsanwaltschaft beim Landgericht München II Strafanzeige gegen einen unbekannten Täter wegen Mordes in zwei Fällen. Gleichzeitig erteilt er die Genehmigung zur Exhumierung und Obduktion der Leiche Dr. Otto Prauns.
Das siebenseitige Schriftstück, mit dem er die Anzeige begründet, ist eine kriminalistische Meisterleistung. Erstaunlich daran: Aus derselben Tatortsituation, aus der die alterfahrenen Kriminalbeamten K. und R. »einwandfrei« auf Selbstmord geschlossen hatten, folgert Anwalt Kittl mit viel größerer Wahrscheinlichkeit auf Mord.
In sechs Punkten setzt er sich zunächst kritisch mit der Theorie der Polizei auseinander.
»1. Es ist zutreffend, daß ein Schuß in den Mund häufig bei Selbsttötung vorkommt. Die bisherigen Ermittlungen schließen aber keineswegs aus, daß dieser Schuß von einem Dritten abgegeben wurde.
2. Ein Dritter hätte zufällig – oder auch absichtlich, falls er ein guter Schütze war und einen Selbstmord vortäuschen wollte – diesen Schuß anbringen können.

3. Keineswegs schlüssig sind auch die Annahmen, die die Polizei anhand der Blutspuren an der Spiegelkonsole trifft. Der Ermittlungsbeamte meinte, aus diesen Spuren den Schluß ziehen zu können, daß Dr. Praun vor dem Spiegel auf sich selbst geschossen habe. In diesem Fall hätten jedoch unbedingt Blutspuren am Spiegel entstehen müssen, die sich aber nicht fanden. Andererseits sprechen die vorhandenen Spuren keineswegs gegen die Täterschaft eines Dritten. Der Vorgang könnte sich vielmehr so abgespielt haben: Der unbekannte Täter hatte Frau Kloo im Keller erschossen, während Dr. Praun außer Haus war. Als Dr. Praun das Haus betrat (die Leiche wurde in Hut und Mantel gefunden, während Frau Kloo Hauskleidung trug!) und sich vor die Garderobe stellte, um abzulegen (vergleiche die dort aufgefundenen Lebensmittel, die Dr. Praun eingekauft und beim Betreten des Hauses zunächst abgelegt hatte), trat der Täter aus der Kellertür und schoß auf Dr. Praun, der ihm den Kopf zugewendet hatte. Sofort mit dem Einschlag des Projektils spritzte Blut auf die Spiegelkonsole und tropfte von dort nach unten.

4. Es fanden sich zwei Pistolen am Tatort. Wenn man davon ausgeht, daß sich der Vorfall, wie oben dargelegt, abgespielt hat und Dr. Praun stets eine Waffe mit sich führte, kann er leicht die zweite Waffe (MAB) bei sich getragen haben, während der unbekannte Täter keine Mühe hatte, sich in Abwesenheit des Dr. Praun dessen FN-Pistole anzueignen und mit ihr erst Frau Kloo, dann Dr. Praun zu töten.

5. Überhaupt nicht geklärt ist schließlich der Grund, warum sich auf der Couch im Wohnzimmer noch ein Projektil befand. Dieses könnte sehr wohl von einem ersten Fehlschuß des Täters stammen.

6. Auch für die Blutspuren auf der Couch und auf dem Teppich gibt es keine befriedigende Erklärung. Die Polizei hat angenommen, daß

diese Blutspuren vom Hund stammen, das heißt, daß der Hund Blut aus dem Keller (Frau Kloo) heraufgetragen hat. Der Hund war aber im Keller eingeschlossen! Dr. Praun müßte also erst im Keller Frau Kloo erschossen haben, dann nach oben gegangen sein, wobei der Hund ihm folgte, sich angezogen haben, dann zurück in den Keller gegangen sein, um den Hund einzuschließen, dann wieder nach oben, um das Licht zu löschen und sich endlich selbst zu erschießen. Ein reichlich umsichtiges Verhalten für einen Mann, der im Affekt oder in einem Anfall geistiger Erkrankung sich selbst und einen anderen tötet!«

Als Staatsanwalt Dr. Fey diese detaillierte und scharfsichtige Begründung liest, wird er zum erstenmal stutzig. Denn sie zeigt das Geschehen in Pöcking in einem völlig anderen Licht. Dem jungen Anwalt sind Dinge aufgefallen, auf die eigentlich er, der »Herr des Ermittlungsverfahrens«, hätte kommen müssen.

Mit steigendem Interesse liest der Staatsanwalt, was Konrad Kittl auf Seite vier in dem Abschnitt »Gründe, die direkt gegen Selbstmord sprechen«, zusammengetragen hat.

Kittl widerlegt darin einleuchtend die Angaben Vera Brühnes, die von der Kriminalpolizei ungeprüft übernommen wurden – als willkommene »Stützen« für die Selbstmord-Theorie. So zunächst die Behauptung Vera Brühnes, Dr. Praun sei geisteskrank gewesen. Kittl: »Diese Annahme beruht lediglich darauf, daß Dr. Praun sich verfolgt fühlte, daß er vor verschiedenen Menschen Angst hatte. Es wird nicht bestritten, daß dies in gewissem Umfang zutrifft. Es heißt aber, die Angelegenheit vom falschen Ende anpacken, wenn man zunächst unterstellt, Dr. Praun habe Selbstmord begangen und damit ein Motiv für den ohne weitere Begründung unterstellten Freitod zu konstruieren.« Für eine tatsächliche Geisteskrankheit Dr. Prauns gäbe es nicht den geringsten Anhaltspunkt. Im Gegenteil: Nach der einhelligen Meinung der guten Bekannten des Arztes sei er ein lebenslustiger Mann ohne jede paranoide Tendenz gewesen, der am Leben hing und ihm alle Annehmlichkeiten abzugewinnen verstand. Seine Mentalität schließe eine Selbsttötung aus. Gegen jede Lebenserfahrung spreche, daß er in guter Stimmung, voller geschäftlicher Pläne, die Praxis verließ, um sich und seine Lebensgefährtin dann wenige Stunden später zu erschießen.

Auch Vera Brühnes Behauptung über eine angeblich erbliche Selbstmord-Neigung in der Familie Prauns weist der Anwalt in seinem Schriftsatz zurück. Er hat das Schicksal von fünf von Vera Brühne namentlich genannten angeblichen Selbstmördern aus der Familie des Toten untersucht. Ergebnis: Einer von ihnen lebt und erfreut sich bester Gesundheit; ein anderer ist eines natürlichen Todes gestorben; ein dritter ist mit Dr. Praun überhaupt nicht verwandt; über das Schicksal des vierten liegen keine Anhaltspunkte vor; nur der fünfte hat sich nachweisbar selbst getötet, der Grund dafür war aber keine Selbstmordneigung, sondern seine homosexuelle Veranlagung.

Am Schluß seines Schriftsatzes geht Kittl noch einmal auf die Erklärung der Polizisten ein, es hätten sich keine Spuren gefunden, die auf die Anwesenheit einer dritten Person hätten schließen lassen. Er schreibt: »Abgesehen davon, daß ein Täter, der – wie die Sachlage annehmen läßt – einen Selbstmord vortäuschen will, der Polizei kaum den Gefallen tun wird, Spuren am Tatort zurückzulassen, ist diese Feststellung auch unrichtig. In den polizeilichen Akten findet sich z.B. kein Hinweis darauf, daß auf einem Tisch im Wohnzimmer 4 gebrauchte Gläser standen; es ist also auch nicht anzunehmen, daß von diesen Fingerabdrücke abgenommen worden sind (ebensowenig, wie man die Tatwaffe darauf untersucht hat). Diese Tatsache wieder steht in Einklang damit, daß Dr. Praun am Tage der Tat mit einer oder mehreren Personen in Pöcking verabredet war. Er hatte diese Personen nach Pöcking bestellt und wollte später nachkommen. Dies ergibt sich u.a. aus der Aussage von Frau Meyer. In diesem Zusammenhang spielt der bisher noch nicht ermittelte ›Dr. Schmitz‹ eine Rolle. Daß es eine Person gegeben hat, die sich unter diesem Namen Herrn Dr. Praun vorgestellt hat, steht fest. Dieser Dr. Schmitz wurde auch in einem Brief des Dr. Praun erwähnt, der zwar schon älteren Datums ist, der aber am Tage der Tat am Tatort aufgefunden wurde. Nach diesem Dr. Schmitz wurde bisher nur unter diesem Namen gefahndet; es kann sich aber auch um ein Pseudonym gehandelt haben, da der Name Schmitz im Rheinland so häufig ist, wie bei uns die Namen Meier und Huber. Weitere Ermittlungen in dieser Richtung scheinen veranlaßt.

Die polizeiliche Feststellung, daß aus dem Haus keine Wertsachen entwendet worden seien, ergibt nichts gegen die Annahme der Täterschaft seitens eines Dritten. Der Täter kann auch andere Motive gehabt haben als Wegnahme von Sachen.«

Stirnrunzelnd legt Staatsanwalt Dr. Fey die Feststellungen des jungen Anwalts aus der Hand: dieselben Tatsachen, die auch den Ermittlungsbeamten zur Verfügung standen – und dennoch ein völlig anderes Bild. Wo die Beamten sich auf ihre Vermutungen verließen, da hat Kittl gründlich und sorgfältig recherchiert. Der Rest: Logik und gesunder Menschenverstand. Zum erstenmal kommen Dr. Fey Zweifel an der von K. und R. aufgestellten Selbstmord-Theorie. Doch statt die Leiche des Arztes ausgraben zu lassen und andere unvoreingenommene Beamte auf die Spur des möglichen Mörders zu setzen, leitet er die Anzeige an die zuständige Kriminalaußenstelle Fürstenfeldbruck weiter – an jene Beamte also, die nach wie vor hartnäckig auf ihrer Meinung beharren.

Nur widerwillig nehmen sie sich der Sache an. Der Obermeister R. vernimmt Vera Brühne, die am 3. Oktober zusammen mit ihrer Tochter »zufällig« in seiner Dienststelle erscheint, zu ihrem Alibi.

»Mein Alibi? Wozu?« fragt sie. »Bin ich etwa verdächtig?«

R. beruhigt sie. Es seien nur Routinefragen. Ein Selbstmord müsse ebenso gründlich wie ein Mord aufgeklärt werden.

Er will wissen, was sie am Gründonnerstag, dem letzten Tag, an dem Praun lebend gesehen wurde, gemacht hat. Während sie Dr. Günther Praun gegenüber abstritt, an diesem Tag in München gewesen zu sein, erklärte sie in einer früheren Vernehmung, sie sei an diesem Tag von Köln nach München gekommen. Dabei bleibt sie auch jetzt. Sie sei gegen sieben Uhr dreißig mit einem Schnellzug in München eingetroffen und sofort in ihre Wohnung gefahren. Sie habe verschiedene Besorgungen gemacht. Unter anderem habe sie ein Trauerkleid aus der Reinigung geholt. Am Abend sei sie mit einem Volkswagen, der Dr. Praun gehörte, nach Bonn zu ihrer schwerkranken Mutter zurückgefahren, die dort im Krankenhaus lag. Auf dem Weg zur Autobahn sei sie noch bei ihrem Münchener Zahnarzt gewesen.

Der Beamte räuspert sich etwas, als er jetzt auf den Punkt zu sprechen kommt, mit dem Günther Praun Vera Brühne in seiner Anzeige schwer belastet hat. Er sagt: »Frau Brühne, sowohl Frau Meyer als auch Herr Günther Praun haben wiederholt erklärt, daß Doktor Praun vor seinem Tode die Absicht hatte, seinen spanischen Besitz zu verkaufen, den er Ihnen ja testamentarisch vermacht hatte. Daraus – so wird gefolgert – könne man zumindest theoretisch für Sie ein Motiv ableiten, an einem schnellen Ableben des Doktors interessiert gewesen zu sein.« R. sieht die schöne blonde Frau auf der anderen Seite des Schreibtischs forschend an. »Was erklären Sie dazu?«

Sie richtet sich auf, reckt ihr Kinn ein wenig nach vorn. »Unsinn!« sagt sie. »Dr. Praun dachte nicht daran, sein Grundstück in Spanien zu verkaufen.«

»Sie bestreiten also eine solche Absicht?«

»Ja. Verkaufen wollte er früher einmal – da war er noch mit Katja H. befreundet, kurz bevor er mich als Verwalterin einsetzte. Es handelte sich auch nur um einen kleinen Zipfel seines Grundstücks, das er als ›Handtuch‹ bezeichnete. Er wollte es für 6000 DM abgeben. Ich weiß aber nicht mehr, an wen.« Vera Brühne denkt einen Augenblick nach, ehe sie fortfährt: »Über den spanischen Besitz gibt es einen Akt, den Dr. Praun in seiner Praxis verwahrte. Aus einem Schriftstück darin müßte auch der Name des Interessenten hervorgehen.«

»Den von Frau Meyer und Herrn Praun junior genannten Dr. Schmitz kennen Sie also nicht?«

»Nein. Ich kenne nur Verwandte von mir, die Schmitz heißen.«

»Meine letzte Frage, Frau Brühne: Wie erklären Sie es sich, daß Dr. Praun Ihnen seinen gesamten Besitz in Spanien vermachte?«

Kühl und ruhig hält Vera Brühne dem Blick ihres Gegenübers stand. Ihr Ton wird scharf, als sie sagt: »Er wollte nicht, daß der Besitz in die Hände seines Sohnes samt Anhang gelangt. Er lehnte den Anhang ab, und sein Sohn hatte an ihm kein Interesse gezeigt. Außerdem sollte es eine Anerkennung für mich sein, für meine Arbeitsleistung beim Ausbau und bei der Urbarmachung des riesigen Grundstücks. Schließlich belohnte er mich damit auch noch dafür, daß ich der Frau H. durch mein geschicktes Vorgehen 6000 DM Abfindung nicht ausbezahlen mußte und ich sie ihm wieder zurückbrachte.«

»Hm.« Der Obermeister nimmt es zur Kenntnis. Er tippt auch diese letzten Sätze in die Schreibmaschine. Dann nimmt er die Blätter heraus, sortiert sie und reicht sie seiner Besucherin. Er läßt sie unterschreiben.

Als ein Münchener Zahnarzt die Aussage Vera Brühnes bestätigt, sie sei am Gründonnerstag zwischen achtzehn Uhr und neunzehn Uhr in seiner Praxis gewesen und von dort nach Bonn zurückgefahren, ist für den Obermeister alles klar. Um achtzehn Uhr fünfundvierzig sind von Zeugen in der Arzt-Villa Schüsse gehört worden. Vera Brühne kann man damit keinesfalls in Verbindung bringen – sie saß ja um diese Zeit beim Zahnarzt. Daß der Arzt die Unwahrheit sagte und der Frau ein Gefälligkeits-Alibi gab, kommt erst später heraus.

In den Augen des Obermeisters scheidet Vera Brühne als mögliche Täterin aus – wie seiner Meinung ja auch Mord ausscheidet.

Sein Bericht befriedigt den Staatsanwalt nicht. Die Anklagebehörde stellt Antrag auf Exhumierung und Sektion der Leiche Dr. Otto Prauns und folgt damit endlich dem Wunsch von Dr. Günther Praun. Am 27. Oktober gibt der Ermittlungsrichter beim Amtsgericht München dem Ersuchen statt; er ordnet die Leichenschau und Leichenöffnung an. Am Tag darauf wird das Grab des Arztes auf dem Nordfriedhof geöffnet. Seine Überreste werden in den Sektionssaal des Gerichtsmedizinischen Instituts in München gebracht.

Hier machen sich die Obduzenten Dr. Spann und Dr. Hirth an die Arbeit. Ihr besonderes Interesse gilt dem Schädel der Leiche. Mit geübten Händen ertasten sie in den Knochen und Weichteilresten

Öffnungen, die auf einen gewaltsamen Tod schließen lassen. Dr. Spann diktiert ins Protokoll: »Schädeldurchschuß mit Einschuß in der Schläfengegend rechts und Ausschuß über dem linken Scheitelbein und Schädeldurchschuß mit Einschuß über dem rechten Jochbein und Ausschuß vermutlich in der Mundgegend.«
Dieser Befund ist eine Sensation. Denn damit steht fest: Dr. Otto Praun ist durch zwei Schüsse getötet worden!
Obermeister R. hat sich also geirrt, als er beim Auffinden der Leichen bei Praun nur einen Einschuß in der Mundhöhle festgestellt hat; tatsächlich handelt es sich nach dem Obduktionsbefund dabei aber um einen Ausschuß. Damit ist auch seine Selbstmord-Theorie, die er auf diese falsche Feststellung vom Mundschuß aufgebaut hat, nicht mehr zu halten. Denn Selbstmörder mit zwei Kopfschüssen sind in der Kriminalgeschichte Grenzfälle, ungewöhnliche Ausnahmen. Günther Prauns Zweifel und Vermutungen haben sich damit überraschend erhärtet.
Jetzt geht es nicht mehr um Selbstmord und Mord, sondern um ein Verbrechen von fremder Hand – um Doppelmord.

Jetzt endlich zieht man Konsequenzen. Der Fall wird der kleinen Kriminalaußenstelle in der Provinz weggenommen und in die Hände von Spezialisten in München gelegt. Am 29. November machen sich zwei der fähigsten Beamten der Landpolizei-Direktion an die Arbeit. Die Kriminalobermeister Eckhardt und Schillinger fangen an, alles noch irgendwie Erreichbare zu überprüfen und verschüttete Spuren aufzudecken. Der »Mord an Elfriede Kloo und der zweifelhafte Selbstmord des Dr. Otto Praun« werden gründlich durchleuchtet.
Alle Verdächtigen müssen durch die Mühle des Kreuzverhörs. Haben

sie ein hieb- und stichfestes Alibi für den Abend des Gründonnerstag? Auch Günther Praun, der Haupterbe, wird überprüft. Genau wie Renate Meyer, die Sprechstundenhilfe und Vertraute des toten Arztes und ihr Freund Hans-Joachim Vogel, der zusammen mit ihr als erster am Tatort war.

Dann nehmen die Fahnder der Münchner Landpolizei-Direktion die Nutznießerin des spanischen Erbes ins Visier – Vera Brühne.

Und sie, die es gewohnt ist, ihren Charme, ihre Schönheit, ihre weibliche Lockung in die Waagschale zu werfen, muß eine neue Erfahrung machen: alles das zieht plötzlich nicht mehr. Jetzt zählt nur noch eins: Tatsachen. Jetzt geht es ums Ganze, wie noch nie in ihrem Leben. Nüchtern und unbeeindruckt halten die Beamten ihre Angaben und Aussagen ins Licht – und überführen sie mehrfach der Unwahrheit, der Lüge.

So hat Vera Brühne erklärt, sie sei in der Nacht zum Gründonnerstag um zweiundzwanzig Uhr fünfundzwanzig mit dem Nachtschnellzug von Köln nach München zurückgefahren. Der Zug sei pünktlich am anderen Morgen um sieben Uhr dreißig in München eingelaufen. Er sei überfüllt gewesen, und sie habe keinen Sitzplatz gehabt. Auch Liegewagen und Schlafwagen seien ausverkauft gewesen.

Die Beamten stellten dagegen fest: Laut Fahrdienstbericht der Bundesbahn war der Zug nur zu einem Viertel besetzt. Liegewagen- sowie Schlafwagenplätze waren noch frei gewesen. Außerdem hatte der Zug bei der Ankunft in München fünfunddreißig Minuten Verspätung.

So hat Vera Brühne in einer früheren Vernehmung erklärt, Dr. Praun habe ihr am Gründonnerstag in einem Telefongespräch ein Ultimatum gestellt: »Deine Mutter oder ich!« Er habe sie damit zwingen wollen, statt zu ihrer kranken Mutter zurück nach Bonn mit ihm über Ostern nach Spanien zu fahren. Er habe dieses Gespräch aus seiner Praxis geführt, und sie habe es in ihrer Wohnung in München entgegengenommen.

Die Beamten stellen dagegen fest: Dr. Praun hatte an diesem Tag nicht mit Vera Brühne aus seiner Praxis telefoniert. Er hatte ihr kein Ultimatum gestellt. Ja, er wußte nicht einmal, daß sie in München war. Das geht eindeutig aus einer Aussage der Sprechstundenhilfe Renate Meyer hervor. Sie sagt: »Dr. Praun sprach mit mir darüber, was er in Spanien allein machen solle, wenn Frau Vera wegen ihrer kranken Mutter nicht mitfahren könne. Er sagte das nicht erbost, sondern mit Verständnis für Frau Brühne. Er sagte auch, es wäre schön von Frau Vera, heute trotz ihrer kranken Mutter nach München zu kommen. Er trug mir auf, auf den Anruf von Dr. Schmitz zu achten, mit dem sie kommen werde. Nach dem Anruf gegen siebzehn Uhr sagte er dann zu mir: ›Jetzt sind die beiden bereits in Starnberg!‹ Er beschwerte sich darüber, daß sie nun mit dem Dr. Schmitz schon zusammenstecke und er sie nicht mehr allein sprechen könne.«

So hat Vera Brühne den beiden neuen Sachbearbeitern erklärt, sie habe es nach dem Ultimatum abgelehnt, sich noch mit Dr. Praun zu treffen. Um siebzehn Uhr dreißig habe sie ihre Wohnung verlassen und sei dann auf dem Weg nach Bonn zu ihrem Zahnarzt gefahren. Sie habe bei ihm ihre Brille liegen lassen, und er sei ihr deshalb auf der Autobahn München–Stuttgart nachgefahren. An der Raststätte Langwiedersee habe er sich durch starkes Hupen bemerkbar gemacht.

Die Beamten stellen dagegen fest: Die Brillengeschichte ist frei erfunden. Ebenso ihr abendlicher Besuch beim Zahnarzt. In einer neuen

Vernehmung gibt der Arzt zu, daß Vera Brühne am Gründonnerstag nicht bei ihm gewesen ist. Er habe ihr das auf ihre Bitten hin nur aus Gefälligkeit bestätigt und auch die entsprechende Eintragung auf ihrer Karteikarte nachträglich eingefügt. Bei Mord, so sagt er kleinlaut, ende für ihn aber jede Gefälligkeit.

So hat Vera Brühne erklärt, sie sei nach dem Besuch beim Zahnarzt weiter in Richtung Bonn gefahren. Zwischen ein Uhr und zwei Uhr morgens habe sie beim Tanken an der Autobahntankstelle Pfungstadt ihre Handschuhe vergessen. Als sie es bemerkte, sei sie zurückgefahren. Dem Tankwart habe sie für das Aufbewahren ihrer Handschuhe zwei Mark Trinkgeld gegeben.

Die Beamten stellen dagegen fest: Der Handschuh-Zwischenfall ist frei erfunden. Das Personal der Tankstelle streitet diese Schilderung ab. Der Tankwart, der in der betreffenden Nacht Dienst hatte, erklärt: »Wenn mir jemand so viel Trinkgeld gibt, dann weiß ich das noch nach zehn Jahren!«

So platzt ein Alibi Vera Brühnes nach dem anderen.

Mit jeder falschen Aussage, mit jeder Lüge, der sie überführt wird, zeigt sich, wie irreführend das Bild ist, das diese Frau bisher ihrer Umwelt von sich vorgegaukelt hat. Hinter der Dame der Gesellschaft zeichnen sich die Konturen einer Frau ab, die Lug und Trug als gefährliche Waffe benutzt, um ihre Ziele zu erreichen.

Mit ihr gerät auch der Käufer des alten VW von Dr. Praun ins Zwielicht, ein entfernter Bekannter, wie sie sagt: der siebenundvierzigjährige Büchsenmacher Johann Ferbach aus Köln, den sie schon in früheren Vernehmungen erwähnt hat. Er lebt am Bonner Wall 100 bei seiner Mutter. Ein biederer Handwerker, aber für die Polizei kein

Unbekannter. Gegen Ende des Krieges war er einige Male beim Diebstahl von Buntmetallen gefaßt worden. Seither lebte er jedoch ziemlich unauffällig. Ein Mann aus dem Arbeitermilieu, der in billigen Kneipen Skat spielt, der mal einen Lieferwagen fährt, mal in seinem gelernten Beruf arbeitet, mal blau macht und der hier und da in eine Schlägerei verwickelt wird.

»Ja«, sagt er, »ich habe den VW von Frau Brühne gekauft.« Er weist auch eine ordnungsgemäße Quittung vor. »Nein«, erklärt er auf die Frage nach einem gewissen Dr. Schmitz, »jemanden, der so heißt, kenne ich nicht. Ich habe den Namen nie gehört.« Den Kauf habe er am 10. April, einem Sonntag, mit Frau Brühne abgeschlossen. Der Preis habe zweitausendfünfhundert Mark betragen, davon habe er eintausendachthundertfünfzig Mark sofort gezahlt und die restlichen sechshundertfünfzig Mark am 13. April, bei Ablieferung des Wagens.

Der vernehmende Beamte sagt: »Die Sprechstundenhelferin Dr. Prauns hat angegeben, nicht Sie, Herr Ferbach, sondern ein Herr Dr. Schmitz aus dem Rheinland habe den Wagen gekauft. Das habe ihr Dr. Praun gesagt, nachdem er am 10. April mit Frau Brühne in Bonn telefoniert hatte.«

Der kleine, untersetzte Montageschlosser mit der dunklen Hornbrille zuckt die Schultern. »Da muß sich jemand verhört haben – ich heiße Ferbach, nicht Schmitz.«

Das klingt sehr treuherzig, dämpft aber das Mißtrauen der Beamten nicht. Die enge Verbindung der Namen Schmitz und Ferbach schließt den kleinen, biederen Mann mit in den Kreis der Verdächtigen ein. Ob er ein Alibi für die Tatzeit habe?

»Ich war von Gründonnerstag bis Ostersonntag bei meiner Freundin«, sagt Ferbach. »Fragen Sie sie. Sie wird Ihnen auch nichts anderes sagen.«

Die Freundin, eine vierzigjährige Kriegerwitwe, sagt tatsächlich nichts anderes – vorläufig nicht. Ferbachs Alibi scheint damit unangreifbar.
Vera Brühne zeigt indessen eine rastlose Betriebsamkeit. Sie fährt mit ihrer Tochter nach Spanien an die Costa Brava, inspiziert die Finca, ihre Finca, und erzählt überall herum, es seien nur noch ein paar Formalitäten zu erledigen, dann würde sie hier einziehen. Obwohl in München schon die Mordermittlungen laufen, sagt sie den Leuten, die sie trifft, der »arme Dr. Praun« habe Selbstmord begangen. Kein Wort von der Exhumierung der Leiche, kein Wort von dem dunklen Verdacht, der auf ihr lastet. Um zu demonstrieren, daß sie nun hier die Herrin ist, beauftragt sie den Verwalter der Finca, dafür zu sorgen, daß das bei einem Sturm abgedeckte Dach wieder repariert wird.
Inzwischen hat in München der Staatsanwalt Karl Rüth den ungeklärten Fall von Pöcking übernommen. Sein Vorgesetzter hatte ihm gesagt: »Hier muß schnell etwas geschehen, sonst bekommen wir Ärger mit der Presse!« Der Fall besteht aus zwei Ordnern mit Aussagen. Trotz des spärlichen Materials leistet Rüth in kurzer Zeit Erstaunliches.
Er beauftragt die Beamten Eckhardt und Schillinger, sich mit der »Pistolensache« zu befassen, auf die er beim Aktenstudium gestoßen ist. In mehreren Vernehmungen hat Vera Brühne erklärt, daß Dr. Praun im Frühjahr 1960, unmittelbar vor seinem Tod, eine Pistole in den Wäldern von Pöcking verloren habe. Er habe darüber auch in Gegenwart von Zeugen gesprochen. Die von Vera Brühne genannten Männer werden vernommen, aber sie wissen von nichts. Dr. Praun

habe ihnen gegenüber nicht mit einem Wort den Verlust einer Pistole erwähnt.

Vera Brühne hat also abermals gelogen. Warum? Will sie mit ihrer falschen Behauptung eine Spur ins Leere legen, eine Spur, die zu dem großen »Unbekannten« führen soll – und an ihr vorbei? Vieles deutet darauf hin. Schließlich weiß sie, wessen man sie verdächtigt: daß sie die Waffe einem Helfer in die Hand spielte, der sie nach vollbrachter Tat neben den Toten legte, um so einen Selbstmord »mit eigener Waffe« vorzutäuschen. Daß sie selbst gemordet hat, nimmt Dr. Rüth nicht an, denn Frauen greifen nur höchst selten zur Pistole, weil sie dann ihrem Opfer Auge in Auge gegenüberstehen müssen; ihre Waffe ist viel eher das heimtückische Gift.

Die Beamten finden heraus, daß es für Vera Brühne ein leichtes gewesen wäre, die zur Tat benutzte Waffe Dr. Prauns an sich zu bringen. Der Arzt verwahrte bei ihren gemeinsamen Autofahrten immer eine Pistole im Handschuhfach seines Wagens auf. Von Dr. Praun wußte sie außerdem, daß er seine zweite Pistole im Nachtschränkchen seines Schlafzimmers liegen hatte. Sie hätte die Waffe also bei einem Besuch in Pöcking unbemerkt an sich nehmen können.

»Das ist unmöglich!« bestreitet Vera Brühne den letzten Punkt. »Ich bin nie in Pöcking gewesen. Ich habe die Villa Dr. Prauns nie betreten!« Mit dieser Erklärung will sie zugleich der Vermutung Dr. Rüths begegnen, daß sie die Verfasserin des Blauen Briefes sei. »Wenn ich nie in Pöcking war«, sagt sie, »konnte ich ja auch nichts von dem ›unteren Raum‹ im Keller wissen, der in dem Brief erwähnt ist.« Dieser Hinweis auf den »unteren Raum«, für den der »Dr. Schmitz« eine »großartige Idee« habe, kann nach Meinung des Staatsanwalts dazu gedient haben, Elfriede Kloo arglos in den Keller zu locken, wo sie dann getötet wurde.

Aber auch diese Aussage Vera Brühnes wird von Zeugen widerlegt. Ein allzu durchsichtiges Lügengespinst. Die Sprechstundenhilfe Renate Meyer erklärt: »Mir sagte der Doktor einmal, er fahre jetzt mit Frau Vera nach Pöcking, um ihr sein Haus zu zeigen. Frau Kloo sei gerade beim Friseur in München.« Und eine Freundin Vera Brühnes: »Mir hat Vera selbst erzählt, daß sie in Pöcking gewesen ist.« Die beiden Architekten, die den Umbau der Pöckinger Villa Dr. Prauns leiteten, bezweifeln nicht im geringsten, daß Vera Brühne das Haus kannte. Sie habe ihnen vor Durchführung der Arbeiten so genaue und detaillierte Pläne der Räume gezeichnet, wie sie jemand, der sich nicht auskannte, unmöglich hätte machen können.

Für Dr. Rüth addieren sich die Belastungen Vera Brühnes jetzt schon zu einer schwerwiegenden Summe: ihr Tatmotiv, ihre geplatzten Alibis, ihre immer neuen Lügen, ihre zum Kriminellen neigende Persönlichkeit. Aber noch fehlt dem Staatsanwalt ein echter Beweis für ihre Täterschaft. Die Mordfahnder der Landpolizei-Direktion finden ihn schließlich: in einigen Briefen, die ein Untermieter Vera Brühnes auf seiner Schreibmaschine getippt hat. Harmlose und belanglose Schriftstücke, an denen nur eines auffällt: ihr Schriftbild stimmt schon beim flüchtigen Hinsehen verblüffend mit dem Schriftbild des Blauen Briefes überein. Das gleiche defekte große »D«, das gleiche verstümmelte »e«, das gleiche nach rechts kippende »ü«!

Jetzt gibt es keinen Zweifel mehr: Die Spur führt von den Toten in Pöcking in die Münchener Wohnung Vera Brühnes. Hier ist mit dem Blauen Brief die Weiche für den geheimnisvollen »Dr. Schmitz« gestellt worden – und damit vermutlich zum Doppelmord …

Am 3. Oktober 1961 wird Vera Brühne in ihrer Wohnung in München-Schwabing verhaftet. Unter dem Verdacht, einen Doppelmord begangen zu haben.
Bei ihrer ersten Vernehmung durch Staatsanwalt Dr. Rüth sagt sie: »Wie können Sie mir so etwas nur zutrauen? Das ist doch absurd – völlig undamenhaft! Das können Sie mir niemals nachweisen.«
Dr. Rüth antwortet: »Warten wir es ab.«
Als Vera Brühne in den folgenden Tagen merkt, wieviel der Staatsanwalt und seine Ermittlungsbeamten schon wissen, schwinden ihre anfängliche Selbstsicherheit und Gelassenheit. Aber sie gibt nicht auf. Sie versucht, eine Aufseherin zu bestechen. Die Frau soll eine Botschaft an ihre Tochter weiterleiten. Danach soll die Tochter den Diebstahl eines Pelzes auf sich nehmen. Weiter soll sie erklären, sie habe auf der Schreibmaschine eines Untermieters von Vera Brühne anonyme Briefe an eine Bekannte geschrieben.
Staatsanwalt Rüth wird Vera Brühnes Bestechungsversuch von der Aufseherin gemeldet. Ihm ist klar, was sie damit bezweckt: Mit ihrem Versuch, den Diebstahl des Pelzes auf ihre Tochter abzuwälzen, will sie einen Vorfall vertuschen, der ihre kriminelle Persönlichkeit enthüllt. Mit ihrer Absicht, Sylvia zu dem – falschen – Eingeständnis zu bewegen, sie, Sylvia, sei die Schreiberin der Briefumschläge an Fräulein J., will sie sich von dem schwerwiegenden Verdacht befreien, die Verfasserin des Blauen Briefes zu sein. Gerade dieser letzte Punkt droht für sie zur Schlinge zu werden, aus der es kein Entrinnen mehr gibt.
Für Staatsanwalt Dr. Rüth steht inzwischen fest: Dieser Brief diente als »Passierschein« für den Mörder. Fest steht nach einer gründlichen Untersuchung durch einen Sachverständigen des Landeskriminal-

amtes auch, daß der Brief auf der Schreibmaschine eines Untermieters von Vera Brühne geschrieben wurde, was die Ermittlungsbeamten ja schon nach der ersten flüchtigen Überprüfung vermuteten. Der Besitzer der Maschine hatte an der Münchener Universität studiert und von 1956 bis zum Februar 1960 bei Vera Brühne in der Kaulbachstraße gewohnt. Nach seinem Wegzug aus München war die Maschine, ein älteres Modell, verschrottet worden. Mit Hilfe von Lupe, Stechzirkel und Vergrößerungen der einzelnen Buchstaben werden Vergleiche zwischen der Examensarbeit, die der Student auf der Maschine getippt hatte, und dem Blauen Brief angestellt. Ergebnis: die Schriftbilder des Vergleichsmaterials stimmen in allen individuellen Merkmalen ganz eindeutig überein.

Damit steht fest, auf welcher Maschine der Blaue Brief geschrieben worden ist. Nächste Frage: Wer hat ihn geschrieben?

Der Besitzer der Maschine, Vera Brühnes Untermieter? Der junge Student scheidet von vornherein aus. Er hat nicht das geringste Motiv und er ist weder mit Dr. Praun noch mit den Verhältnissen in Pöcking vertraut, was der Verfasser des Briefes ja sein mußte.

Dr. Otto Praun selber? Der Brief trägt immerhin seine Unterschrift; sie kann allerdings auch gefälscht sein. Denn Praun kannte den darin erwähnten »Dr. Schmitz« gar nicht, er hatte diesen Namen erst wenige Tage vor seinem Tod von Vera Brühne gehört. Sie will den Verdacht von sich ablenken, als sie in einem Verhör erklärt: »Praun muß den Brief ohne mein Wissen in meiner Wohnung geschrieben haben.«

Aber ein Sachverständiger der Polizei stellt anhand zahlreicher Vergleichsschreiben fest: »Dr. Praun scheidet als Urheber des Briefes aus.«

Wer also kann sonst noch den Brief in Vera Brühnes Wohnung geschrieben haben? Für Dr. Rüth nur jemand, der ein Interesse daran hatte, einen »Dr. Schmitz«, der im Brief ausdrücklich als »Überbringer« genannt wurde, am Tatort einzuführen. Und dieser »jemand« ist in Rüths Augen niemand anderes als Vera Brühne selbst. Denn: Sie hatte einen »Dr. Schmitz« an Praun vermittelt – als Käufer seines VW und als angeblichen Kaufinteressenten für sein spanisches Grundstück. Sie war mit diesem Mann, den Praun nur aus einem Telefongespräch kannte, nach Pöcking gekommen, an dem Tag, als der Arzt zum letztenmal lebend gesehen wurde.

Dr. Rüth hat keinen Zweifel: Dieser geheimnisvolle »Dr. Schmitz« ist der Mörder! Und Vera Brühne, die ihm den Weg bereitete, seine Komplizin. Der Brief, der in ihrer Wohnung geschrieben worden ist und den nur der Mörder oder sie selbst geschrieben haben kann, verrät sie.

»Der Brief stammt nicht von mir!« erklärt sie erregt, fast hysterisch, als man ihr nahelegt, doch einzugestehen, daß sie ihn verfaßt hätte. »Ich habe nichts damit zu tun. Das habe ich Ihnen doch schon mehr als einmal gesagt.« Dann, nach einer kurzen Pause, fügt sie hinzu: »Ich kann eine Schreibmaschine überhaupt nicht bedienen – ich habe noch nie eine benutzt!«

Ein listiger Schachzug. So scheint es im ersten Moment. Doch er kehrt sich gegen sie. Denn Staatsanwalt Dr. Rüth und die Ermittlungsbeamten Eckhardt und Schillinger finden Zeugen, die es anders wissen. Ihr Untermieter: »Frau Brühne hat sich meine Maschine öfter ausgeliehen.« Eine Wohnungsnachbarin: »Ich habe selbst gesehen, wie Frau Brühne auf einer Schreibmaschine tippte. Meine Mutter kann das bestätigen.« Und eine frühere Freundin Vera Brühnes sagt aus: »Ich war dabei, als sie auf der Maschine einen Brief geschrieben hat, ein anonymes Schreiben – adressiert an ein Fräulein J. Ich kam gerade

hinzu, als sie die Umschläge tippte. Ich erinnere mich noch deshalb so genau daran, weil sie dabei Handschuhe trug, um keine Fingerabdrücke zu hinterlassen.«
Die Polizei kann diesen Brief sicherstellen. Darin wird die Empfängerin von »einer, die es gut mit Ihnen meint«, davor gewarnt, ihren Verlobten zu heiraten. Dieser Mann habe ein Verhältnis mit Vera Brühne »und kommt jede Nacht mit ihr zusammen«! Für einen solchen Mann sei sie doch zu schade. Ihrer Freundin gegenüber hat Vera Brühne dieses hinterhältige Vorgehen, mit dem sie zwei Menschen auseinanderbringen wollte, so begründet: »Ich sehe nicht ein, warum diese Frau einen Mann heiraten soll, der mir selbst gut gefällt!«

Ausgerechnet dieses Schreiben, mit dem sie Unglück säen wollte, droht für sie jetzt selbst zum Unglück zu werden. Denn es beweist, daß Vera Brühne sehr wohl mit der Schreibmaschine umgehen kann. Nimmt man alle Umstände zusammen, ist sie mit einer an Sicherheit grenzenden Wahrscheinlichkeit die Verfasserin des Blauen Briefes.
Wer aber ist der Überbringer des Briefes – und damit der Mörder?
Als Vera Brühnes Tochter zu dem Pelzdiebstahl ihrer Mutter vernommen wird, sagt sie, sie hätten an dem Tag, als Veras Freundin ihren Pelz vermißte, ein Paket gepackt und weggeschickt – nach Köln, zu »Onkel Ferbach«.
Onkel Ferbach?
Das ist doch der biedere Montageschlosser, der Mann, der von Vera Brühne den alten VW Dr. Prauns gekauft hat. Der Käufer, den sie in einem Telefongespräch mit dem Arzt »Dr. Schmitz« nannte. Der angeblich »entfernte Bekannte«. Jetzt stellt sich heraus, daß Vera Brühne ihn doch näher kennt, als man bisher wußte. Daß ihre Tochter

ihn vertraulich »Onkel Ferbach« nennt, daß er ihr sogar schon bei einem kriminellen Akt Helfer- und Hehlerdienste geleistet hat.
Welche geheimnisvollen Fäden, so fragen sich die Beamten, verbinden diese beiden so unterschiedlichen Menschen: die elegante Frau und den einfachen Handwerker? Hat sie von ihm vielleicht noch andere Dienste verlangt als seine Hilfe beim Vertuschen eines Diebstahls – Hilfe beim Mord? Ist dieser Mann also tatsächlich »Dr. Schmitz«, was man bisher nur vermutete?
Dr. Rüth weiß, daß er sie nur über den Mann, über Ferbach, und ihn nur über die Frau endgültig fassen kann.
Vera Brühnes Motiv ist für ihn eindeutig klar: Habgier. Einer der klassischen Gründe, warum seit jeher Menschen Menschen töten.
Obwohl viele Kapitalverbrechen aus einem Bündel von Motiven begangen werden, überwiegen bei Mord meistens zwei Grundmotive: die Absicht, sich zu bereichern, oder die Vernichtung aus Leidenschaft. Beides kann man bei dem Montageschlosser aus Köln ausschließen. Er hat von Dr. Prauns Tod keinen finanziellen Gewinn, und auch persönliche Gründe wie Feindseligkeit, Haß oder Eifersucht scheiden aus – er hat den Arzt ja nicht einmal gekannt.
Bleibt also nur eine Möglichkeit: Er hat Vera Brühne zuliebe gehandelt. Aber aus welchem Grund?
Mord ist das abscheulichste, das folgenschwerste aller Verbrechen. Wenn Johann Ferbach sich dazu, zu einer für ihn an sich wesensfremden Tat, hat anstiften lassen, dann entweder, weil Vera Brühne ihn mit einer hohen Belohnung gelockt hat oder weil diese äußerlich und von ihrer gesellschaftlichen Stellung her so ungleichen Menschen enger und intimer miteinander verbunden sind, als sie das bisher zugaben.

Bei seinen Recherchen findet der Staatsanwalt etwas Überraschendes heraus. Johann Ferbach hat den Weg Vera Brühnes schon seit 1943 begleitet. Damals war er als Soldat aus dem Kessel von Charkow nach Köln desertiert. Hier lebte er als »Hans Spies« als Bauarbeiter. Er war der Mann, der für die damalige Vera Cossy und ihren Mann Hans Cossy einen Bunker baute und sie später aus den Trümmern rettete; der auf dem Speicher ihres Hauses ein Zimmer bekam, um den Helfer und Beschützer bei den damaligen Luftangriffen zu spielen, während Hans Cossy seine Theaterverpflichtungen erfüllte. Spies alias Ferbach war aber auch der Mann, der sich in dem Haus einquartierte, in dem Vera Brühne seit ihrer Evakuierung im Herbst 1944 in Rosbach wohnte, während Hans Cossy in Köln blieb. Zur großen Verwunderung der Gastgeber und der Hausbewohner lebte Spies mit Vera Brühne wie »Mann und Frau« zusammen. Die Tochter des Gastgebers verrät den Ermittlungsbeamten nach einigem Zögern: »Frau Cossy (Brühne) hat mir von ihren sexuellen Beziehungen zu Herrn Spies (Ferbach) erzählt. Sogar die intimsten Einzelheiten.«
Die selbstbewußte, glanzvolle Dame der Gesellschaft, die Frau des prominenten Schauspielers und der kleine, unscheinbare und unansehnliche Handwerker – ein Liebespaar!
Hier wird für die Ermittler Ferbachs mögliches Tatmotiv klar erkennbar. Sexuelle Abhängigkeit, Hörigkeit – auch das sind klassische Triebfedern für Mord.
Der Hörige, so sagen die Psychologen, gibt sein eigenes Ich beim Partner ab und identifiziert sich weitgehend mit dessen Wollen und Wünschen. Und Johann Ferbach, so finden die Beamten heraus, ist immer wieder auf Veras Wollen und Wünsche eingegangen. In der Nachkriegszeit organisierte er einmal für seine kränkelnde Frau Lebens-

mittel, er lieferte sie aber bei Vera Brühne ab, als diese darauf drängte. Er hatte tausend Mark für eine Anschaffung gespart, lieh sie aber Vera Brühne, als sie den Komponisten Lothar Brühne, ihren zweiten Mann, durch einen Detektiv beschatten lassen wollte. Bei der Scheidung von Brühne sagte Ferbach zu ihren Gunsten aus. Als sie ihrer Freundin Jo das Nerzcape gestohlen hatte, war er der Hehler und bewahrte Veras Beute zwei Jahre bei sich auf. Johann Ferbach, der Mann im Hintergrund – aber immer zur Stelle, wenn sie ihn brauchte. War er auch gekommen, als sie ihn zum Doppelmord bestellte?

Dagegen spricht allerdings das Alibi, das ihm seine Freundin gegeben hat. Aber war dabei nicht vielleicht ebenso »Gefälligkeit« im Spiel wie bei dem Alibi, das Vera Brühne zunächst von dem mit ihr befreundeten Zahnarzt bekommen hatte? Merkwürdig ist immerhin, daß Ferbach gerade zur Tatzeit in seiner Firma krank feierte. Nur seine Freundin hatte ihn also angeblich gesehen. Merkwürdig auch, daß Vera Brühne ihn ausgerechnet am Vorabend des Tattages, am 13. April, abends in seiner Wohnung besucht hatte, angeblich, um den von ihm gekauften VW abzuliefern. Merkwürdig auch: In der Nacht zum 14. April war sie angeblich alleine nach München gereist, nur um sich um eine Putzfrau für ihre Wohnung zu kümmern und ein Trauerkleid aus der Reinigung zu holen.

Dr. Rüth überlegt: Die beiden konnten in der Nacht in dem VW von Köln nach München gefahren sein. (In einem Telefongespräch mit Dr. Praun hatte Vera Brühne ja angekündigt: »Ich komme am Gründonnerstag mit Dr. Schmitz nach München.«) Das würde auch erklären, warum Vera Brühne die falschen Angaben über ihre angebliche Zugfahrt machte. Während Vera Brühne in München ihre Besorgungen erledigte und sich durch Gespräche mit ihrer Nachbarin ein Alibi aufzubauen suchte – sie zeigte ihr die grüne Wolle, die sie angeblich für Dr. Praun gekauft hatte –, hielt Ferbach sich versteckt. Vielleicht in ihrer Wohnung. Eine Einladung zum Essen bei ihrer Nachbarin lehnte sie jedenfalls ab. Nachmittags fuhren sie gemeinsam nach Pöcking. Unterwegs rief Ferbach unter dem Namen »Dr. Schmitz« in der Praxis Dr. Prauns an. (Praun anschließend zu seiner Sprechstundenhelferin: »Wissen Sie, wo die sind? Die sind schon in Starnberg!«) Dann verschaffte Ferbach sich mit dem Blauen Brief, den Vera Brühne auf der Schreibmaschine ihres Untermieters geschrieben hatte, bei Elfriede Kloo Einlaß in die Villa Prauns. (Vielleicht im Beisein Vera Brühnes, denn in dem Brief hieß es ja: »Herr Dr. Schmitz hat übrigens eine sehr nette Frau, die ihn auf allen Reisen begleitet.«) Dann hatte er freie Bahn, Frau Kloo und Dr. Praun zu töten – mit der Pistole, die Vera Brühne dem Arzt früher einmal entwendet hatte.

In diese Version paßt auch der Verdacht Dr. Rüths, daß Vera Brühne ihrem Freund den Wagen Prauns gar nicht verkauft, sondern geschenkt hat. Denn wenn sie schon wußten, daß der Arzt den Kaufpreis nicht mehr kassieren konnte, brauchte Vera Brühne von Ferbach das Geld auch nicht zu verlangen. Für ihn womöglich ein zusätzlicher finanzieller Anreiz, bei dem Verbrechen mitzumachen.

Ein Ermittlungsbeamter wird zu Ferbach geschickt. Er hält ihm vor: »Sie haben angegeben, daß Sie den alten VW Dr. Prauns von Frau Brühne für zweitausendfünfhundert Mark erworben haben.«

»Ja. Das stimmt.«

»Eintausendachthundertfünfzig Mark, so sagten Sie, haben Sie ihr am 10. April gegeben. Die restlichen sechshundertundfünfzig Mark am 13. April. als Frau Brühne Ihnen den Wagen brachte.«

»Stimmt auch.«

»Woher hatten Sie das Geld?«

»Die eintausendachthundertfünfzig Mark waren gespart. Die lagen in meiner Wohnung.«

»Und wo haben Sie zwischen dem 10. und 13. April die sechshundertundfünfzig Mark hergenommen?«

»Von meinem Konto bei der Sparkasse.«

Sein Kontoblatt bei der Sparkasse wird überprüft. Ergebnis: zwischen dem 10. und 13. April ist von ihm kein Geld abgehoben worden. Erst am 19. April gab es eine Abbuchung von sechshundertvierundsiebzig Mark. Mit diesem Widerspruch konfrontiert, erklärt er ausweichend: »Dann war das Geld eben von meinem Lohn. Oder vom Verkauf meines alten Autos.« Doch auch das stimmt nicht. Ferbach hatte in dieser Zeit wegen seiner angeblichen Krankheit keinen Lohn bekommen, und seinen alten Wagen hatte er erst nach Ostern verkauft. Auch Johann Ferbach lügt also. Warum? Die Antwort ist einfach, wenn man davon ausgeht, daß er und »Dr. Schmitz« identisch sind. Ferbach hat ja schon Erfahrung mit der Führung falscher Namen: Als Deserteur nannte er sich lange »Hans Spies«.

Am 14. Oktober läßt Dr. Rüth den Montageschlosser in Köln verhaften und in Handschellen nach München bringen. Als der Staatsanwalt ihm zum erstenmal gegenübersitzt, da weiß er, daß dieser Mann ein schwererer Brocken für ihn werden wird als Vera Brühne.

Schon äußerlich ist er eine merkwürdige Erscheinung: Die dunkle Hornbrille, die hochgezogene Stirn und die Geheimratsecken lassen den oberen Teil seines Gesichts intelligent, fast akademisch wirken. Dazu im krassen Gegensatz: der kräftige, bullige, fast brutal wirkende Unterkiefer, der auf Energie und Aggression schließen läßt. Und Ferbach zeigt bei seinen Vernehmungen eine Mischung aus Schläue und Angriffslust, die seinem äußeren Bild entspricht. Als der Staatsanwalt ihn zum zweitenmal verhört, erklärt er plötzlich: »Ihnen sage ich gar nichts mehr – Sie haben mich schon zuviel hereingelegt.«

Johann Ferbachs Miene ist unbewegt, wenn man ihn holt; sie ist ebenso unbewegt, wenn man ihn wieder wegbringt. Nicht ein einziges Mal sagt er: »Ich bin unschuldig.« Zu einem Wärter im Untersuchungsgefängnis Stadelheim äußert er einmal: »Ich weiß gar nicht, was die von mir wollen. Ich habe doch ein Alibi!«

Ferbachs Ruhe und Sicherheit irritiert die Beamten ein wenig. Sie haben eine Theorie der Tat, eine nahezu perfekte Indizienkette – aber noch keinen eindeutigen Beweis. Es fehlt noch das Ereignis, das ihre Theorie bestätigen, ihre Indizien untermauern kann – ein Geständnis der beiden Verdächtigen.

Überraschend sollen sie diese Geständnisse bekommen – wenn auch nur aus zweiter Hand.

Am Abend des 17. Oktober essen Vera Brühnes Tochter Sylvia und ein Jugendfreund von ihr, ein junger Reporter, in einem Schwabinger Lokal zu Abend. Wie so oft nach der Verhaftung von Sylvias Mutter unterhalten sie sich auch diesmal über den Mordfall Dr. Praun.

»Nils, du liegst völlig falsch«, sagt Sylvia plötzlich. »Ich habe dir bisher nicht die Wahrheit gesagt. Meine Mutter und Onkel Hans, ich meine Ferbach, haben es getan – Mutti hat es mir selbst erzählt!«

Verwirrt legt der Reporter seine Gabel aus der Hand. Er starrt sie an, verständnislos. Nach einer Weile sagt er:

»Das kann doch nicht dein Ernst sein!«

»Doch, doch.« Wie abwesend blickt sie vor sich hin. Sie trägt an diesem Abend einen schwarzen, dicken Pullover, das Lokal ist gut geheizt, aber sie scheint zu frieren. Mit leiser Stimme fährt sie fort: »Es ist so, und ich weiß nicht, wie ich damit fertigwerden soll ...«

Sie stockt. Für einen Moment scheint es, als wolle sie nicht weitersprechen. Dann aber lösen sich die Worte wie unter einem unwiderstehlichen Zwang, sich von einer unerträglichen Last zu befreien.

»Mutti hat es mir erzählt, als ich aus England zurückkam«, sagt sie. »Es war, als suche sie Hilfe und Verständnis bei mir. Es war dunkel, und wir lagen im Bett. Ihre Stimme klang wie die Stimme einer fremden Frau ... Du wirst es vielleicht nicht glauben, Nils: Ich hatte so etwas geahnt. Warum, kann ich nicht erklären. Aber als sie es aussprach, all das Fürchterliche, da traf es mich wie eine Keule. Ich lag da wie tot ...«

Die Stimme versagt ihr. Sie stützte ihren Kopf in die Hände, weint.

»Und warum?« fragt der Reporter schließlich. »Warum hat sie es getan?«

»Weil Dr. Praun Mutti so gemein behandelt hatte. Erst hatte er ihr Spanien versprochen, sie hatte so viele Jahre und soviel Arbeit hineingesteckt, und dann wollte er plötzlich alles verkaufen, und sie sollte leer ausgehen. In ihrer Not vertraute sie sich Ferbach an und beklagte sich bei ihm über Praun. Wie Mutti mir erzählte, hatte Ferbach sofort spontan gesagt: ›Den Kerl bring' ich um!‹«

»Aber so etwas hat doch bestimmt jeder von uns schon einmal gesagt, den oder den bringe ich um ...«

»Aber Ferbach hat es ja nicht nur gesagt. Und Mutti war sofort damit einverstanden. Für sie war es die einzige Möglichkeit, von Praun loszukommen und die ›Finca Caravana‹ zu behalten. Sie beschlossen, Praun zu töten. Bei der ersten Gelegenheit.«

»Wann faßten sie diesen Entschluß?«

»Das weiß ich nicht.«

Der Reporter fragt: »Und wie ging es weiter?«

Zuerst zögernd, dann immer schneller und hastiger werdend, berichtet sie: »Wie Mutti mir erzählte, fuhr sie Anfang April letzten Jahres zu meiner Großmutter nach Bonn. Oma lag dort im Krankenhaus. Mutti traf sich in diesen Tagen häufig mit Ferbach in Köln, und sie verabredeten die Tat für den Gründonnerstag. Und Mutti erzählte mir, daß sie in der Nacht zum Gründonnerstag mit dem Zug zusammen nach München fuhren. Am Nachmittag rief dann Ferbach aus unserer Wohnung in der Praxis von Praun an und meldete sich als ›Dr. Schmitz‹. Er bestellte Praun in ein Lokal bei Starnberg, von dem Mutti wußte, daß Praun dort nie verkehrte. Nach dem Anruf holte Mutti die Pistole aus einem Geheimfach in der Bettcouch, in dem sie bis dahin versteckt gelegen hatte, und gab sie Ferbach.«

»Es war die Pistole von Dr. Praun?«

»Ja.«

»Und dann?«

»Anschließend verließ Ferbach Muttis Wohnung. So vorsichtig, daß ihn niemand der Hausbewohner sehen konnte. Mutti wartete etwa bis sechs Uhr. Dann fuhr sie mit dem neuen Volkswagen los. Ein paar Ecken weiter, am Universitäts-Rondell, stieg Ferbach zu. Sie fuhren nach Pöcking. Dort stellten sie den Wagen ganz in der Nähe von Prauns Grundstück ab. Zusammen gingen sie anschließend zu seinem Haus. Ich weiß von Mutti, daß sie zu ihrem Kostüm einen Hut mit einem dichten Schleier trug, der ihr Gesicht verdeckte. Sie schellten. Als Frau Kloo öffnete, stellten Mutti und Ferbach sich als Ehepaar Dr. Schmitz vor. Die Kloo bat sie herein, aber Mutti entschuldigte sich unter dem Vorwand, sie habe noch etwas im Wagen vergessen. Sie ging zurück zum Auto, um dort zu warten. Das hatte sie vorher mit Ferbach so abgemacht.«

»Und er?«

»Er hat Frau Kloo erschossen. Wie – das hat Mutti nie erzählt ...«

Neue Gäste betreten das Lokal. Sylvia wartet, bis sie sich in einiger Entfernung gesetzt haben. Dann fährt sie mit ihrer Schilderung fort.

»Ferbach rief dann wieder als Dr. Schmitz in dem Lokal in Starnberg an. Er ließ Praun ausrichten, er sei schon in Pöcking. Er stand in der Diele, als Praun das Haus betrat. Ohne ein Wort zu sagen, hob er die Pistole und drückte ab. Praun fiel daraufhin zu Boden, aber er war nicht sofort tot. Er konnte noch stammeln: ›Wer sind Sie? Was wollen Sie von mir?‹ Daraufhin trat Ferbach ganz nah an ihn heran und schoß noch einmal ...«

Sylvia schweigt. Auch ihr Freund sagt lange kein Wort. Schließlich fragt er: »Und was passierte nach der Tat? Fuhren sie direkt wieder zurück nach Köln?«

»Sie hatten es zwar vor, aber am Kreuzhof in München stellten sie plötzlich fest: Wir haben den Blauen Brief vergessen!«

Der Reporter hat im Polizeipräsidium von diesem wichtigen Beweisstück gegen Vera Brühne schon gehört, und er will wissen: »Wer hat diesen Brief eigentlich geschrieben?«

»Ich weiß es nicht. Ich weiß nur, daß er in unserer Wohnung geschrieben wurde. Auf der Schreibmaschine unseres Untermieters.«

»Und zu welchem Zweck?«

»Für den Fall, daß Praun nicht in Pöcking anrufen und die Kloo nicht von dem Besuch von ›Dr. Schmitz und Frau‹ informieren würde.«

»Sie stellten also dann fest, daß sie den Brief vergessen hatten ...«

Sylvia nickt. »Ja. Als Mutti in München danach fragte, zog Ferbach nur das leere Kuvert aus der Tasche. Daraufhin sagte Mutti! ›Wir müssen sofort zurück und den Brief holen!‹ Ferbach wollte nicht, aber Mutti überzeugte ihn schließlich, daß dieser Brief für sie höchst gefährlich werden könnte. Sie machten kehrt und fuhren den ganzen Weg nach Pöcking noch einmal. Es war schon dunkel, als sie ankamen. Die Haustür war zu. Sie überlegten, wie man hineinkommen könnte. Plötzlich sagte Ferbach: ›Schluß! Es hat keinen Sinn mehr! In dieses Haus gehe ich nicht mehr rein – eher erschieße ich dich, wenn du mich nicht in Ruhe läßt!‹ Mutti hatte Angst, und sie wagte nicht zu widersprechen. Ohne den Brief fuhren sie dann über München nach Köln zurück.«

»Sag mal, Sylvia, wie war deine Mutter überhaupt an die Pistole gekommen?« fragt der Reporter. »Es war doch die Pistole von Dr. Praun.«

»Das war so: Praun besuchte uns einmal in der Kaulbachstraße. Etwa im Herbst vor seinem Tod. Dabei fiel ihm die Pistole aus der Tasche und rutschte unter einen Stuhl.«

Der Reporter blickt zweifelnd. Er hat erfahren, daß Vera Brühne den Kriminalbeamten nach ihrer Verhaftung eine ähnliche Geschichte aufgetischt hatte. Auch sie hatte behauptet, Dr. Praun habe seine Pistole verloren – allerdings in den Wäldern bei Pöcking.

Mit skeptischer Miene fragt er: »War es wirklich so, Sylvia?«

Langsam schüttelt sie den Kopf. Seufzend gibt sie dann zu: »Nein, so war es nicht. Es war ganz anders. Ich habe ihm die Pistole weggenommen ...«

»Warum? Und wann?«

»Das war, als Praun Mutti und mich im Herbst 1959 nach Pöcking eingeladen hatte. Die Kloo war beim Friseur in München. Als wir im großen Wohnraum standen, raunte Mutti mir plötzlich zu: ›Ich geh' jetzt mit ihm in den Keller. Im Nachttisch im Schlafzimmer liegt eine Pistole. Hol sie bitte raus, bevor wir wieder oben sind!‹ Das tat ich. Während sie nach unten gingen, lief ich leise ins Schlafzimmer, nahm die Pistole aus der Schublade, die Mutti mir beschrieben hatte, und legte sie in die Handtasche. Dann ging ich auf die Toilette und zog die Spülung, um Praun damit meine Abwesenheit zu erklären. Ich fand es richtig aufregend und spannend!«

Die letzten Worte haben kindlich geklungen, und ein Lächeln huscht dabei über ihre Züge. Jetzt erstirbt das Lächeln wieder. Es ist, als wäre ihr erst in diesem Moment bewußt geworden, daß das, was sie damals – ein siebzehnjähriges Mädchen – als Lausbubenstreich empfunden haben mochte, in Wirklichkeit der Auftakt zu einem brutalen Verbrechen gewesen war.

»Dieser Ferbach«, sagt der Reporter, der diesen Namen von Sylvia zum erstenmal gehört hat, »was ist das für ein Man?«

»Ein alter Freund Muttis. Sie hat ihn im Krieg kennengelernt. Er hatte uns sogar einmal das Leben gerettet, als wir 1943 nach einem Bombenangriff in Köln verschüttet worden waren.«

»Und seither waren sie in Verbindung geblieben?«

»Ja. Sie besuchten sich ab und zu. Onkel Hans war auch einige Male in München, zuletzt letztes Jahr im Fasching.«

»Von wem stammte denn nun die Mordidee – von ihm oder von deiner Mutter?«

Sylvia überlegt nicht lange. »Von ihm! Sie hatte sich bei ihm nur über Praun beklagt. Daß er sie schlecht behandelte und daß er sie jetzt ausschmieren wollte. Das machte auch Ferbach wütend. Um Mutti zu helfen, sagte er, er würde den Kerl umbringen ...«

Es ist schon weit nach Mitternacht, als der Reporter die Jugendfreundin nach Hause bringt. Langsam steuert er dann den Wagen zu seiner Wohnung.

»Ich hatte von Sylvia mehr herausbekommen, als ich je erwartet hatte«, schildert er später seine Empfindungen nach dieser Aussprache. »Ich hatte mich vor diesem Abend bemüht, Beweise für die Unschuld ihrer Mutter zu sammeln. Doch nun wußte ich, daß es solche Beweise nicht geben konnte. Ich hatte nicht den geringsten Zweifel, daß Sylvia mir die Wahrheit gesagt hatte. Aus welchem Grund sonst hätte sie ihre Mutter so schwer belasten sollen? So schwer, daß ein einziges Wort genügte, um Vera Brühne lebenslang hinter Gitter zu bringen.

Aus Haß? Nein, in den Worten Sylvias war kein Haß gegen ihre Mutter gewesen. Nur grenzenlose Hilflosigkeit und Niedergeschlagenheit über das schreckliche Verbrechen.

Aus purer Phantasie? Nein, diese fürchterlichen Einzelheiten, die sie mir verraten hatte, konnten nicht einer Märchenwelt entsprungen sein. Zu exakt, zu logisch fügten sie sich in das Gesamtbild des grausigen Geschehens ein.«

Auch nach Ansicht der Beamten der Kriminalpolizei und des Untersuchungsrichters, vor denen Sylvia Tage später diese aufsehenerregende Schilderung wiederholt, deckt sich das Geständnis, das Vera Brühne – bedrängt von ihrem Gewissen – gegenüber ihrer Tochter ablegte, vollkommen mit dem Ablauf der Tat. Es enthält Einzelheiten, die nur der Mörder wissen kann.

Für Staatsanwalt Dr. Rüth ist mit dem Bekenntnis Sylvias das Schicksal Vera Brühnes so gut wie besiegelt. Die eigene Tochter als

»Kronzeugin der Anklage« – das ist die beste denkbare Konstellation, wenn es schon keine Tatzeugen gibt. Mit diesem Material würde er auch die skeptischsten Richter und Geschworenen beeindrucken können.

Offen bleibt für ihn nur noch die Frage, ob er mit der Tatschilderung Sylvias auch Vera Brühnes vermutlichen Komplizen Johann Ferbach überzeugend würde überführen können.

Theoretisch besteht ja noch immer die Möglichkeit, daß ein anderer als »Dr. Schmitz« aufgetreten war und die tödlichen Schüsse abgefeuert hatte. Aber warum hätte Vera Brühne ihn dann Sylvia gegenüber in ihrem Geständnis nicht nennen und dafür »Onkel Hans« belasten sollen? Theoretisch kann sie auch selbst die Mordschützin gewesen sein. Aber warum hätte sie dann Ferbach in so vielen klaren und einleuchtenden Details in ihre Schilderung der Tat mit einbezogen? Ein zwingender Beweis gegen ihn ist das jedoch nicht. Und nicht zu vergessen: sein Alibi, das ihm seine Freundin, die Kriegerwitwe, gegeben hat. Wenn man ihn entlarven will, muß man hier den Hebel ansetzen.

Nach dem Protokoll ihrer Vernehmung vom 23. März 1961 hatte die Witwe dem Kriminalobermeister Eckhardt erklärt: »Hans schläft jede Nacht bei mir. Das war auch so in der Nacht des Gründonnerstag.« Damit wäre Ferbach als Mittäter, als Mordkomplize Vera Brühnes, ausgeschieden.

Jetzt wird Ferbachs Freundin abermals vernommen. Man macht ihr deutlich, welche Folgen ein falsche Aussage in einer Mordsache für sie haben kann. Daraufhin sagt sie nun etwas völlig anderes: »Hans ist weder in der Nacht vom 13. auf den 14. April noch in der Nacht vom 14. auf den 15. April (Gründonnerstag) bei mir gewesen. Ich habe ihn damals zuletzt am Mittwochabend (13. April) zwischen neunzehn Uhr und neunzehn Uhr dreißig in seiner Wohnung gesehen. Vorher hatte er mich von meiner Arbeitsstelle abgeholt. Er hatte mir gesagt, daß er an diesem Abend Besuch bekomme – von Frau Brühne. Nur deshalb hatte ich noch einmal kurz bei ihm reingeschaut. Ich ging dann aber, ohne zu warten, bis die Brühne kam. Ich nahm an, daß er etwas mit ihr hatte.«

»Ein Verhältnis?«

»Ja. Er kam dann auch nicht zum Schlafen zu mir. Auch nicht in der nächsten Nacht.«

»Wann haben Sie ihn wiedergesehen?«

»Erst am Karfreitag. Ich ging so gegen neun Uhr morgens in seine Wohnung, und da saß er und frühstückte. Ich fragte, wo er denn die ganze Zeit über gesteckt habe. Er sagte, er sei den ganzen Gründonnerstag in seiner Wohnung gewesen, und die Brühne habe ihn besucht. Er hätte mit ihr soviel wegen des Wagens zu regeln gehabt, den er von ihr gekauft hatte.«

Die Beamten wissen, daß diese Darstellung Ferbachs nicht stimmen kann. Denn nach ihren eigenen Aussagen ist Vera Brühne während des Gründonnerstags in München gewesen.

»Und warum haben Sie am 23. März eine andere Aussage gemacht? Warum haben Sie da erklärt, Herr Ferbach sei Gründonnerstag bei Ihnen gewesen, und zwar auch in der Nacht?«

Die kleine dickliche Frau rutscht nervös auf ihrem Stuhl hin und her. Der drohende Unterton setzt ihr sichtlich zu. »Damals wußte ich noch nicht, um was es ging. Hans hatte mich gebeten, das so zu sagen. Ich glaubte damals, ich würde nur wegen des Volkswagens vernommen, den Frau Brühne vielleicht gar nicht verkaufen durfte.«

»Und jetzt sagen Sie die Wahrheit?«

»Die absolute Wahrheit! Mit einem Mord will ich nichts zu schaffen haben. Wenn Hans wirklich unschuldig ist, wird er schon freikommen, auch ohne daß ich etwas Falsches sagen muß.«

Eine überraschende Wende. Damit haben sich die Vermutungen von Staatsanwalt Dr. Rüth vollauf bestätigt. Johann Ferbach, so weiß er jetzt, hat für die Tat ein plausibles Motiv, und ihm fehlt für die Tatzeit ein Alibi. Ja, schwerwiegender noch: Er hat seine Freundin sogar zu einem falschen Alibi angestiftet, um vorzutäuschen, er sei am Gründonnerstag in Köln gewesen. Der Grund dafür liegt klar auf der Hand.

Dr. Rüth konfrontiert den Untersuchungshäftling mit der neuen Aussage seiner Freundin. Der blickt einen Moment dumpf brütend vor sich hin. »Quatsch«, erwidert er dann. »Was Sie da sagen, glaube ich nicht. Ein Trick, um mich aufs Kreuz zu legen.«

»Das ist kein Trick. Wo waren Sie also wirklich?«

Ferbachs dunkle Augen hinter der Hornbrille blicken kühl, als er erwiderte: »Wo ich Ihnen gesagt habe – bei meiner Freundin. Sie kann gar nichts anderes sagen. Sonst lügt sie!«

»Wer hier lügt, wird sich noch zeigen. Wir werden Sie Ihrer Freundin gegenüberstellen.«

Das beeindruckt Johann Ferbach nicht. Nach einigem Zögern räumt er allerdings ein, daß er in der Nacht auf den Karfreitag nicht bei seiner Freundin war. Da habe er einen Kneipenbummel durch verschiedene Lokale gemacht, er sei dann »sturzbesoffen« gewesen.

Seine Freundin bestreitet das jedoch. Sie kann sich nicht erinnern, ihren Hans am Morgen des Karfreitag in betrunkenem Zustand angetroffen zu haben. Auch habe er mit keinem Wort von einer angeblichen »Bierreise« gesprochen. Und das hätte doch eigentlich nahe gelegen, alleine schon, um ihren Verdacht zu entkräften, er sei mit »der Brühne« zusammengewesen. Er habe ja gewußt, daß sie auf diese Frau sehr eifersüchtig war.

Schlechte Karten in Johann Ferbachs Spiel. Doch einige Trümpfe hält er noch in der Hand: Niemand hat ihn am Tag des Verbrechens in München oder in Pöcking gesehen. Weder an der Tatwaffe noch irgendwo in der Villa Prauns hat sich ein Fingerabdruck von ihm gefunden. Und es gibt kein Indiz, keinen direkten Beweis für seine Täterschaft. Auch der merkwürdige Umstand, daß Ferbach in allen Verhören nicht ein einziges Mal seine Unschuld beteuert hat, reicht nicht aus, das Beweisdefizit gegen ihn auszugleichen.

Ein Geständnis könnte alles klarmachen. Ein Geständnis wie von Vera Brühne. Doch dieser Mann scheint aus härterem Holz geschnitzt zu sein. Bisher hat er nicht das geringste Anzeichen von Schwäche gezeigt. Aber wer kann schon wissen, wie es in seinem Innersten, wie es hinter der steinernen Miene seines Pokergesichts aussieht? Auch er ist schließlich ein Mensch mit Gefühlen, Regungen und Ängsten. Und Mord, so weiß der Staatsanwalt, drängt bei einem Täter aus Abhängigkeit, wie er ihn in Ferbach vermutet, immer ans Licht.

Der Mann, der den Untersuchungsbehörden schließlich den entscheidenden Trumpf gegen Johann Ferbach in die Hand spielen soll, ist der Mithäftling S. im Untersuchungsgefängnis München-Neudeck.

S. schleicht sich in das Vertrauen des sonst so verschlossenen Ferbachs ein und berichtet der Kriminalpolizei, was er von dem Mordverdächtigen erfahren hat. So habe er ihm zum Beispiel anvertraut: »Diese Frau war mein Unglück. Sie war zwar eine Bombe im Bett, aber sie ist gewissenlos und hat mich vom Dieb zum Einbrecher und später zum Mörder gemacht.« Oder: »Die Cossy (Brühne) hatte bis zum I-Tüpfelchen alles vorbereitet gehabt, als ich zur Ausführung der Tat nach München kam.« Oder: »Der Sylvia hat man wohl ein Wahrheitsserum gegeben, sonst hätte sie bestimmt nichts ausgesagt.«

Siegfried S. wird von Ferbach zu einem der vier Schachpartner gewählt, mit denen er in den Freistunden abwechselnd in seiner Zelle spielen darf. S.: »Ferbach bot mir bereits beim ersten Schachspiel das Du an. Er beschwor mich, über den Inhalt unserer Gespräche um Himmels willen strengstes Stillschweigen zu bewahren.«

Am 23. Dezember, einem Tag vor dem Heiligen Abend, kommt Siegfried S. abermals zu Ferbach in die Zelle 32, Abteilung Ia des Untersuchungsgefängnisses München-Neudeck. In der sentimentalen vorweihnachtlichen Stimmung soll dann der schweigsame Montageschlosser aus Köln, der allen Verhören des Staatsanwaltes und der Kriminalbeamten mit fast stoischer Ruhe getrotzt hat, seine schwache Stunde gehabt haben.

Am 8. Januar 1962 gibt Siegfried S. darüber in einer Vernehmung durch die Kripobeamten Schillinger und Eckhardt zu Protokoll:

»Am Samstag, etwa um die Mittagszeit, wurde ich zu Ferbach in die Zelle zum Schachspielen geholt. Auf dem Tisch stand ein kleines Christbäumchen und lagen Weihnachtsgeschenke aus dem Paket seiner Mutter. Ferbach hatte zwar seine Paketmarke zu spät abgeschickt, doch wurde ihm ein anderes von seiner Mutter ohne Marke abgeschicktes Paket ausnahmsweise ausgehändigt. Ferbach selbst befand sich in sehr gedrückter Stimmung. Seine Unterlippe, die gewöhnlich nur bei starker Erregung zitterte, war in andauernder Bewegung.

Wir begannen das Schachspiel nicht sofort, da Ferbach vollkommen verstört wirkte. Er hatte den Kopf in die Hände gestützt und jammerte sehr darüber, daß dieses letzte Weihnachten, das seiner Mutter noch zu erleben vergönnt sei, ihn in einer so furchtbaren Situation zeige. ›Obwohl man einer alten Frau, die es doch immer gut gemeint hat, keine Vorwürfe machen darf, ist der Gedanke, daß meine Mutter Mitschuld an dieser Situation trägt, für mich furchtbar‹, sagte Ferbach. Im weiteren erzählte er mir dann, daß seine Mutter entgegen seiner ausdrücklichen und eindringlichen Bitte einen Geldbetrag statt vor Ostern 1960 erst nach Ostern desselben Jahres von der Bank abholte. Es sollte sich dabei um die Vortäuschung der Zahlung eines Betrages von 1850 Mark an die Brühne gehandelt haben, und zwar sei dies der vorgetäuschte Kaufpreis für den VW gewesen, den er aber in Wirklichkeit nach seinen eigenen Worten als Geschenk für die Mordtat von der Brühne bekommen hat.

Wir kamen dann auf die Nächte im Gefängnis zu sprechen. Dazu erklärte mir Ferbach, er würde des öfteren nachts plötzlich aufschrekken, wenn ihm die Situation der Ermordung des Dr. Praun erschiene. Danach fände er schweißgebadet oft stundenlang keinen Schlaf mehr. Mein Bemerken, es müsse doch furchtbar für ihn sein, eine derartige Belastung mit sich herumzutragen, und meinen Einwand, ich könnte das niemals aushalten, quittierte er mit der Schilderung der entscheidenden Sekunden beim Mord des Dr. Praun.

Während Ferbach das Erschießen der Haushälterin Kloo mit kurzen Worten abtat, er sprach von einem ›sofort tödlich wirkenden Genickschuß‹, der deshalb für ihn nicht so schwerwiegend gewesen sei, weil er die Kloo dabei nicht anschauen mußte, kommentierte er den Mord an Praun mit sichtlicher Erregung: ›Praun trat zur Haustüre herein. Ich ging schnell von rechts auf ihn zu, zielte und drückte die Pistole ab.

Praun stürzte, sein Hut verrutschte dabei und fiel zu Boden. Offenbar war er aber noch nicht tot, denn er gab gurgelnde Laute von sich, so als ob er etwas sagen wollte, und versuchte, sich aufzurichten. Dann kam das Schlimmste. Ich mußte nochmals auf ihn zugehen und abdrücken und auf diesen waidwunden Menschen nochmals schießen. Dieser zweite Schuß war tödlich. Ich war derart erregt durch dieses entsetzliche Geschehen, daß ich anstatt, wie die Brühne mir eingeschärft hatte, das Schreiben an mich zu nehmen, ein Geschoß vom Boden aufhob und dieses zu mir steckte, später dann allerdings wieder wegwarf.‹

Über den Aufenthalt der Brühne während der Tatausführung sprach Ferbach nicht. Er sagte nur, als er die Brühne wieder getroffen habe, habe diese nach dem Schreiben gefragt und ihn nochmals zum Haus des Dr. Praun zurückgeschickt. Er habe jedoch die Haustür verschlossen vorgefunden.

Nach dem Schachspielen zündete Ferbach sein Weihnachtsbäumchen an, und ich wünschte ihm ein friedlicheres Weihnachten 1962, bevor ich die Zelle wieder verließ.«

Diese Aussage ist für den in Beweisnot befindlichen Staatsanwalt Dr. Rüth ein Geschenk des Himmels. Das fehlende Glied, um die Kette der Hypothesen und Vermutungen über die Rolle Ferbachs zu einem soliden Stück zu schmieden.

Nach der Kronzeugin der Anklage »wider Willen«, Sylvia, hat er mit diesem überraschenden Geständnis unter dem Weihnachtsbaum nun einen zweiten Kronzeugen: Siegfried S.

Die Glaubwürdigkeit dieses Zeugen wird zwar später angezweifelt. Aber was er da an Einzelheiten über den Mord in Pöcking geschildert hat, kann er nicht einfach erdacht und aus Zeitungsberichten kombiniert haben, wie das Ferbachs Verteidiger vermuten. Es sind Einzelheiten, die er nur vom Mörder wissen kann. So beispielsweise die Tatsache, daß Ferbach »von rechts« an Dr. Praun herangetreten sei. Das ist bis dahin in keinem Zeitungsartikel zu lesen gewesen und entspricht genau dem Tatablauf. So auch der Umstand, daß Ferbach nach der Tat ein Projektil aufgehoben, mitgenommen und später weggeworfen hat. Tatsächlich sind am Tatort ja zwar zwei Patronenhülsen, aber nur ein Projektil gefunden worden. Frappierend und überzeugend ist für Dr. Rüth schließlich auch die weitgehende Übereinstimmung der Schilderung Ferbachs mit der Schilderung Sylvias.

So hat denn nach Vera Brühne, dieser an sich so starken und beherrschten Frau, auch Johann Ferbach, dieser nach außen hin so unanfechtbar und unbeirrbar wirkende Mann, seine schwache Stunde gehabt – eine Sternstunde für die Anklagebehörde. Sie beauftragt S., weiterhin zu beobachten und zu berichten.

Über die weitere Entwicklung berichtete Siegfried S. in seinem Protokoll vom 8. Januar 1962: »Unmittelbar nach Weihnachten wurde ich zur Polizei in die Ettstraße gerufen. Als ich zurückkam, erzählte ich Ferbach beiläufig, daß ich die Chance hätte, bis zu meiner Verhandlung auf freien Fuß zu kommen. Sofort bat mich Ferbach, in diesem Falle für ihn in Köln etwas zu erledigen. Ich erzählte Ferbach auch, daß ich unmittelbar nach meiner Entlassung meinen in einem Kinderheim in Bad Godesberg untergebrachten Sohn besuchen würde. Dieses war für Ferbach ein willkommener Anlaß, mich mit einer Aufgabe zu betrauen, die dem Ziel diente, seine Freundin doch noch einmal umzustimmen.

Ferbach trug mir auf, ich solle seine Mutter in Köln aufsuchen. Sie solle eben mal um die Ecke gehen und mich mit der Freundin zusammenbringen. Auf meine Frage, warum ich nicht gleich selbst zu ihr gehen sollte, sagte Ferbach, es bestünde die Möglichkeit, daß sie nicht alleine sei, und eine Erklärung über den Grund meines Besuches müßte in meinem Falle peinlich sein. Ich sollte daher die Frau in ein Lokal einladen und sie bitten, das einstmals gegebene Alibi doch wieder zu bekräftigen. Ich sollte ihr außerdem erklären, daß ein Widerruf der vor der Polizei gemachten Aussage für sie keine rechtlichen nachteiligen Folgen haben könnte. Ich sollte sie überreden, gegen ein Entgelt von sofort fünfzehnhundert Markt und nach seiner Freilassung weitere fünfzehnhundert Mark ihre ursprünglich abgegebene Aussage wieder aufrechtzuerhalten.«

Auch über das Motiv seiner Tat sprach Johann Ferbach offen mit Siegfried S., dem er vertraute, obwohl andere Mithäftlinge ihn gewarnt hatten, dieser Mann sei ein Polizeispitzel.

S.: »Als ein wesentliches Tatmotiv bezeichnete mir Ferbach den Umstand, daß Frau Brühne ihm als das Fernziel ein Leben ganz alleine mit ihr auf diesem spanischen Besitztum des Dr. Praun vorgaukelte. Er sagte dazu wörtlich: ›Hätte ich damals gewußt, daß der Schuft (Praun) das auch noch einer anderen vermacht hatte, hätte ich keine Pistole in die Hand genommen und säße jetzt nicht da.‹«

Weiter S.: »Ferbach sprach zwar zu mir in vollem Vertrauen, ohne daß ich ihn irgendwie provozieren mußte. Ich hatte aber bisweilen den Eindruck, als würde er es bereuen, mich so tief in das Geheimnis der von ihm begangenen Bluttat eingeweiht zu haben. Ferbach ist nach meinem Dafürhalten ein gefühlskalter Charakter, der die Tat als solche nicht bereut. Allein der Umstand, daß durch seine Verhaftung und die gegen ihn erhobenen Beschuldigungen seiner Mutter Schande und Ungemach bereitet wurden, läßt bisweilen erkennen, daß er die Tat gerne ungeschehen machen möchte. Seinen eigenen Worten nach würde er sich nie zu einem Geständnis bereitfinden, solange seine Mutter lebe, um ihr die Schande zu ersparen. Er bemerkte mehrfach, ›hoffentlich glaubt die Mutter noch, daß ich es nicht begangen habe!‹«

Ferbach wird mit diesen schwerwiegenden Aussagen von S. konfrontiert. Er schüttelt den Kopf. »Das kann der doch gar nicht gesagt haben! Das stimmt doch nicht.«

Am 24. Januar 1962 kommt es zu einer dramatischen Szene: die beiden Untersuchungshäftlinge werden einander gegenübergestellt. Siegfried S. wiederholt vor Ferbach, was er auch der Polizei gesagt hat. Da verliert der Montageschlosser seine Beherrschung. Bebend vor Wut und ohnmächtiger Enttäuschung schreit er ihn an! »Du Schwein. Du Polizeispitzel!«

Nur mit Mühe können die Beamten verhindern, daß er auf den Mann losstürzt, dem er sich so vorbehaltlos offenbart hat.

Wie im Fall der Brühne-Tochter Sylvia kommen auch bei ihm der Zorn, die Enttäuschung und die Erkenntnis zu spät, sich dem Falschen anvertraut zu haben.

Vera Brühne hat gesprochen, Johann Ferbach hat gesprochen, und sie haben damit das Fenster zur Tat weit geöffnet. Ihr Drang, diesen Blick anderen freizugeben, um sich damit zu entlasten, ist zugleich bezeichnend für ihre Persönlichkeiten, ihr Charaktere. Beide sind von Geburt an nicht zu Mördern prädestiniert, beide sind keine »Verbrecher an sich«. Ein einmaliger Konflikt, der sie dazu trieb, Zuflucht zur Gewalttätigkeit zu suchen und damit über einen Menschen, der sich ihren Plänen entgegenstellte, Macht zu erlangen, hat Vera Brühne zur

Außenseiterin gemacht. Im Gegensatz zu vielen anderen Menschen, die auf Konflikte, auf Zorn und Enttäuschung lediglich mit Mordphantasien reagieren, ist sie, unterstützt von dem ihr willfährigen Johann Ferbach, zur blutigen Realisierung, zur Tat geschritten.

Sie sind ein »teuflisches Paar« geworden, wie eine Zeitung schreibt.

Die beiden indirekten Geständnisse Vera Brühnes und Johann Ferbachs werden zu den wichtigsten Beweisen im Münchener Schwurgerichtsprozeß, der am 25. April 1962 beginnt.

Daß Vera Brühnes Tochter im Prozeß ihre Aussage vom Tatgeständnis ihrer Mutter widerruft, hilft der Angeklagten nicht. Richter und Geschworene sehen darin nur einen letzten verzweifelten Versuch des Mädchens, die Mutter zu retten.

Auch die vielen Widersprüche und Lügen Vera Brühnes und ihre Alibi-Jagd zu einem Zeitpunkt, als die Toten von Pöcking noch gar nicht entdeckt waren, runden das Bild von ihrer Schuld ab.

Am 4. Juni werden die beiden Angeklagten zu lebenslangem Zuchthaus verurteilt.

Johann Ferbach stirbt am 21. Juni 1970 in der Strafanstalt Straubing an Herzversagen. Vera Brühne, die nicht aufhört, ihre Unschuld zu beteuern, wird 1979 begnadigt.

Der Fall Ruth Eisenmann und Gary Krist

Singen im Sarg

Es ist fünf Minuten nach vier in einer sternlosen Nacht. Ein schwarzer Volvo-Kombiwagen biegt langsam in die Einfahrt des Motels ein. Er hält am Ende eines flachen Gebäudes. Der Fahrer, ein athletischer Mann mit kurzgeschnittenem dunklen Haar, beugt sich zu der jungen Frau auf dem Beifahrersitz. Sie ist zierlich, brünett, mit lebhaften grünen Augen. Ein roter Hosenanzug sitzt eng an ihrem Körper. Er umarmt sie, küßt sie leidenschaftlich. Sie gibt die Küsse ebenso hingebungsvoll zurück, und sie vergessen beinahe, was sie vorhaben.

»Du bist prima!« sagt er.

Sie sagt: »Ich liebe dich!«

»Na, so was.« Dann fragt er: »Bist du bereit?«

»Ich habe Angst«, erwidert sie. »Aber ich bin bereit.«

Der Mann, er heißt Gary Krist, vierundzwanzig Jahre alt, läßt den Wagen noch einmal an und steuert ihn vor die Tür von Appartement 137, so nahe wie möglich. Er steigt aus und verdeckt das Kennzeichen des Volvos mit einer Einkaufstüte.

Ruth Eisenmann, seine Freundin, eine siebenundzwanzigjährige Pharmaziestudentin, klettert jetzt ebenfalls aus dem Wagen. Sie hat eine entsicherte Maschinenpistole in der Hand.

Vor der Tür von Nummer 137 flüstert er ihr zu, sie solle ihm die Waffe reichen, sobald die Tür geöffnet würde. Dann setzt er sich eine Polizistenmütze auf, und sie streift sich eine Skimaske über ihr Gesicht.

Im Appartement ist noch Licht. Man hört Frauenstimmen. Sie verstummen, als Gary Krist an die Tür klopft. Bettfedern quietschen. Schritte. Am Fenster neben der Tür wird ein Vorhang zur Seite geschoben. Das Gesicht einer schönen Frau von etwa fünfzig Jahren taucht hinter der Scheibe auf. Mrs. Mackle, Ehefrau eines Maklers und vielfachen Millionärs aus Miami.

»Wer ist da?«

»Polizei«, sagt Gary. »Es handelt sich um einen Autounfall. Ein junger Mann, der sie heute abend besucht hat, ist schwer verletzt worden. Er hat einen weißen Ford gesteuert.«

»Das muß Steward sein, Mama!« ruft eine Stimme aus dem Hintergrund.

»Sprechen Sie von Steward Woodward?«

»Ja. Ich hatte gerade Dienst, als der Unfall passierte. Es sieht schlimm aus. Ich soll Sie abholen.«

Von innen wird aufgeschlossen, und die Tür öffnet sich. Sofort stellt Gary Krist seinen Fuß dazwischen. Ruth reicht ihm die Maschinenpistole, und er richtet die Mündung auf die verdutzten Frauen. Barbara, die zwanzigjährige Tochter Robert Mackles, richtet sich mit bleichem Gesicht im Bett auf.

Gary und Ruth treten ein und ziehen die Tür hinter sich zu. Mrs. Mackle weicht vor ihnen zurück.

»Oh Gott, was soll denn das?« fragt sie. »Wollen Sie Geld? Ich habe nicht viel bei mir. Es ist da drin!« Sie deutet auf ihre Handtasche, die auf dem Stuhl liegt.

Gary sagt: »Drehen Sie sich um. Sie werden jetzt gefesselt. Wenn Sie meine Anordnungen befolgen, passiert Ihnen nichts.«

Mrs. Mackle will sich nicht damit abfinden, und sie versucht sich zu wehren, als Ruth Eisenmann sie auf die Bettkante zieht. »Sei vorsichtig, Mama!« ruft ihre Tochter. »Wir müssen tun, was er sagt.«

Mit einer Vorhangschnur fesselt Ruth Mrs. Mackle mit den Beinen am Bettgestell fest. Währenddessen fragt die Millionärsfrau immer wieder: »Was wollen Sie von uns?«

Die beiden Eindringlinge antworten nicht darauf. Als sie weiterfragt, sagt Gary knapp: »Fragen Sie nicht. Bleiben Sie ruhig.«

Er bemerkt, daß Barbara ihn so gründlich mustert, als wolle sie sich sein Gesicht einprägen. »Umdrehen!« befiehlt er und drückt ihr seine Waffe an die Schläfe, um sie einzuschüchtern. Diese Drohgebärde läßt auch ihre Mutter verstummen.

Doch abermals begehrt sie auf, als Ruth Eisenmann ihr einen mit Chloroform getränkten Lappen vor die Nase hält. Gary sagt: »Das Narkosemittel ist harmlos. Atmen Sie tief ein. In einer Viertelstunde werden Sie wieder wach.«

Hysterisch schlägt die verängstigte Frau um sich. Gemeinsam werden Gary und Ruth schließlich mit ihr fertig. Ohne Bewußtsein sinkt die Betäubte ins Bett zurück. Ruth bindet ihr ein Tuch um den Mund, damit sie später nicht schreien kann. Ihr Freund prüft die Fesseln und das Tuch. Er lockert es etwas. Die Frau soll nicht ersticken.

Dann wendet er sich Barbara Mackle zu. »Los, anziehen!« sagt er. »Sie gehen jetzt mit uns.«

Das schlanke, schwarzhaarige Mädchen steht auf und zieht sich ein Kleid und einen dunklen Wollmantel an. Stumm folgt sie dem Pärchen, das ihr voran vorsichtig ins Freie tritt.

Gary dirigiert sein Opfer auf den Rücksitz des Wagen.

Er sagt: »Legen Sie sich hin, und halten Sie den Mund. Sonst geht es Ihnen schlecht!«

Barbara nickt. Flüsternd sagt sie: »Ich mache alles, was Sie sagen.« Ruth Eisenmann setzt sich ebenfalls nach hinten und nimmt den Kopf der Millionärstochter in ihren Schoß. Gary Krist gibt Gas, und sie fahren los. Nach einer Weile dreht der Mann am Steuer sich halb nach hinten und sagt zu Barbara: »Ihnen ist wohl klar, daß es sich um eine Entführung handelt. Wir wollen Geld von Ihrem Vater.«

Barbara sagt nichts darauf. Ruth Eisenmann spürt, daß sie friert.

»Kalt?« fragt sie.

»Ja. Ich hatte die Grippe.«

»Schlimm?«

»Ich hatte Fieber. Fast 39 Grad. Aber jetzt ist es besser.«

Gary fragt lauernd: »Müssen Sie noch Medikamente nehmen?«

»Nein.«

Nach dieser Antwort scheint er irgendwie erleichtert. Konzentriert blickt er durch die Windschutzscheibe nach vorn. Im Licht des Scheinwerfers taucht schließlich eine Waldkulisse auf, die im Tempo der Fahrt rasch näherkommt. Gary biegt in einen Waldweg ein. Der Volvo holpert. Nach etwa fünfzig Metern bremst Gary. Er steigt aus. Trotz der sternenklaren Nacht ist es stockdunkel. Die dichtstehenden, hohen Bäume, durch die ein sanfter Wind streicht, bilden einen schwarzen Dom.

Mit einer Taschenlampe sucht Gary im Dickicht nach einer bestimmten Stelle. Er findet sie, bückt sich und schiebt mit den Händen Zweige und Blätter, die hier aufgeschichtet sind, zur Seite. Darunter kommt eine Holzkiste zum Vorschein, die in den Boden eingegraben ist. Gary öffnet eine Art Einstiegsluke. Dann geht er zum Wagen zurück.

»Hören Sie genau zu«, sagt er zu Barbara. »Wir bringen Sie jetzt in einen kleinen Raum. Eine Art Kapsel. Es gibt dort ein Bett für Sie,

Decken, Licht und genügend zu essen und zu lesen. Die Kapsel ist mit Erde bedeckt, damit Sie nicht vorzeitig gefunden werden. Sie müssen keine Angst haben. Sobald Ihr Vater das Geld für Sie gezahlt hat, lassen wir Sie wieder frei.«

Er gibt Ruth einen Wink, und sie holt eine Kamera aus dem Kofferraum. »Lächeln Sie!« fordert Gary. »Ihr Vater soll sehen, daß Sie leben.« Während Ruth Eisenmann sie von verschiedenen Punkten aus knipst, sagt Barbara: »Ich habe Angst. Können Sie mich nicht woanders verstecken als in dieser Kapsel?«

»Ich habe die Kapsel selbst gebaut«, sagt Gary. »Es fehlt Ihnen an nichts, und die ganze Geschichte dauert nicht länger als zwei, drei Tage. Sie müssen nur ganz ruhig bleiben.« Er gibt ihr genaue Anweisungen, wie die Apparatur in der Kiste funktioniert. Anschließend fordert Ruth sie auf, einen Arm freizumachen. Mit einer langen Nadel gibt sie ihr eine Beruhigungsspritze.

Gary wartet, bis die Spritze wirkt. Dann nimmt er die hübsche junge Frau hoch und trägt sie zu der Kiste.

Als Barbara das offene Grab im Waldboden sieht, weicht die Mattigkeit, die sich in ihrem Körper ausbreitet, einem Schock. In panischer Angst sagt sie: »Bitte, begrabt mich nicht! Ich mache auch alles, was Sie wollen.«

Gary Krist, ein Riese von ein Meter neunzig und zwei Zentner schwer, stößt sie wortlos in das Loch. Er will nicht mehr diskutieren. Als sie in der schmalen Kiste liegt, drückt er ihr einen Zettel in die Hand, der die wichtigsten Anweisungen enthält. Dann schließt er den Deckel und schraubt ihn zu. Anschließend werfen er und Ruth Eisenmann Erdbrocken auf die Kiste. Bald ist sie vom dunklen Waldboden bedeckt.

Barbara Mackle ist von der Bildfläche verschwunden. Es gibt keine Spur, die zu ihr führt.

Von draußen schaltet Gary die Stromzufuhr ein. Sie speist das Licht und den Ventilator in Barbaras Gefängnis. Auch eine Pumpe kann die Gefangene in Betrieb setzen, falls von draußen Wasser eindringen sollte. Aber Gary hält die Kiste für absolut wasserdicht. Er hat sie aus Sperrholz, zwei Meter vierzig lang und sechzig Zentimeter hoch, gezimmert und mit Fiberglas abgedichtet.

Durch die Luftschläuche, die aus dem Boden ragen und hinter Zweigen versteckt sind, sagt er: »Verhalten Sie sich still. Einer von uns ist immer in der Nähe und beobachtet Sie.«

»Das Licht funktioniert nicht«, sagte Barbara in der Kiste, und ihre Stimme klingt seltsam dumpf. »Machen Sie bitte noch einmal auf.«

Gary winkt Ruth stumm zu, und sie gehen zurück zum Wagen, nachdem sie Barbaras »Grab« noch mit Zweigen und Blättern getarnt haben. Kein zufälliger Spaziergänger soll ihren sorgfältig ausgeklügelten Plan zunichte machen. Dann fahren sie nach Atlanta. Von einem öffentlichen Telefon in einem Warenhaus ruft Gary die Villa Robert Mackles in Miami an.

Eine Männerstimme meldet sich. »Ja, bitte?«

»Ist dort Robert Mackle?«

»Nein. Mr. Mackle ist auf dem Weg nach Atlanta. Kann ich etwas ausrichten?«

»Sehen Sie mal unter der Palme in der nördlichen Ecke des Grundstücks nach. Da liegt ein heller Stein. Darunter finden Sie eine wichtige Mitteilung. Sie ist für Mr. Mackle bestimmt. Klar?«

»Ja. Sonst noch etwas?«

»Nein.«

Gary legt den Hörer auf. Er hat das sichere Gefühl, mit einem FBI-Mann gesprochen zu haben. Sie fahren zu dem Motel, in dem sie gewohnt haben und holen ihr Gepäck ab. Dann fahren sie in Richtung Florida. Im Autoradio hören sie die Nachrichten. Der Sprecher meldet die Entführung von Barbara Mackle. Er sagt: »Die Täter sind ein kräftiger, großer etwa vierzigjähriger Mann und ein halbwüchsiger Junge…«

Gary wendet sich zu Ruth. Grinsend sagt er: »Gut, daß du die Maske getragen hast. Leg dich auf den Rücksitz und versuch zu schlafen.«

Nach kurzem Aufenthalt in einem Motel kommen sie am nächsten Morgen, einem Mittwoch, in Miami an. Gary steckt ein Foto Barbaras und einen Ring, den er ihr vom Finger genommen hat, in einen Umschlag. Er schreibt die Adresse Robert Mackles darauf und wirft den Brief in einen Postkasten in der 79. Straße.

Die sensationellste und dramatischste Entführung in der an Kidnapping-Fällen nicht armen Kriminalgeschichte Amerikas hat ihren Anfang genommen. Der Wettlauf um das Leben des Mädchens, das von dem Gangsterpaar im Waldboden verscharrt wurde, beginnt. Und eine entsetzliche Leidenszeit für das Opfer.

Ruth Eisenmann und Gary Krist lernten sich am 24. September 1968 auf dem Forschungsschiff »John Elliott Pillsbury« bei einer Fahrt durch die Gewässer um die Bermudainseln kennen.

Gary arbeitete zu dieser Zeit am Institut für Meereskunde in Miami. Auf dem Schiff war es seine Aufgabe, die Geräte, mit denen Gesteinsproben vom Meeresboden an Bord geholt wurden, zu warten.

Niemand der Expeditionsmitglieder wußte, daß der gutaussehende kräftige Mann, der aus Alaska stammte, ein entsprungener Häftling war. Er hatte in der Erziehungsanstalt und im Gefängnis gesessen. Auf seinem Konto standen eine Unzahl kleinerer und mittlerer Straftaten, vom Autodiebstahl bis zum Einbruch. Aus der letzten Strafanstalt war er mit einem Mitgefangenen ausgebrochen. Der andere wurde beim Ausbruch erschossen, er selbst kam durch und nahm einen falschen Namen an: George Deacon. Mit seiner Frau Carmen, die ihn nach der Flucht wieder aufgenommen hatte, und seinen beiden Kindern lebte er in einem Wohnwagen in der Nähe von Miami. Er führte mit ihr keine besonders gute, aber auch keine besonders schlechte Ehe. Er war nicht der Typ des ruhigen Familienvaters. Irgendwie fühlte er sich unzufrieden. Und es drängte ihn, aus seinen Verhältnissen, die sich mit Hilfe seiner Frau Carmen wieder geordnet hatten, auszubrechen.

Ruth Eisenmann, Studentin der Pharmazie und Toxikologie, war mit einer jungen Doktorandin die einzige Frau unter dreißig Männern an Bord des Schiffes. Mit ihrem kurzgeschnittenen blonden Haar, ihrer guten Figur und ihren auffallend hübschen Beinen machte sie sofort Eindruck auf Gary Krist. Etwas Seltsames, ungeheuer Starkes schien von ihr aus zu gehen. So etwas Starkes hatte er noch nie empfunden. Es war ihm einfach unmöglich, an dieser Frau vorbeizugehen.

Ruth stammte aus Tegucigalpa in Honduras. Sie sprach Spanisch mit deutschem Akzent. Ihre Eltern waren Österreicher, die nach dem Einmarsch der Deutschen nach Honduras geflohen waren. Ihr Vater, Übersetzer orientalischer Literatur, wurde eines Tages erschossen. Ihre Mutter, eine Dentistin, finanzierte ihr das Studium. Um sich ein Taschengeld zu verdienen, arbeitete sie als Praktikantin am Institut für Meereskunde, an dem auch Gary tätig war. Sie war eine Frau, die die Gefahr und das Abenteuer liebte. Als sie Gary zum erstenmal sah, spürte sie ebenfalls instinktiv, daß sie diesen Mann lieben und nicht mehr von ihm loskommen würde. Durch ihn sollte sie die Gefahr und das Abenteuer intensiver kennenlernen, als sie sich das je erträumt hatte.

Eines Tages fragte sie ihn: »Hätten Sie nicht Lust, mit mir hinauszuschwimmen?«
Er antwortete: »Ja, warum nicht?«
Sie legten Taucherbrillen an und sprangen mit Schnorchel und Beinflossen von Bord der »John Elliott Pillsbury« in den Ozean. Sie schwammen eine Meile bis zum nächsten Riff, und er wunderte sich, daß sie die lange Strecke fast mühelos zurücklegte.
Eine Weile tauchten sie zwischen den roten Korallen und bunten Fischen umher. Schließlich setzten sie sich auf einen Felsen, der aus dem Wasser ragte. Es war eng, und sie mußten nahe aneinanderrücken.
»Du bist schön«, sagte er plötzlich. »Ich werde dich jetzt küssen.«
Er küßte sie, und lachend rutschten sie im nächsten Moment vom Felsen ins Wasser. Sie kraulten auf eine Insel zu und ließen sich erschöpft, aber seltsam leicht und glücklich, auf den gelben Sandstrand fallen. Er küßte sie abermals, zog sie eng an sich und sagte: »Hey, ich habe mich in dich verliebt.« Sie erwiderte: »Ich auch, George. Ich habe so darauf gewartet ...«
Er zog ihr den Badeanzug aus, sie ihm die Badehose. Sie liebten sich mit einer Begierde und Leidenschaft, die sie beide, jeder für sich, noch nie zuvor erlebt hatten. Die Sterne waren längst über ihnen aufgegangen, als sie aus dem Taumel ihrer Sinne wieder zu sich kamen.
»Es ist wunderschön mit dir, George«, sagte sie, noch halb außer Atem.

»Du bist so wild und so zärtlich. Aber tut es dir nicht leid – wegen deiner Frau?«

»Ich mag meine Kinder und auch meine Frau«, sagte er. »Aber dich liebe ich, Ruth. Ich habe dich gefunden und möchte dich behalten. Das ist das Wichtigste.«

Als das Forschungsschiff zurück nach Miami fuhr, sagte Gary ihr, was mit ihm los war. Er erzählte ihr von seiner zwielichtigen Vergangenheit, daß er ein entsprungener Häftling war und daß er einen falschen Namen trug. Daß er nicht George Deacon, sondern Gary Krist hieß. Sie hörte sich alles ruhig an und schien nicht schockiert zu sein. Als er fertig war, sagte sie: »Du heißt also in Wirklichkeit Gary?«

»Ja.«

»Klingt schöner als George.« Dann runzelte sie die Brauen. »Wie soll es mit uns weitergehen, Gary? Du mußt dich entscheiden, ob du bei deiner Frau und deinen Kindern bleiben willst. Ich könnte das natürlich verstehen. Am liebsten möchte ich dich natürlich für mich haben.«

Gary sagte: »Und ich will dich für mich. Von meiner Frau und meinen Kindern werde ich mich trennen. Aber ich muß sie unterhalten. Wir müssen also mit meinem halben Gehalt auskommen – dreihundertfünfzig Dollar. Das reicht vorne nicht und hinten nicht.«

Sie sagte, deshalb solle er sich nicht den Kopf zerbrechen. Sie sei es gewohnt, zu arbeiten. Auch vor dem Studium habe sie gejobbt. Selbst das Studium sei ihr jetzt nicht so wichtig. Wichtig sei jetzt nur er.

Das beruhigte ihn. Er sagte: »Da ist noch was. Ich stehe auf der Fahndungsliste. Wenn die Polizei mich schnappt, muß ich wieder ins Gefängnis. Vielleicht sehr lange.«

Ob er denn noch etwas anderes als die Autodiebstähle und Einbrüche auf dem Kerbholz habe, wollte sie wissen.

Ja, sagte er, er habe Waffen gestohlen. Für ein ganz großes Ding. Im Gefängnis habe er geplant, ein reiches Mädchen zu entführen und von ihren Eltern eine halbe Million Dollar Lösegeld zu erpressen. Doch er habe den Plan schließlich wieder fallengelassen.

»Und warum?« fragte Ruth.

»Mein Komplize wurde geschnappt, meine Frau war dagegen. Ich hätte es vielleicht alleine geschafft, denn es war ein perfekter Plan. Aber ich wurde wegen einer anderen Sache geschnappt. Außerdem hatte ich mir damals vorgenommen, auf ehrliche Weise zu leben.«

Sie fragte: »Ein perfektes Verbrechen? Wie war denn dein Plan?«

Er erzählte ihr in allen Einzelheiten, was er sich vor seiner Flucht aus dem Gefängnis ausgedacht hatte. Er schilderte, wie er sich die Entführung, die Unterbringung der Geisel und die Übergabe des Lösegeldes vorstellte. Die Risiken seien gering, schloß er, und der mögliche Gewinn würde nur einen Reichen schädigen.

Als er fertig war, meinte Ruth, das habe er fein und intelligent ausgeklügelt. Warum er den Plan denn nicht ausführe? Damit seien doch alle ihre Probleme gelöst. Er könnte seiner Familie genügend Geld geben, und sie beide müßten nicht mehr arbeiten gehen und könnten irgendwohin fahren, wo Gary von keinem Polizisten mehr verfolgt würde.

»Stimmt«, sagte Gary nachdenklich. »Wenn ich das Ding drehe, sind wir mit einem Schlag unsere Sorgen los.« Er blickte sie an. »Machst du mit, Ruth?«

Sie überlegte nicht lange. »Natürlich«, sagte sie. »Es ist ja für unsere Liebe. Und dafür tu' ich alles.«

Von diesem Moment an hatten beide nur noch das »große Ding« im Kopf: die Entführung eines dollarschweren Mädchens.

Gary verbrachte jede freie Minute mit der Vorbereitung. Er lebte zwar weiterhin mit seiner Frau und seinen Kindern zusammen. Nach der Arbeit im Institut aber traf er sich heimlich mit Ruth, um den Plan voranzutreiben.

Er begann die Kiste zu bauen und nebenher nach einem geeigneten Opfer zu suchen. Unter dem Vorwand, eine Doktorarbeit über die wohlhabenden Leute von Miami zu schreiben, holte er sich in den Zeitungsarchiven der Stadt Informationen über die zwanzig der bekanntesten Millionäre. Unter ihnen suchte er diejenigen aus, die Kinder hatten und als besonders gute Familienväter galten. Er wollte sichergehen, daß derjenige, den er aussuchte, aus Liebe zu seinem Kind alle Anweisungen genau befolgen würde.

Seine Wahl fiel schließlich auf Robert Mackle, einen der größten Immobilienmakler Floridas. Er war Vizepräsident einer Grundstücksgesellschaft, deren Aktien er zum größten Teil selbst besaß. Außerdem gehörten ihm mehrere Häuser und Anteile an einem der größten Hotels auf Key Biskayne. Nach Gary Krists Informationen betrug sein Vermögen rund fünfzig Millionen Dollar. Mackle hatte zwei Kinder: einen vierundzwanzigjährigen Sohn und eine zwanzigjährige Tochter namens Barbara. Für Gary war sie das ideale Opfer.

Barbara besuchte die Emory-Universität in Atlanta im Staate Georgia. Sie galt als fleißige und intelligente Schülerin mit ruhigem Naturell. Gary hielt es für wichtig, daß sein Opfer intelligent genug war, sich in ihr Schicksal zu fügen, und ruhig genug, um nicht hysterisch zu reagieren, wenn er es in die Kiste steckte.

Gary beschloß, Barbara aus ihrem Elternhaus zu entführen. Es lag am San Amaro Drive Nummer 4111 im Universitätsviertel von Miami. Ein flachgestrecktes Gebäude mit Swimmingpool und einem eigenen

Golfplatz hinter dem Haus. Nächtelang bezogen Gary und Ruth Posten hinter der großen Villa und beobachteten mit Fernglas und Uhr alles, was im Haus vorging. Sie notierten auch, zu welcher Zeit eine Polizeistreife vorbeifuhr. Gary wollte Weihnachten, wenn das Personal freihatte, in das Haus eindringen und Barbara entführen – maskiert, mit einer Maschinenpistole im Anschlag.

Die Kiste, die als Gefängnis für Barbara dienen sollte, fertigte Gary aus dickem Sperrholz an, das er mit Fiberglas gegen Feuchtigkeit abdichtete. Er baute sie in einem Werkstattwagen des Instituts für Meereskunde zusammen. Barbara sollte in der Kiste überleben. Deshalb rüstete er sie mit einer sorgfältig konstruierten Luftzirkulation aus. Eine Luftpumpe mit Zwölf-Volt-Elektromotor und Ventilator wurde von einer robusten Batterie angetrieben. Sie gab genügend Strom, um den Ventilator etwa fünf Wochen laufen zu lassen. Und etwa ein bis zwei Wochen weniger, wenn in der Kiste das Licht eingeschaltet war. Zur Ausrüstung des »Komfort-Grabes« gehörten ferner eine chemische Toilette, Matratze, Kopfkissen, Wolldecken, Radio, Romanhefte, Wasserbehälter und Lebensmittel für zwei bis drei Wochen.

Als die Kiste fertig war, probierte Gary sie aus. Er schloß sich ein und schlief zwei Nächte darin. Er ließ den Ventilator laufen und stellte zu seiner Zufriedenheit fest, daß die Anlage problemlos funktionierte. Anschließend strich Ruth das Holz von außen an.

Es war der 13. Dezember 1968.

Ruth Eisenmann wurde langsam ungeduldig. Einmal, so schilderte Gary Krist später, dauerten ihr seine Vorbereitungen zu lange. Zum anderen wollte sie ihn dazu bringen, seine Frau endgültig zu verlassen. Sie hatte das Gefühl, er wolle sie hinhalten. Deshalb schlug sie ihm vor den Plan fallenzulassen und mit ihr zu flüchten – irgendwohin.

Als er das wegen seiner finanziellen Situation ablehnte, drängte sie ihn, mit der Entführung ernstzumachen. Sie wollte ihn möglichst schnell für immer für sich alleine haben. Und Gary ließ sich von ihrer Ungeduld anstecken – der erste Fehler, wie sich später zeigen sollte. Er brachte seine Frau, die von seinem Plan wußte, mit den Kindern zum Flughafen. Sie wollte zu ihrer Mutter fliegen, denn sie hielt seine Kälte, die er ihr gegenüber zeigte, nicht mehr aus.

Anschließend fuhr er mit seinem Volvo zu dem Werkstattwagen des Instituts und lud die Kiste in den Kofferraum. Sie ragte ein Stück heraus, und er mußte sie mit einem Strick festbinden, ehe er mit Ruth losfuhr. Sie machten sich auf den Weg nach Atlanta, wo Barbara die Universität besuchte. Sie wollten dort die Lebensgewohnheiten der Mackle-Tochter auskundschaften. Vielleicht konnten sie auch dort das Kidnapping ausführen. Die Kiste nahmen sie mit, damit sie nicht inzwischen von Garys Kollegen im Institut entdeckt werden konnte.

Am 14. Dezember kamen sie in Atlanta an. Sie stellten fest, daß Barbara, die sonst auf dem Universitätsgelände wohnte, zu ihrer Mutter ins Rodeway Inn Motel gezogen war. Daraufhin änderten sie ihren Plan. Sie beschlossen, Barbara nicht erst Weihnachten im Haus ihrer Eltern in Miami, sondern hier in der Universitätsstadt zu entführen.

Sie vergruben die Kiste in einem Waldstück in der Nähe von Atlanta.

In der Nacht vom 16. auf den 17. Dezember drangen sie in das Motelappartement der Mackles ein, fesselten die Mutter und entführten die Tochter, die sie in die Kiste im Waldboden steckten.

Anschließend riefen sie in der Villa Robert Mackles in Miami an.

Robert Mackle ist zu dieser Zeit auf dem Weg nach Atlanta. Er will sich um seine Frau kümmern, die nach dem Überfall und der Entführung Barbaras einen Schock erlitten hat. Sie liegt jetzt in einem Hospital.

Gary Krists Gefühl hat ihn nicht getäuscht: Der Mann, der in der Villa des Immobilienmaklers in Miami den Telefonhörer aufgenommen hat, ist ein FBI-Detektiv. Mit drei Kollegen hat er darauf gewartet, daß die Entführer sich melden.

Gary muß sich eingestehen, daß er einen schweren Fehler gemacht hat: Er vergaß, Barbaras Mutter zu sagen, daß sie im Interesse der Tochter auf keinen Fall die Polizei einschalten dürfe. Durch dieses Versäumnis ist die Jagd auf ihn und Ruth schon jetzt aufgenommen worden. Gary hat aber keinen Zweifel, den Kampf mit der Polizei zu gewinnen. Schließlich ist er nicht nur ein Profi-Krimineller, sondern auch ein Mann von hoher Intelligenz. Sein Intelligenz-Quotient beträgt 144 – ein IQ, wie ihn Professoren und hochrangige Wissenschaftler haben.

Die Beamten in der Mackle-Villa folgen seiner telefonischen Anweisung und heben den Stein unter der Palme in der nördlichsten Ecke des Grundstücks auf. Darunter finden sie eine Nachricht mit genauen Anweisungen, die für Barbaras Vater bestimmt ist.

Der Text lautet:

»Ihre Tochter befindet sich in einer Kapsel, aus der sie nicht fliehen kann. Sie hat genügend Speisen, Getränke und Luftvorrat, um sieben Tage am Leben bleiben zu können. Falls Sie uns festnehmen lassen, werden Sie Ihre Tochter nie wieder sehen. Falls Sie sich weigern, uns fünfhunderttausend Dollar zu zahlen, muß sie sterben, damit sie uns später nicht beschreiben kann.

Der Beweis, daß wir Ihre Tochter haben, ist das Polaroidfoto, das Sie zusammen mit einem Ring mit der Post erhalten haben.

Heben Sie von Ihrer Bank die fünfhunderttausend Dollar in Zwanzig-Dollar-Noten ab. Es müssen gebrauchte Banknoten sein, die kein früheres Ausgabedatum als 1950 tragen. Die Scheine dürfen nicht registriert und gekennzeichnet sein. Packen Sie das Geld in einen Koffer. Geben Sie – zum Zeichen Ihrer Bereitschaft, das Geld zu zahlen – ein Inserat in sämtlichen Zeitungen von Miami mit folgendem Text auf: ›Liebster, komm bitte nach Hause. Wir sind bereit, alle Kosten zu tragen. Deine Familie.‹

In der Nacht nach Erscheinen des Inserats werden wir Sie anrufen. Sie erhalten dann genaue Instruktionen, wohin Sie mit Ihrem Wagen fahren müssen, um das Geld zu übergeben. An dem von uns bestimmten Punkt befindet sich eine Kiste mit einem Lichtsignal. Legen Sie das Geld in diese Kiste. Sie müssen allein kommen und einen weißen Anzug tragen. Sie werden bei der Übergabe genau von uns beobachtet.

Wichtig: Sie müssen unbedingt zu der von uns genannten Zeit am Treffpunkt erscheinen. Wenn Sie später kommen, brechen wir den Kontakt ab, und Ihre Tochter muß sterben.«

Die FBI-Leute verständigen Robert Mackle von dieser Nachricht und bitten ihn, möglichst rasch aus Atlanta zurück nach Miami zu kommen. Sie verabreden mit ihm, die geforderte Anzeige in den Zeitungen von Miami aufzugeben.

Unterdessen bereiten Gary Krist und Ruth Eisenmann ihre Flucht vor. Gary kauft zwei Flugtickets nach Chicago, für eine Maschine, die am Morgen des 19. Dezember um sechs Uhr in Miami startet. Bis dahin soll das Geld in ihren Händen sein.

Ihr Plan: Sie wollen für einige Zeit in Chicago leben, ohne einen Cent des Lösegeldes auszugeben. Im Frühjahr wollen sie dann eine seetüchtige Jacht aus zweiter Hand kaufen und damit über den St.-Lorenz-Seeweg und Island nach Europa fahren. Nächster Schritt: die fünfhunderttausend Dollar unter falschem Namen bei einer Schweizer Bank einzahlen und dann nach Australien auswandern. Hier wollen sie von den Zinsen des Lösegeldes leben. Gary hat vor, in Australien Ozeanographie zu studieren und schließlich ein kleines Forschungsschiff zu kaufen, auf dem er zusammen mit Ruth die verschiedenen Meereszonen wissenschaftlich erkunden will. Ein nützliches Lebenswerk, wie die beiden meinen. Den Preis dafür soll Robert Mackle zahlen.

Die Kiste für das Lösegeld, das Lichtsignal, Kabel und ein Seil holt Gary Krist aus dem Institut für Meereskunde in Miami, in dem er bis vor kurzem gearbeitet hat. Außerdem stiehlt er auf dem Gelände ein Motorboot, das er mit seiner Geliebten zu Wasser bringt. In dem Boot transportiert er die Kiste zu einer bestimmten Stelle an der Küste, zu der Ruth über Land mit seinem Volvo fährt.

An der Stelle, an der sie sich treffen, soll später die Geldübergabe durch Robert Mackle erfolgen. Gary packt die Kiste mit Ruths Hilfe wieder aus und befestigt sie an einer Brücke in der Nähe. Auch das Kabel und das Lichtsignal macht er daran fest. Nach der Geldübergabe will er die Kiste ins Boot ziehen und damit auf das offene Meer hinausfahren. Ruth soll zu einer Stelle an der Küste kommen, an der er sie später aufnehmen will.

Nachdem er alle Vorbereitungen getroffen hat, fährt Gary zu einem kleinen Ort in der Nähe und ruft die Mackle-Villa an. Robert Mackle meldet sich, und Gary weist ihn an, mit dem Geld zu der Brücke zu fahren.

Er sagt: »An einer Stelle brennt Licht. Da legen Sie das Geld ab. Fahren Sie dann sofort wieder weg. Klar?«

»Habe ich richtig verstanden – die Brücke am Ende der Fair Isle Street?«

»Genau die.«

»Und welche Gewißheit habe ich, daß Barbara noch lebt?«

»Keine. Ich habe Ihnen das Photo geschickt. Das muß genügen.«

Robert Mackle sagt mit gebrochener Stimme: »Sie bekommen das Geld. Aber bitte tun Sie ihr nichts an.«

Kurz darauf fährt der Immobilienmakler los. Gary Krist springt fast im selben Augenblick ins Boot und fährt zurück zur Fair Isle, zu jener Stelle, an der er die Kiste festgemacht hat. Vom Boot aus kann er die Lampe in Gang setzen, die er auf der Kiste installiert hat. Sie soll dem Millionär mit dem Geldkoffer den Weg weisen.

Während Gary im Boot wartet, hält Ruth Eisenmann die Übergabestelle von einem versteckten Punkt an Land im Auge. Über Sprechfunk ist sie mit ihrem Geliebten verbunden.

Nach Garys Berechnung braucht Robert Mackle von seinem Haus höchstens zwanzig Minuten bis zur Brücke. Die Zeit verstreicht. Schließlich ist eine halbe Stunde vorbei. Aber keine Spur von Mackle. Gary Krist wird ungeduldig.

Er fragt Ruth über sein Sprechfunkgerät: »Immer noch nichts zu sehen?«

Ruth antwortet: »Nein.«

»Verdammt! Das gefällt mir nicht.«

»Vielleicht hat er sich verfahren?«

»Ein Immobilienmakler wie er kennt sich doch in der Gegend hier aus. Da steckt das FBI dahinter! Die Bullen wollen uns eine Falle stellen.

Aber nicht mit mir! Ich gebe ihm noch fünf Minuten – sein Pech, wenn er seine Tochter nicht wiedersieht!«

»Hab noch Geduld, Gary. Er kommt schon noch.«

Krist stellt im Bootsradio die Welle des Polizeifunks ein. Er hört Wortfetzen und Meldungen. Ihre Lautstärke verrät, daß die Polizeiwagen, aus denen mit der Leitzentrale gesprochen wird, nicht weit entfernt sind. Ist die Polizei auf seiner Fährte?

Nervös geworden, fährt Krist schließlich zur nächsten Anlegestelle. Dort verläßt er das Boot und ruft abermals die Mackle-Villa an. Frank Mackle, der Bruder des Immobilien-Millionärs, ist am Apparat.

»Was ist los?« ruft Gary. »Warum ist er nicht gekommen?«

»Das verstehe ich auch nicht. Mein Bruder ist längst mit dem Geld unterwegs.«

»Er soll sich beeilen, wenn er seine Tochter lebend wiedersehen will!«

Während er zum Boot zurückläuft, überlegt Gary Krist: Vielleicht hat Robert Mackle, der völlig zerstört zu sein scheint, sich tatsächlich verfahren. Möglich aber auch, daß die Polizisten bestimmen, was der Millionär zu tun hat. Der Polizeifunk wird immer hektischer. Sein Instinkt sagt ihm, daß diese Hektik ihm gilt. Man scheint ihn einzukreisen. Aufmerksam späht er in die Nacht, während er das Boot zur Brücke zurücksteuert. Er hält unter dem Geländer, an dem die Kiste mit dem Blinksignal angebracht ist. Er nimmt den Lichtschalter in die Hand, wartet. Für alle Fälle entsichert er auch das automatische Gewehr.

Eine halbe Stunde vergeht. Dann sieht er einen Wagen über die Fair Isle Street herankommen. Der Wagen hält, ein Mann steigt aus.

»Das ist er!« ruft Ruth über Sprechfunk.

Während sie sich wie verabredet entfernt, wartet Gary Krist darauf, daß Mackle das Geld in die Kiste legt. Er wartet vergeblich. Der Mann bückt sich, er steigt aber nicht über die Mauer, hinter der die Kiste am Brückengeländer hängt. Womöglich hängt das damit zusammen, daß das Signallicht auf der Kiste nicht funktioniert: Robert Mackle kann sie von der Straße aus nicht sehen. Er steigt wieder in sein Auto, fährt weg.

Gary Krist ist sich nicht sicher, ob sein Opfer den Geldkoffer vor der Mauer abgestellt hat oder nicht. Mit seiner Waffe rennt er an Land, springt über die Mauer – da steht der Koffer! Er reißt ihn an sich. Das viele Geld darin wiegt schwer. Wie gehetzt läuft er zum Boot zurück, schwingt sich mit dem Koffer hinein. Dann braust er los, um zu dem Parkplatz zu gelangen, wo Ruth seinen Volvo abgestellt hat. Um schneller vorwärts zu kommen, wirft er alle Gegenstände, die er nicht benötigt, über Bord.

Er erreicht die Stelle an der Küste, springt an Land und wuchtet den Koffer über das ansteigende Gelände in die Richtung, in der sein Wagen steht. Plötzlich hält er inne: Er hört Stimmen. Durch eine Baumgruppe erkennt er Uniformen – Polizei!

Gary Krist taucht in das Dickicht des Waldstückes ein. Er versteckt in einem Gebüsch den Geldkoffer und sein Gewehr. Er will aufrecht an den Beamten vorbeigehen und später das Geld holen. Doch als ein Streifenwagen direkt auf ihn zufährt, ergreift er die Flucht.

Die Beamten springen aus dem Auto, rennen zu Fuß hinter ihm her. Einer schießt auf ihn, ein anderer ruft: »Nicht schießen! Nur er weiß doch, wo das Mädchen ist!«

Von allen Seiten kommen jetzt mit heulenden Sirenen Streifenwagen heran. Das Gelände wimmelt bald von Polizisten. Sie durchkämmen es von allen Seiten – finden den Gesuchten aber nicht. Er kann sich in eine Kirche retten. Hier verbringt er die Nacht und verbindet notdürftig seine Wunden, die er sich beim Springen über Hecken und Zäune zugezogen hat. Dann überlegt er sein weiteres Vorgehen.

Gary Krist hält es für aussichtslos, an den Geldkoffer heranzukommen, den er im Wald versteckt hat. Aber er braucht Geld, um Miami verlassen zu können – viel Geld. Er geht in die Stadtbücherei, um von hier aus nach Ruth zu forschen. In einer Zeitung liest er, daß Robert Mackle mit der Polizeiaktion nichts zu tun hatte. Und außerdem, daß Mackle bereit ist, noch einmal zu zahlen.

Natürlich: Er, Gary Krist, hat ja noch die Tochter des Millionärs in seiner Gewalt. Er will noch einmal Geld fordern.

Von Ruth findet Gary keine Spur. Weder an dem vereinbarten Platz an der Küste noch sonst wo. Er nimmt an, daß sie sich schon nach Austin in Texas auf den Weg gemacht hat. Dort haben sie einen Treffpunkt vereinbart, für den Fall, daß sie getrennt werden.

Seine Verletzungen sind doch so schwer, daß er sich in einem Krankenhaus am Unterleib nähen lassen muß. Als nächstes nimmt er über den Seelsorger Mackles telefonisch abermals Verbindung mit dem Vater seines Opfers auf, das inzwischen seit über sechzig Stunden in der Kiste im Waldboden liegt. Er kündigt an, daß er in Kürze einen Ort für die zweite Geldübergabe bestimmen will. In einem Warenhaus kauft er einen Koffer, ein Zelt, Kompaß und eine Menge Gegenstände, die ihm dabei helfen sollen, einige Wochen in den Sumpfgebieten Floridas verbringen zu können. Dann fährt er mit einem Leihwagen, einem Ford, so lange um Miami herum, bis er eine passende Stelle für die Übergabe gefunden hat. Ein Campingplatz, etwa zwei Meilen von der Stadt entfernt. Der Platz liegt abseits der

Straße zur Westküste Floridas, inmitten der Everglades-Sümpfe. Ein unübersichtliches Gebiet, in dem eine Verfolgung beinahe unmöglich ist. Es ist jetzt Donnerstag, der 19. Dezember, zehn Uhr abends. Dichte Nebelschwaden liegen über dem Sumpf.

Von einem Straßentelefon ruft er abermals den Seelsorger Mackles an. Er sagt: »Mackle soll den Geldkoffer am Ende der 122sten Avenue, an der Abzweigung zum Campingplatz, auf die Straße stellen. Dann soll er sofort zurückfahren.«

»Wann?«

»Sofort. Ich warte.«

»Ich richte es aus«, sagt der Geistliche.

Eine Stunde später nähert sich durch den Nebel ein Auto der verabredeten Stelle. Ein Mann steigt aus. Er stellt einen Koffer mitten auf die Straße. Der Wagen wendet, die Rücklichter verschwimmen rasch im Nebel.

Krist springt aus dem Busch hervor, in dem er sich versteckt hat. Er greift den Koffer, läuft damit zu seinem Auto, springt hinein und startet den Motor. Während er auf dem Highway 95 in nördlicher Richtung fährt, hört er im Radio die Beschreibung von sich und Ruth. Er weiß, daß die Polizei ihm auf den Fersen ist, doch er rechnet damit, daß sie ihn in Ruhe läßt, solange Barbara Mackle sich in seiner Gewalt befindet.

Allerdings: Auf der Nachricht über die Entführung seiner Tochter hatte er Robert Mackle zugesagt, Barbara innerhalb von zwölf Stunden nach erfolgter Geldübergabe freizulassen. Jetzt will er sein Versprechen einlösen. Auch schon deshalb, damit dem Mädchen in der Kiste nicht noch in letzter Minute etwas passiert. Ein technischer

Defekt an der Luftpumpe zum Beispiel könnte für sie den Tod bedeuten.

Er macht kurze Rast in einem Motel. Dann kauft er sich in West Palm Beach ein Motorboot. Zwar ist ihm klar, daß dieser Kauf das FBI schon kurze Zeit später auf seine Spur führen wird. Mit dem Boot sieht er jedoch die einzige Chance, seinen Verfolgern zu entkommen. Über den Golf von Mexiko will er damit Texas erreichen. Er hofft darauf, daß das FBI, das ihn wegen seiner 144 IQ für einen »hochintelligenten« Verbrecher hält, damit rechnet, daß er sich in Küstennähe aufhält und ihn dort sucht. Garys Trick: Er will etwas Dummes unternehmen, das man ihm gar nicht zutraut – mit dem kleinen Boot in den riesigen Golf hinausfahren. Aber er ist in solchen waghalsigen Abenteuern schon geübt. In viel kleineren Booten hat er schon den Golf von Alaska bezwungen. Er ist sicher, auf diesem Weg bald schon bei Ruth zu sein.

Bevor er losfährt, ruft Gary beim FBI-Büro in Atlanta an. Er sagt: »Hier spricht der Entführer von Barbara Mackle. Schreiben Sie mit: Ich sage Ihnen jetzt, wo Sie das Mädchen finden können...« Präzise schildert er die Stelle im Wald, an der er die Kiste versteckt hat.

Dann fährt er mit seinem Boot los. Vor ihm im Bug liegen zwei blaue Säcke. Inhalt: fünfhunderttausend Dollar in gebrauchten Scheinen... Gary Krist ist am Ziel seiner Wünsche. Fast – denn noch ist er nicht in Sicherheit.

Er weiß, daß der schwerste Teil noch vor ihm liegt. Denn jetzt, wo er Barbaras Versteck bekanntgegeben hat, braucht die Polizei keine Rücksicht mehr zu nehmen. Sie kann ihn jagen und notfalls töten, ohne das Leben des Mädchens zu gefährden.

Im Bordradio hört er die Durchsage: »Nach einer Mitteilung des FBI-

Büros in Miami versucht der unter Verdacht der Entführung stehende Gary Steven Krist, ein entsprungener Häftling aus Kalifornien, auf dem Wasserweg aus Florida zu fliehen. Krist, groß und dunkelhaarig, hat ein Fünf-Meter-Boot mit Außenbordmotor gekauft. Alle Kanäle, die zum Golf führen, werden von Polizeipatrouillen abgesucht ...«
Die Meldung wird jede Stunde wiederholt. Trotzdem gelingt es ihm, unerkannt durch die Schleusen zu kommen. Schließlich erreicht er eine Durchfahrt zum Golf von Mexiko.
Das offene Meer liegt vor ihm. Er atmet auf. Der Golf ... Was kann ihn nun noch aufhalten?
Erleichtert fährt er hinaus. Da taucht ein Wasserflugzeug der Küstenwache über ihm auf. Er sieht es kreisen. Man hat ihn entdeckt! Kurz darauf kommt eine zweite Maschine. Bevor die Flugzeuge auf dem Wasser landen, steuert er sein Boot zur Küste zurück. Er will sich im undurchdringlichen Mangrovensumpf bei Fort Myers verstecken. Die Propeller seines Bootes verfangen sich im Sumpfdickicht. Er springt heraus, watet an Land, verfolgt von einem Hubschrauber, der jetzt wie eine gefährlich summende Libelle genau über ihm in der Luft steht.

Der Abend bricht herein. Müde und ausgepumpt schleppt Gary Krist sich durch das sumpfige Gelände. Seit hundertachtundzwanzig Stunden ist er jetzt unterwegs, ohne richtig zu essen und zu schlafen. Er ist zu schlapp, um die Hände zu heben, als er am nächsten Morgen von zwei Beamten der Landpolizei gestellt wird. Stahlfesseln schließen sich um seine Handgelenke.
Einige Wochen später, Anfang März 1969, wird auch Ruth Eisenmann in Norman im Staat Oklahoma verhaftet.

Das »Verbrechen eines Liebespaares«, wie es in den großen amerikanischen Zeitungen heißt, findet für das Opfer Barbara Mackle ein glückliches Ende.

Nach Krists telefonischer Durchsage an das FBI-Büro in Miami machen sich ein Dutzend Streifenwagen auf den Weg, um das Versteck im Wald zu suchen. Schließlich entdecken die Uniformierten die von Gary Krist beschriebene Stelle. Sie räumen die Äste, Zweige und Blätter zur Seite und stoßen auf die Kapsel. Mit einem Radkappenöffner aus einem Wagen brechen sie den Deckel auf.

»Barbara!« ruft einer der Männer.

Stille in der Kiste.

Noch einmal: »Barbara ...!«

Jetzt hört der Mann, der sich nach unten beugt, ein leises Schluchzen. Barbara Mackle lebt! Sie hat zweiundsiebzig Stunden in ihrem »Grab« im Wald überstanden.

Als man sie aus ihrem hölzernen Verlies befreit hat, sagt sie: »Ich habe während der ganzen Zeit gebetet und gesungen, um nicht verrückt zu werden ...«

Auch Gary Krist hat Glück. Nach den Gesetzen des Staates Georgia wird Kidnapping mit Lösegeld mit dem Tode bestraft. Der Staatsanwalt verlangt denn auch in seinem Plädoyer das Todesurteil. Die Geschworenen billigen Krist jedoch milderne Umstände zu – für seine Umsicht, mit der er das Leben des Mädchens erhalten hat.

Das Urteil: Lebenslänglich.

Ruth Eisenmann wird zu sieben Jahren Haft verurteilt, aber im Juli 1972 vorzeitig aus dem Gefängnis entlassen.

Der Fall Gisela Kemperdick und Wilhelm Geuer

Tod im Tessin

Der Gastgeber trägt einen eleganten schwarzen Smoking. In seinem einsam am Waldrand liegenden Haus in Gordola-Gordermo in der Nähe von Ascona packt er Holzscheite in den Kamin. Er legt eine Platte mit gedämpfter Tanzmusik auf, verhängt die Lampen im Wohnraum mit rosa Tüchern. Dann steckt er sich einen Nylonstrumpf in die rechte Tasche.

Draußen hört man Autos den Hang emporfahren. Das Gesicht des Mannes mit dem buschigen Bart unter der leichten Halbglatze wirkt für einen Moment unruhig. Kurz darauf klingelt es. Zwei Männer stehen vor der Tür. Der eine ist ziemlich betrunken. Er schwankt etwas. Der andere stützt ihn. Der Betrunkene, ein kleiner Mann mit sorgfältig gescheiteltem schwarzen Haar und Hornbrille fragt: »Ist hier die Sex-Party?«

Der Gastgeber im Smoking lächelt. »Sie sind hier richtig. Bitte, kommen Sie doch herein, meine Herren. Ich habe Sie schon erwartet.« Vieldeutig fügt er hinzu: »Sie werden überrascht sein ...«

Der Betrunkene wird von seinem Begleiter vorwärts gestoßen. Er taumelt durch die dunkle Diele in den Wohnraum, in dem die Musik spielt, das Kaminfeuer prasselt, die Lampen verhängt sind. Noch ehe er sich darüber wundern kann, daß der Raum leer ist, tritt der Mann im Smoking hinter ihn. Er hat den Nylonstrumpf aus der Tasche gezogen, wirft ihn dem anderen um den Hals und zieht zu.

Für einen Moment noch wehrt sich das Opfer. Er will die Arme hochreißen, sich von dem würgenden Strumpf befreien. Doch die Arme rudern ins Leere. Mit weit aufgerissenem Mund ringt der Mann nach Luft. Undeutliche Laute kommen von seinen Lippen, die blau anlaufen. Seine Augen quellen hervor, seine Glieder erschlaffen, zucken noch einmal. Er stürzt zu Boden. Der Mann im Smoking knotet den Nylonstrumpf in seinem Nacken fest.
»Tot?« fragt der zweite Besucher, der stumm das Geschehen verfolgt hat.
»Ja«, sagt der Mörder.
Der Besucher macht das Grammophon aus, knipst das Licht in der Diele kurz an, knipst es sofort wieder aus. Kurz darauf hört man ein Auto vor dem Haus wegfahren.
Der Mann im Smoking streift dem Toten die Uhr vom Handgelenk, zieht ihm die Brieftasche heraus und reißt die Etiketten aus seinem Maßanzug. Zusammen mit dem anderen packt er die Leiche dann in einen Jutesack. Den Sack, neunundfünfzig Kilo schwer, schleppen sie aus dem Haus am Hang in die Garage, verstauen ihn im Kofferraum eines braunen Dodge-Dart. Der Mann im Smoking setzt sich ans Steuer und fährt los. Sein Helfer folgt ihm in dem Wagen, in dem er den Betrunkenen hergebracht hat. Über die enge Dorfstraße von Gordola-Gordermo bis zum Monte Bré.

An einer scharfen Rechtskurve hält der Dodge. Der Fahrer steigt aus. Hinter ihm stoppt der andere Wagen. Gemeinsam zerren die Männer den Jutesack mit dem Toten aus dem Kofferraum. Sie schleudern das Bündel in den gähnenden Abgrund hinunter. Es geht hier steil hinab. Hier wird niemand die Leiche finden, denken sie.

Es ist Freitag, der 20. August 1971. Zweiundzwanzig Uhr fünfundzwanzig.
Eine Stunde später sitzt der Mörder in der Isola-Bar in Ascona. Er trinkt und lärmt, um aufzufallen. Sollte seine Tat einmal ruchbar werden, so können die Barbesucher bezeugen, daß er an diesem Abend im Smoking hier war. Wer mordet schon im Smoking?

Ruchbar wird seine Tat knapp vier Wochen später – im wahrsten Sinne des Wortes.
Am 18. September bemerkten Spaziergänger, die von Locarno aus zur Wallfahrtskapelle Madonna del Sasso aufsteigen wollen, neben der Bergstraße einen seltsamen Geruch – einen »Gestank wie von einer Leiche«. Sie informieren die Polizei in Locarno. Ein Beamter mit einer Gasmaske arbeitet sich durch dichtes Buschwerk am Steilhang bis zu der Stelle empor, an der der Jutesack liegt. Der Sack ist fünfzig Meter neben der tief abfallenden Schlucht hängen geblieben.
Der Beamte sieht Schuhe herausragen. Er weiß, daß er einen Toten vor sich hat.
Giovanni Ponti, Chef der Polizia Cantonale, die ihren Sitz in der Via della Pace 6 in Locarno hat, übernimmt den Fall. Er läßt den Arzt Dr. Bernardo Petrazzini kommen. Der untersucht den stark verwesten Leichnam, der einen grauen Anzug mit kleinen Karos trägt, ein weißes Hemd, eine Krawatte und Schuhe aus Känguruhleder. Solche Schuhe sind teuer. Nur reiche Leute tragen sie. Sonst gibt es nach der ersten oberflächlichen Untersuchung keinen Hinweis auf die Identität des Toten.
Weder eine Brieftasche noch eine Geldbörse werden bei ihm gefunden. Die Etiketten sind aus seinem Anzug getrennt worden.

»Keine Frage, der arme Kerl ist erwürgt worden«, sagt Dr. Petrazzini dem Polizeichef. »Dann hat man ihn in den Sack gesteckt.«

Giovanni Ponti nickt. »Der Mörder hat sich die falsche Stelle ausgesucht. Fünfzig Meter weiter – und wir hätten die Leiche sicher nie gefunden. Er scheint ein Profi zu sein. Er hat an alles gedacht und alle Spuren verwischt, die den Toten identifizieren können.«

Doch dann, bei einer zweiten gründlicheren Untersuchung, findet der Doktor etwas Merkwürdiges. In der Unterhose des Unbekannten ist ein Leinenstreifen eingenäht. Darauf steht in Tuscheschrift ein Name: Egon Zylla. Wirklich seltsam: Wer trägt schon seinen Namen in der Unterhose?

Egon Zylla, so stellt sich heraus, steht als letzter im Telefonverzeichnis von Ascona, jenem Viertausend-Einwohner-Dorf am Lago Maggiore, in dem es damals mehr als hundertundfünfzig Millionäre, fast zweihundert Künstler und viele allein lebende Frauen gibt. Egon Zylla – was ist das für ein Mann?

Der erste Hinweis kommt von der Nervenheilanstalt Medrisio. Dort hat man den Leinenstreifen mit dem Namen in Zyllas Unterhose genäht. Er war dort einige Zeit als Patient. Ein Nervenkranker? Der zweite Hinweis kommt aus dem eigenen Kommissariat – vom Einbruchsdezernat. Der Name Egon Zylla ist dort bekannt, seitdem vor einigen Wochen in seiner Villa am Sentiero Romano, am römischen Bergpfad des Monte Veritas, eingebrochen wurde.

»Ein Millionär aus Hamburg«, erklärt der Sachbearbeiter dem Polizeichef. »Ihm wurden Gobelins und Teppiche gestohlen. Für rund zweihunderttausend Mark.«

»Sie kennen ihn also?« fragt Polizeichef Ponti.

Der Beamte schüttelt den Kopf. »Nein. Er hat den Einbruch nicht selbst

gemeldet, sondern ein Freund, der auf das Haus aufpassen sollte. Ein gewisser Wilhelm Geuer.«
Giovanni Ponti weiß Bescheid. Wilhelm Geuer ist eine etwas zwielichtige Figur. Gegen ihn wird wegen verschiedener Betrugsdelikte ermittelt. Vor einiger Zeit ist er von der Polizei in Bellinzona ausgewiesen worden. Wegen undurchsichtiger Geschäfte. So hat er einen falschen Orden gegründet, und als »Großkanzler« titelsüchtige Prominente und Millionäre für Gebühren bis zu dreißigtausend Franken zum »Ritter« geschlagen. Man warf ihm außerdem vor, in Deutschland hohe Beträge der Steuer hinterzogen zu haben. Doch mit Hilfe eines Anwaltes konnte er den Ausweisungsbeschluß rückgängig machen und in der Schweiz bleiben. Zusammen mit seiner Freundin, der schönen, dunkelhaarigen Gisela Kemperdick.

Der Polizeichef läßt Geuer aus seiner kostbar eingerichteten Wohnung im fünften Stock eines exklusiven Appartementhauses an der Via Borenco in Minusio holen. Ein großer, grauhaariger Zwei-Zentner-Mann mit vorstehendem Kinn und buschigen Augenbrauen. Natürlich kenne er Egon Zylla, sagt er. Ein guter Freund. Schrecklich, daß man ihn ermordet habe. Ob man den Täter schon gefaßt hätte?
Man fragt ihn: »Wann haben Sie Herrn Zylla zuletzt gesehen?«
Geuer überlegt kurz. »Warten Sie: am 20. August. Abends. Wir haben seine Rückkehr aus Deutschland gefeiert.«
»Und dann?«
»Dann ging er. Er hatte ganz schön getrunken.«
»Wohin ging er?«
Geuer zuckt mit den Schultern. »Ich weiß es nicht. Er sagte, er wolle nach Amerika.«

»Er kam nicht nach Amerika – vorher wurde er erwürgt. Sie, Herr Geuer, haben ihn als letzter lebend gesehen.«

Der kräftige Mann in dem eleganten Seidenanzug schüttelt langsam den Kopf. »Sein Mörder hat ihn als letzter lebend gesehen.«

»Kennen Sie den Mörder?«

»Nein, aber den Mann, der noch nach mir mit Zylla zusammen war.«

»Wer ist das?«

»Er heißt Romolo Stoppini. Ein Teppichhändler. Er hat am 20. August meine Wohnung zusammen mit Herrn Zylla verlassen.«

Wilhelm Geuer will aus dem Zimmer gehen, als ihm sein Gegenüber noch eine Frage stellt: »Wie kommt es, daß Sie seit dem Verschwinden von Herrn Zylla dessen amerikanischen Wagen fahren? Außerdem gehen Sie in der Villa des Ermordeten ein und aus.«

Mit beherrschtem Gesicht sagt Geuer: »Das Auto habe ich von Zylla gekauft. Und in der Villa hat Frau Kemperdick lebenslanges Wohnrecht.«

»Frau Kemperdick?«

»Sie ist meine Lebensgefährtin.«

»Haben Sie außer dem Autokauf noch weitere Geschäfte mit Herrn Zylla gemacht?«

»Nein.«

Der Teppichhändler Romolo Stoppini ist ein schlanker, dunkelhaariger Mann mit markantem männlichen Gesicht. Er windet sich unter den Fragen der Kriminalbeamten. Ja, gibt er zu, er war am Abend des 20. August mit Zylla zusammen. In der Wohnung Geuers. Er habe sie zusammen mit Zylla verlassen.

»Was geschah danach?«

»Ich fuhr mit ihm zu einer Party.« Sie habe bei seinem Freund Wolf-

gang Manser, einem Bildhauer, stattgefunden. Er selbst habe sich an der Tür von Manser verabschiedet. Danach habe er Zylla nicht mehr gesehen. Auch Manser, ein kräftiger Mann mit ausdrucksvollem Gesicht und buschigem Bart unter einer leichten Stirnglatze, will nichts von dem brutalen Ende seines Gastes wissen. Irgendwann am späten Abend habe Zylla sich verabschiedet. Er sei zu Fuß fortgegangen.
Das erscheint der Kripo merkwürdig: Egon Zylla, der schon betrunken war, als er zu Mansers Party kam, soll das einsam liegende Haus des Bildhauers mitten in der Nacht zu Fuß verlassen haben? Wolfgang Manser, so stellt sich heraus, hat schon einmal gemordet. 1948 beging er in Basel auf Drängen eines Freundes einen Mord an einem Mann, den er selber gar nicht gekannt hatte. Er wurde damals zu zwanzig Jahren Zuchthaus verurteilt, unter Berücksichtigung verminderter Zurechnungsfähigkeit. Nach seiner vorzeitigen Entlassung zog er ins Tessin, wo er hauptberuflich in einer Immobilienagentur arbeitet und nebenbei seinem Hobby, der Bildhauerei, nachgeht. Er gilt als hochgradiger Psychopath. Ist es nicht denkbar, daß er abermals gemordet hat? Und wieder auf Drängen eines anderen?
Ein Motiv für ihn, Egon Zylla zu töten, ist nicht erkennbar. Wie aber sieht es mit den möglichen Motiven der anderen Männer aus, mit denen Zylla zuletzt zusammen war? Was verband ihn mit ihnen?
Egon Zylla zog 1969 im Alter von siebenundfünfzig Jahren in die Schweiz. Er kam in einem Cadillac und bezog über Ascona die Villa »l'Anseatica«, die er für achthunderttausend Franken gebaut hatte. Ein Haus in der Nachbarschaft prominenter Mitbürger, umgeben von Rosen und Palmen. Er war reich und allein. Seine Frau war kurz vorher an einem Wundstarrkrampf gestorben. Sein Leben lang hatte er nur gearbeitet. Vom Autoverkäufer hatte er es zum Inhaber einer

großen Opel-Vertretung in Hamburg gebracht. Der erfolgreiche Geschäftsmann war sogar in die hanseatische »Versammlung eines ehrbaren Kaufmanns« aufgenommen worden. Schließlich verkaufte er für drei Millionen Mark seine Autovertretung samt fünfstöckigem Bürohaus, um nun zu »leben«. Der Tod seiner Frau machte ihm den ersten Strich durch die Rechnung. Denn ohne sie war er ziemlich hilflos.

Obwohl Freunde ihm rieten, nicht alleine das Abenteuer eines neuen Lebens zu wagen, zog es ihn in seine »Traumlandschaft« am Lago Maggiore. Als er kam, besaß er zweieinhalb Millionen Franken in Vermögenswerten, einschließlich seiner Villa. Außerdem rund zwei Millionen in bar und in Wertpapieren. Als man ihn zwei Jahre später tot auffand, besaß er noch acht Franken in bar. Seine beiden Bankkonten waren leer und die Villa mit sechshunderttausend Franken belastet.

In zwei Jahren vom reichen Mann zum armen Schlucker – wie war das möglich?

Ein Grund, der zu seinem finanziellen Absturz führte, war seine Einsamkeit. Der reiche Emporkömmling aus Hamburg wußte mit sich und seiner freien Zeit nichts anzufangen. Aus der Leere seines schönen großen Hauses trieb es ihn in die Scheinwelt der Schickeria von Ascona. Sie nahm den ein Meter sechzig großen Mann mit der Hornbrille und dem streng gescheitelten Haar nicht gerade mit offenen Armen auf. Man beachtete ihn kaum.

Der kleine Millionär versuchte sich interessant zu machen. Er trat äußerst spendabel auf, prahlte. So erzählte er, der frühere Meldefahrer, er sei ein enger Mitarbeiter des legendären deutschen Abwehrchefs Canaris gewesen. So warf er in den Bars mit dem Geld um sich.

Hundertzwanzigtausend Franken gab er bei schönen Frauen für drei Pelze aus, neunzigtausend Franken für einen Brillantring. Aber statt Anerkennung erntete er nur Spott – und er weckte Geldgier.
Zum Beispiel bei Wilhelm Geuer und Gisela Kemperdick – einem Pärchen, das in Ascona eine zwielichtige Rolle spielte.

Die beiden lernten sich 1959 in einem Schwimmbad kennen. Gisela Kemperdick war damals Ehefrau eines Millionärs in Bergheim im Rheinland, dreißig Jahre alt, eine schöne schwarzhaarige und glutvolle Frau. Er, zu dieser Zeit neununddreißig, betrieb eine kleine Steuerpraxis in Grevenbroich. Sie verliebte sich in ihn und ließ sich seinetwegen scheiden. Die Hälfte des Millionenvermögens ihres Mannes fiel bei der Scheidung an sie. Dazu gehörte auch »Haus Burgfrieden«, eine Dreiundzwanzig-Zimmer-Villa in Kaster bei Köln. Wilhelm Geuer zog als neuer Hausherr ein.
Das Paar hatte eines gemeinsam: den Drang, noch mehr Geld zu besitzen. Es wollte »nach oben«, anerkannt werden, in der Gesellschaft eine Rolle spielen. Gemeinsam war den beiden auch die Energie und Kaltblütigkeit, mit der sie daran gingen, dieses Ziel zu erreichen.
Gisela Kemperdick besaß einen ausgeprägten künstlerischen Spürsinn. In Amsterdam fand sie in einer Rumpelkammer einen echten Frans Hals, ein Selbstporträt eines alten niederländischen Meisters. Bei Christie in London wurde es später für achthundertdreißigtausend Mark versteigert. Als »Frau mit der goldenen Hand« eroberte sie die Schlagzeilen. Ihre Villa wurde daraufhin zum Treffpunkt von Kunstkennern und Kaufinteressenten aus aller Welt. In den Räumen stapelten sich schließlich Bilder und Antiquitäten im Wert von über sechs Millionen Mark. Allerdings: kein Stück davon war bar bezahlt.

Gisela Kemperdick hatte sich die Gelder dafür ausgeliehen oder Wechsel unterschrieben.

Lange Zeit konnten die schöne Frau, deren Charme sich kaum ein Mann entziehen konnte, und ihr beredter Geliebter, die Gläubiger hinhalten. Um sie zu beschwichtigen, wurden sie zu den sehr freizügigen Festen in der Villa eingeladen. Schließlich zog auch das nicht mehr. Die Gläubiger drängten auf den Verkauf der Villa, die hoch mit Hypotheken belastet war. Im September 1967 platzten die Wechsel nacheinander, außerdem meldete das Finanzamt eine Forderung von sechshundertfünfundvierzigtausend Mark an. Da packte das betrügerische Pärchen heimlich Kunstschätze und Möbel zusammen und verschwand bei Nacht und Nebel über die Schweizer Grenze. In Ascona ließen die beiden sich nieder, unerreichbar für das deutsche Finanzamt und den Staatsanwalt. Und hier ging es mit den dunklen Geschäften, mit den Betrügereien munter weiter. Man brauchte ja Geld, viel Geld, um »standesgemäß« leben zu können.

Eine Geldquelle fand Gisela Kemperdick mit ihrem bewährten Spürsinn. In einem Vierhundert-Einwohner-Dörfchen zwischen Bellinzona und Locarno sah sie eines Tages beim Durchfahren eine alte Malteser-Kirche. Dabei kam ihr eine Idee, die sie sofort mit Wilhelm Geuer in die Tat umsetzte: Sie gründeten einen roten Malteser-Orden nach amerikanischem Vorbild. Im Gegensatz zu dem echten schwarzen Malteser-Orden, der im Jahr 1048 gegründet wurde, existiert die amerikanische Nachahmung erst seit 1926. Das störte die beiden Betrüger nicht. Sie fuhren nach Amerika, ließen sich vom Großkanzler des amerikanischen Ordens, einem gewissen Adrian Otto de Choibert, der in Wirklichkeit Otto Schubert heißt, zu Rittern schlagen und gründeten eine Schweizer Filiale. Für jeweils dreißigtausend Franken machten sie nun ihrerseits in der kleinen Malteser-Kirche in Contone Millionäre und Prominente zu Rittern. Wilhelm Geuer und Gisela Kemperdick trugen bei der feierlichen Zeremonie rote Ordensmäntel mit dem Malteser-Kreuz. Manch einer machte den Humbug mit, um in Ascona »in« zu sein. Süchtig nach Anerkennung, wurde auch Egon Zylla aus Hamburg ein Opfer der Schwindler.

Nach den Ermittlungen der Polizei lernte Egon Zylla den »Großmeister« Wilhelm Geuer, der sich auf seiner Visitenkarte fälschlicherweise auch als »Doktor« bezeichnete, in einer Bar in Ascona kennen. Erstaunlich schnell wurden der einsame Millionär und das Betrügerpärchen ein Herz und eine Seele. Schon vierundzwanzig Stunden nach der Bekanntschaft mit seiner schönen, temperamentvollen Landsmännin machte Zylla ihr einen Heiratsantrag. Nach zwanzig Tagen übertrug Zylla seiner neuen Freundin das lebenslängliche Wohnrecht in seiner Villa. Und irgendwie hatte Geuer es auch geschafft, daß Zylla zu seinen Gunsten auf die bis dahin schuldenfreie Villa eine Hypothek über sechshunderttausend Franken eintragen ließ.

An diesem Punkt ihrer Ermittlungen stutzen die Beamten der Kantonspolizei. Warum hat Wilhelm Geuer die Hypothek bei seiner ersten Vernehmung verschwiegen? Warum hat er bestritten, Geschäfte mit Zylla gemacht zu haben? Liegt hier ein mögliches Mordmotiv? Hatte der Millionär erkannt, daß er das Opfer von Betrügern geworden war? Mußte er deshalb sterben?

Am 27. September 1971 wird Geuer beim Frühstück verhaftet. Er hat schon die Koffer gepackt, um seiner Freundin zu folgen, die zur Kur nach Ischia gefahren ist. Der massige Mann, in salopper Tenniskleidung, runzelt die Stirn, als zwei Polizisten ihn zum Mitkommen auffordern. »Das werden Sie noch bereuen!« sagt er wütend.

An diesem Tag ist genau eine Woche vergangen, seitdem man an einem Steilhang des Monte Bré die Leiche Zyllas in einem Jutesack gefunden hat.

Zwei Tage später: Kripobeamte, die die Bildhauerwerkstatt Wolfgang Mansers untersuchen, machen einen interessanten Fund: In einer Ecke liegen Jutesäcke, ähnlich denen, in denen der tote Millionär steckte. Im Hause Mansers finden sie noch etwas anderes: zweihundert Damennylonstrümpfe. Mit einem solchen Strumpf hat der Mörder Egon Zylla erdrosselt.
Der Mann mit dem schwarzen Vollbart fühlt sich in die Enge getrieben. Er ist der letzte, mit dem der Millionär zusammen gewesen war. Niemand kann bezeugen, daß Zylla sein Haus lebend verlassen hat. Schon einmal hat Manser ja gemordet. Und wer einmal tötet, so weiß er, dem glaubt man nicht, wenn solche massiven Umstände gegen ihn sprechen.
»Es hat doch keinen Zweck zu lügen«, sagt er schließlich seufzend. »Ich habe Egon Zylla getötet.«
»Warum?«
»Für Geld.«
»Wieviel Geld?«
»Fünfzigtausend Franken.«
»Wer hat Ihnen das Geld gegeben?«
»Romolo Stoppini.«
»War er Ihr Auftraggeber?«

Der Bärtige schüttelt den Kopf. »Nein, er hat das Geschäft nur vermittelt. Die Auftraggeber waren andere.«
»Wer?«
Manser zögert. Dann sagt er: »Herr Geuer und Frau Kemperdick.«
Stunden später wird Romolo Stoppini verhaftet und Polizeichef Giovanni Ponti in Handschellen vorgeführt. Man konfrontiert ihn mit dem Geständnis von Wolfgang Manser. Auch der Teppichhändler erkennt, daß Leugnen sinnlos ist.
»Ja«, sagt er. »Ich habe Manser als Mörder im Auftrag von Herrn Geuer und Frau Kemperdick angeheuert. Meine Belohnung? Herr Geuer hat mich mit den hundertachtundachtzigtausend Franken erpreßt, die mir Herr Zylla gegeben hatte. Er hatte die Forderung von Herrn Zylla übernommen und verlangte das Geld von mir zurück – es sei denn, ich würde einen Killer beschaffen.«
In allen Einzelheiten schildert Stoppini dann das Mordkomplott. Nach seiner Darstellung ist neben Wilhelm Geuer seine Freundin Gisela Kemperdick die Schlüsselfigur des Verbrechens. Zuerst hat sie ihren Charme spielen lassen, um den einsamen Egon Zylla in sich verliebt zu machen. Dann hat sie mitgeholfen, den dem Alkohol verfallenen Mann bis aufs Hemd auszuziehen. So verlangten sie und ihr Freund von Zylla einmal einen Betrag von dreihunderttausend Mark für Gemälde, die er nie erhielt. So verkaufte Romolo Stoppini dem Wilhelm Geuer ein paar wertlose Teppiche, die dann zu weit überhöhten Preisen ihrem Opfer verkauft wurden. Die Gauner versicherten die billige Ware für dreihundertfünfzigtausend Franken und stahlen sie dann ihrem Opfer auch noch. Eines Tages erfuhr Geuer, daß Egon Zyllas Töchter den Vater wegen seiner Verschwendungssucht entmündigen lassen wollten. Er half dem alternden Millionär

dabei, dessen Vermögen in »Sicherheit« zu bringen. Die Kanäle, in die Geuer es leitete, waren so dunkel, daß Zylla keine Mark mehr darin wiederfand.

Erst kurz vor seinem Ruin erkannte der Ausgeplünderte, mit welchen »Freunden« er sich da eingelassen hatte. Er begann aufzumucken, drohte dem Pärchen Geuer-Kemperdick, es bei der Polizei anzuzeigen, wenn es ihm sein Geld nicht auf Heller und Pfennig zurückbezahle.

Da wurde – laut Aussagen von Romolo Stoppini – das betrügerische Paar zum teuflischen Paar: Es beschloß, Zylla zu töten.

Stoppini wurde beauftragt, einen Mörder zu suchen. Und er fand ihn in dem Maklerbüro in Ascona, in dem der Teppichhändler nach dem Konkurs seiner Firma ebenso als Angestellter arbeitete, wie Wolfgang Manser. Manser fragte den Bürogenossen eines Tages, was ihn denn bedrücke. Darauf Stoppini: »Ach, ein Schuldner bedrängt mich. Weißt du vielleicht jemand, der ihn für mich umbringt?« Manser: »Das erledige ich selbst. Was ist dir die Sache denn wert?« Man einigte sich auf die fünfzigtausend Franken.

Die erste Mordfalle – so Stoppini weiter im Polizeiverhör – wurde für den ahnungslosen Egon Zylla im Schwarzwald aufgebaut: ein angebliches Stelldichein, zu dem die attraktive Kemperdick den ihr hörigen Zylla nach Freudenstadt locken wollte.

Zylla war damals zu einer Alkoholentziehungskur in Bad Rippoldsau. Am Abend des 12. August 1971 sollte er in einen Wagen steigen. Man gaukelte ihm vor, man würde ihn zu der schönen Gisela bringen. Da in Deutschland ja die Steuerfahndung hinter ihr her war, müsse alles sehr verschwiegen vonstatten gehen. Ein Chauffeur, der das vereinbarte Kennzeichen »Musch« sagte, holte Zylla, der sich durch einen

Blumenstrauß zu erkennen gab, vor der Kur-Apotheke in Freudenstadt ab. Der Millionär ahnte nicht, daß am Steuer des Dodge ein angeheuerter Mörder saß. Er sollte ihn nicht zu der Freundin fahren, die gar nicht da war – er sollte ihn umbringen. Doch Wolfgang Manser, den Chauffeur, verließ im letzten Moment der Mut. Er fuhr sein Opfer kreuz und quer durch den Schwarzwald und setzte es schließlich in einem Gasthaus ab.

Wilhelm Geuer reagierte wütend, als er vom Mißlingen des Plans erfuhr. Beim Aufbau der zweiten Mordfalle im Tessin wirkten er und seine Geliebte selbst mit.

Am 19. August kehrte Egon Zylla von einem Besuch in Hamburg nach Ascona zurück. Am nächsten Abend arrangierte das Paar einen Begrüßungsabend für ihn. Während Gisela Kemperdick schon zu einer Party bei einer befreundeten österreichischen Millionärsfamilie aufgebrochen war, empfing »Sascha«, wie Geuer allenthalben genannt wurde, zusammen mit Stoppini den kleinen Mann mit der Hornbrille in seiner pompösen, mit wertvollen Antiquitäten eingerichteten Appartementwohnung. Egon Zylla verlangte von Geuer sein Geld zurück, ließ sich aber durch einige Schnäpse beschwichtigen. Da er nicht viel vertrug, war er – wie so oft – schnell betrunken.

»Kommen Sie, wir gehen feiern, Herr Zylla!« schlug Stoppini vor. »Mit Musik und Mädchen. Ich weiß, wo gerade eine wilde Sex-Party läuft...«

»Aber ich habe kein Geld bei mir«, sagte Zylla.

Stoppini sagte: »Das brauchen Sie nicht.«

Dann fuhren sie los. Stoppini zusammen mit Zylla, Wilhelm Geuer in seinem Wagen hinterher. Vor dem Haus von Wolfgang Manser, der inzwischen seinen schwarzen Smoking angelegt und den Nylonstrumpf bereit gelegt hatte, hielten sie. Stoppini und Zylla stiegen aus. Stoppini stieß den Torkelnden vor sich her zum Eingang. Wolfgang Manser öffnete und ließ die beiden Männer eintreten.

An dieser Stelle stockt Romolo Stoppini mit seiner Aussage.

»Dann erdrosselte Manser Herrn Zylla?« fragt der Polizeibeamte.

»Ja.«

»Haben Sie es gesehen?«

»Nein, ich blieb in der Diele stehen. Ich hörte nur einen unterdrückten Schrei – als ob man eine Puppe auf den Rücken legt.«

Nach dieser Aussage ist das Schicksal des Mordquartetts von Ascona so gut wie besiegelt. Gisela Kemperdick kommt am nächsten Tag aus Ischia zurück ins Tessin. Die italienischen Behörden haben sie ausgewiesen. Am Flugplatz in Mailand wird sie von zwei Kriminalbeamten in Empfang genommen und nach Ascona gebracht. Entrüstet bestreitet sie jede Schuld, ebenso wie ihr Geliebter Wilhelm Geuer, der noch nach Tagen energisch gegen seine Verhaftung protestiert. Selbst ein siebzehnstündiges Polizeiverhör, bei dem er sich weder setzen noch anlehnen darf, weder zu essen noch zu trinken oder zu rauchen erhält, kann ihn nicht weichmachen.

Er sagt: »Was der Stoppini angibt, ist Unsinn. Er will sich mit seiner Aussage an mir nur rächen. Ich habe dem armen Zylla nichts zuleide getan. Das schwöre ich. Für den Tatabend habe ich ein Alibi. Das beweist, daß Stoppini lügt.«

»Was für ein Alibi?« fragt der Staatsanwalt, der die Vernehmungen der vier Mordverdächtigen leitet.

»Zu der Zeit, als ich angeblich mit Stoppini und Zylla zum Haus von Manser gefahren bin«, sagt Geuer, »war ich auf einer Party. Dafür gibt es Zeugen.«

Er benennt die Familie des österreichischen Multimillionärs Laurence Naimer, in dessen Prunkvilla auf dem Monte Verita am Abend der Ermordung Zyllas ein Fest stattfand. Naimer besitzt das schönste und teuerste Haus von Ascona, mit einem in die Felsen gehauenen Hallenschwimmbad. Ja, erklärt Frau Naimer, die Gastgeberin, der Herr Geuer sei zur Party gekommen, fröhlich und mit auffallendem Mexikanerhut – aber mit erheblicher Verspätung. Etwa gegen zweiundzwanzig Uhr. Sein Gedeck sei da bereits abgetragen gewesen. Das bestätigen auch ihr Mann und andere Gäste.

Geuers Alibi hat damit eine entscheidende Lücke – er kann nicht beweisen, wo er sich zur Zeit des Mordes an Zylla aufhielt. Befand er sich also doch – wie Stoppini behauptet – in der Nähe von Mansers Haus, um die Ausführung der Tat zu überwachen?

Eine neue schwere Belastung für das zwielichtige Paar – aber noch kein endgültiger Beweis für dessen Schuld.

Da bittet Helga R., die einundzwanzigjährige Tochter Gisela Kemperdicks aus ihrer verflossenen Ehe, den Untersuchungsrichter, ihre Mutter im Untersuchungsgefängnis in Bellinzona besuchen zu dürfen. Das wird ihr bewilligt. Aber kaum hat die zierliche und hübsche Studentin der Sozialpsychologie am 20. Dezember 1971 das Gebäude betreten, wird sie verhaftet. Man beschuldigt sie der Beihilfe zum Mord an Zylla. Mit ihrem Besucherstrauß in der Hand bringt man sie in eine Zelle. Sechs Stunden sitzt sie dort, bis sie zur Vernehmung geholt wird.

Zuerst versucht sie, ihre Mutter zu schützen. Wenige Tage zuvor hatte sie ihr noch geschrieben: »Ich glaube felsenfest und unverrückbar an Dich.« Doch in einem zweiten Verhör liefert sie dem Untersuchungs-

richter und dem Staatsanwalt die entscheidenden Hinweise, die das teuflische Spiel Willi Geuers und Gisela Kemperdicks enthüllen.
Helga R. schildert, wie ihre Mutter, Geuer, den sie »Pappi« nennt, und Stoppini systematisch dem natürlichen Tod von Zylla »nachhelfen« wollten.
»Zylla wurde von ihnen physisch fertiggemacht«, gibt sie zu Protokoll. »Tag und Nacht wurde er anonym angerufen. Er sollte den Eindruck haben, daß er von der deutschen Spionage gesucht wird. Nach Wochen überfiel ihn eine richtige Hysterie. Meine Mutter, Pappi, aber auch Herr Stoppini schürten seine Angst. Er sollte sich zu Tode erschrecken.«

Weiter sagt die junge Frau: »Pappi empfahl meiner Mutter, so zu kochen, daß Zylla weniger esse und schneller sterbe. Außerdem wurde er in den Bars von Ascona und Locarno ständig betrunken gemacht. Wenn niemand Zeit hatte, ihn in die Nachtklubs zu begleiten, schenkte man ihm in seiner Villa so starke Getränke ein, daß er schnell betrunken war. Dann wurde er zu Bett gebracht. Pappi sagte einmal: ›Er soll sich totsaufen!‹« Man habe gewußt, daß Egon Zylla zwei Herzinfarkte hinter sich hatte und unter einem schweren Leberschaden litt.
»Und warum sollte er in den Tod getrieben werden?« fragt der Untersuchungsrichter.
»Mutter und Pappi wollten das Geld und das Haus von Herrn Zylla an sich bringen. Für das Haus hatten sie schon Umbaupläne. Auch die Autos, die sie von ihm gekauft hatten, wollten sie nicht bezahlen.«
Über die Umstände der Tat weiß die Tochter Gisela Kemperdicks nichts zu sagen. Nach dem 14. August 1971 war die Mutter ihr gegenüber sehr verschwiegen. Helga R.: »Sie hatte wohl Angst, daß ich ihre

Pläne ausplaudern würde.« Eine Woche später, am 20. August, wurde Egon Zylla ermordet. Einen Monat galt er als vermißt.

Helga R. schildert, wie sie am Abend des 20. August um zwanzig Uhr mit ihrer Mutter zur Party bei den Naimers ging, mit deren Sohn sie befreundet ist, wie Wilhelm Geuer erst mit großer Verspätung nachkam und wie sich ihre Mutter am folgenden Tag benahm.

»Ihr war schlecht. Nervös lief sie durch die Wohnung. Am nächsten Tag hatte sie Geburtstag. Herr Stoppini brachte ihr Rosen. Am 23. August bat sie mich, mit Zyllas Putzfrau zu telefonieren. Ich sollte ihr sagen, Herr Zylla sei abgereist und habe für ihre Kinder in der Küche seiner Villa Schokolade hinterlassen.«

Gisela Kemperdick hat vor der Polizei ausgesagt, sie habe Zylla nach seiner Rückkehr von seiner Kur nicht mehr gesehen und gesprochen. Woher will sie also von seiner angeblichen Reise wissen? Mit dem Telefonat ihrer Tochter wollte sie falsche Spuren legen, vermuten der Untersuchungsrichter und der Staatsanwalt. Spuren, die von ihr und ihrem Geliebten wegführten.

In diese Strategie paßt auch ihr Verhalten nach ihrer ersten Vernehmung nach dem Auffinden der Leiche.

»Mutter kam bleich und nervös nach Hause zurück«, schildert Helga R. »Sie rief Stoppini an und erklärte ihm, er wisse ja, was er der Polizei zu sagen habe. Mir fiel auf, daß Pappi und meine Mutter in den folgenden Tagen viele Dokumente vernichteten. Sie sagten mir, es sei kompromittierendes Material. Ein Teil wurde in die Toilette, der Rest in den Müll geworfen. Sie baten mich auch, auf meinen Namen ein Sicherheitsfach in Lugano zu mieten, in dem sie Papiere verstecken wollten. Das lehnte ich aber ab.« Als Geuer zur Vernehmung geholt wurde, sei ihre Mutter in Panik geraten. Auf der Reise nach Ischia, die

Mutter und Tochter kurz danach antraten, habe Gisela Kemperdick ihr anvertraut, daß sie noch die Uhr von Egon Zylla habe. Sie habe sie ins Meer geworfen.
Am nächsten Tag stehen sich Mutter und Tochter vor dem Untersuchungsrichter gegenüber. Gisela Kemperdick wird vorgelesen, was ihre Tochter zu Protokoll gegeben hat. Die füllige, dunkelhaarige Frau schüttelt zuerst nur verstört den Kopf. Schließlich verliert sie die Beherrschung.
»Damit bringst du mich ja an den Galgen!« ruft sie. »Das ist nicht wahr!«
Ernst sagt ihre Tochter: »Doch Mutter – es ist die Wahrheit! Und du weißt es ...«
Nach dieser dramatischen Szene zwischen Mutter und Tochter bereitet der Staatsanwalt die Mordanklage vor.

Im provisorischen Gerichtssaal an der Piazza Grande in Locarno drängen sich die Menschen, als am Morgen des 5. November 1973 um neun Uhr der Prozeß gegen Wilhelm Geuer, Gisela Kemperdick, Romolo Stoppini und Wolfgang Manser beginnt. Verhandelt wird im Großen Goldsaal der Elektrizitätsgesellschaft. Denn der eigentliche Gerichtssaal ist viel zu klein, um die vielen Journalisten, Prozeßbeteiligten und die Zuhörer zu fassen, die zu Hunderten hintereinander stehen.
Alle vier Angeklagten tragen schwarze Kleidung. Der Vorsitzende Richter Dr. Gastone Luvini eröffnet nach Vereidigung der Geschworenen den ersten Mordprozeß seit siebzehn Jahren im Tessin. Verhandlungssprache ist Italienisch. Fast alles muß also ins Deutsche übersetzt oder – für die Geschworenen – vom Deutschen ins Italienische übertragen werden. Die wichtigsten Anklagepunkte: Mord,

Mordversuch, Anstiftung zum Mord, Betrug, Diebstahl, Urkundenfälschung.
Die beiden Hauptangeklagten Wilhelm Geuer und Gisela Kemperdick bekennen sich als nicht schuldig. »Die Vorwürfe gegen mich sind aus der Luft gegriffen!« ruft die Schwarzhaarige im rheinischen Dialekt.

Aber schon am zweiten Verhandlungstag gerät ihre Selbstsicherheit ins Wanken. Denn da sagt der Mitangeklagte Romolo Stoppini: »Sie machte den Vorschlag, Zylla zu liquidieren. Sie war die erste, die von Mord sprach.«
Er schildert, wie er von ihr und von Geuer unter Druck gesetzt wurde. Und wie er einen Killer suchte, weil er sich selbst »nicht schmutzig machen« wollte. Als der erste Mordplan in Freudenstadt nicht klappte, habe Geuer wütend gesagt: »Ihr seid Scheißer, kleine Kinder, Angsthasen! Jetzt nehme ich die Sache selbst in die Hand!«
Das sah nach den Worten Stoppinis so aus: »Am 19. August 1971 rief Geuer mich an. Er sagte mir: ›Zylla kommt. Meine Geduld ist am Ende. Es muß morgen passieren. Es ist der letzte Termin, sonst fliegen wir alle auf!‹ Wir besprachen die Tat in allen Einzelheiten. Geuer wollte fünfzigtausend Franken für den Mord zahlen. Am 20. August rief Geuer mich abermals an: ›Heute muß Zylla sterben!‹ Manser sollte Zylla in seinem Haus umbringen.«
VORSITZENDER: »Wurde auch von Alibis gesprochen?«
STOPPINI: »Ja. Geuer wollte seines durch einen Taxifahrer untermauern lassen. Die Kemperdick sollte zu einer Party gehen. Ich sollte in einer Bar eine Lokalrunde werfen, damit die Bedienung sich an mich erinnern würde.«

VORSITZENDER: »War in Ihrem Plan vorgesehen, daß Geuer zu dem Haus von Manser mitfuhr?«

STOPPINI: »Ja, denn er wollte jetzt den Tatablauf kontrollieren.«

VORSITZENDER: »Was geschah, nachdem Sie nun mit Zylla und Geuer von dessen Wohnung aus losgefahren waren?«

STOPPINI: »Ich habe Zylla bei Manser zur Haustür gebracht, geklingelt, hörte leise Musik, sah das rote Licht. Zylla ging rein – ich rannte weg, hörte einen unterdrückten Schrei ...«

In diesem Augenblick richten sich viele Blicke auf die beiden Töchter des Ermordeten, die an der Verhandlung teilnehmen. Sie ringen mühsam um ihre Beherrschung. Noch schlimmer aber wird es für sie, als der Angeklagte Manser vernommen wird.

VORSITZENDER: »Schildern Sie den Tatablauf.«

MANSER: »Herr Zylla ging an mir vorbei – fröhlich, ausgelassen. Er wollte was erleben. Er dachte wohl an Frauen. Dann habe ich ihn von hinten angefallen. Ich habe ihn mit einem Nylonstrumpf erdrosselt. Er schrie, sackte zusammen, war tot ...«

Zyllas Töchter weinen. Die Verteidiger blicken starr. Jedes Wort ist eine Trumpfkarte für den Staatsanwalt. Was wollen sie dagegen noch ausrichten?

VORSITZENDER: »Hatten Sie keine Gewissensbisse?«

MANSER, mit einem Blick auf Zyllas Töchter: »Ich wußte nicht, daß Zylla Kinder hatte. Es tut mir leid. Es ist nicht rückgängig zu machen, aber ich bereue es. Stoppini und Geuer sagten mir, Zylla wäre alleinstehend. Es würde kein Drama geben.«

Geuer und Gisela Kemperdick blicken bei diesen Worten unbewegt vor sich hin. Auch als Stoppini später sagt: »Geuer wollte, daß wir die Leiche mit Salzsäure übergießen. Dafür sollten wir zwanzigtausend

Franken extra bekommen.« Schließlich schildert Stoppini noch, daß Geuer alle am Mord Beteiligten auf eine Bibel schwören ließ: »Ich lege den heiligen Eid ab, daß nichts, aber auch gar nichts von Zylla über meine Lippen kommt.«

VORSITZENDER, an Geuer gewandt: »Sie haben die schweren Beschuldigungen Ihrer Mitangeklagten gehört. Was sagen Sie dazu?«

GEUER: »Stoppini lügt! Manser ebenfalls. Die Vorwürfe sind nicht berechtigt. Meine Unschuld wird sich erweisen.«

Ähnlich äußert sich auch Gisela Kemperdick, die in der zweijährigen Untersuchungshaft zwanzig Pfund abgenommen hat. Der große Schlag für sie kommt, als am dritten Verhandlungstag ihre Tochter in den Zeugenstand tritt.

Bis zum letzten Augenblick war ihr Erscheinen ungewiß. Sie selbst hatte zunächst gesagt, sie wolle vom Recht der Aussageverweigerung Gebrauch machen. In einem Schreiben an den Vorsitzenden erklärte sie: »Ich möchte meiner Mutter nicht mehr unter die Augen treten.« In diesem Fall wäre das Protokoll ihrer Aussage vor dem Untersuchungsrichter verlesen worden.

Doch nun ist sie plötzlich da. In der Nacht vor ihrer Aussage hat man sie unter Polizeischutz gestellt. Jede Störung, jede Überraschung im letzten Moment soll verhindert werden. Die Justizbehörden wissen: Das Auftreten der zierlichen, dunkelhaarigen Studentin wird den Prozeß entscheiden.

Nur kurz streift ihr Blick ihre Mutter auf der Anklagebank. Mit festen Schritten geht sie auf den Richtertisch zu. Ruhig macht sie die Angaben zur Person.

VORSITZENDER: »Sie haben vor dem Untersuchungsrichter eine Aussage gemacht, die Ihre Mutter schwer belastet. Wollen Sie die damalige Aussage aufrechterhalten?«

Stille im Saal. Die Spannung wächst. Prozeßbeobachter denken an den Fall Vera Brühne in München. Auch sie war von ihrer Tochter in der Voruntersuchung schwer belastet worden. Im Prozeß hatte die Brühne-Tochter jedoch widerrufen. Wird die Kemperdick-Tochter es ihr gleich tun? Wird auch sie so versuchen, die Mutter im letzten Moment zu retten? In einem Brief war Helga R. von ihrer Großmutter beschworen worden: »Du kannst immer noch sagen, Du hättest Deine Aussagen unter Druck gemacht. Schieb alles auf Wilhelm Geuer. Jedenfalls darfst Du Deine Mutter nicht belasten, auch wenn sie schuldig ist.«

Nur für einen Augenblick überlegt das blasse junge Mädchen, ehe es antwortet.

ZEUGIN: »Was ich damals gesagt habe, ist die Wahrheit!«

Ihre Mutter, kaum mehr als einen Meter von ihr entfernt, sinkt seufzend in sich zusammen. Die Tochter läßt sich davon nicht beirren. Ein Prozeßbeobachter schreibt über diese Szene, an der sich die junge Frau am Kreuzweg für die Wahrheit und damit gegen ihre eigene Mutter entscheidet: »Es ist das Ende eines luxuriösen Jungmädchenlebens. Es ist der Anfang eines Sichloslösens aus einem korrumpierten Milieu. Ob es nicht auch gleichzeitig der Anfang einer schweren Neurose ist, läßt sich nur vermuten.«

Die Studentin Helga bleibt auch im Kreuzverhör der Verteidiger unerschütterlich. Sie liefert die wichtigste Stütze für das Indiziengebäude des Staatsanwalts. Noch einmal bestätigt sie ihr Wissen um die Vorgänge vor und nach dem Mord an Zylla. Noch einmal schildert sie, wie ihre Mutter und Geuer darangingen, ihr armes

Opfer, das sie zunächst finanziell »ausgezogen« hatten, systematisch in den Tod zu treiben.
Da springt einer der Rechtsanwälte auf. Seine Stimme klingt erregt.
VERTEIDIGER: »Lieben Sie Ihre Mutter eigentlich?«
ZEUGIN: »Ich liebte sie.«

Nach dieser Aussage wirken die Versuche Wilhelm Geuers, seine Unschuld durch eine Taxifahrt zu beweisen, fast lächerlich. Zudem stellt sich noch heraus: Die Taxifahrt, für die er sich am Tattag ostentativ eine Quittung geben ließ, bezieht sich auf eine Fahrt, die er nicht am Abend des Mordes, sondern am späten Vormittag des 20. August 1971 unternahm. Mit dieser Quittung wollte er beweisen, daß sein eigenes Auto am Tattag nicht fahrtüchtig war. Er habe damit also gar nicht zu Mansers Haus fahren können. Auch die Gäste der Party, auf der er nach dem Mord verspätet erschien, sagen übereinstimmend aus, daß er erst gegen zweiundzwanzig Uhr ankam. Da habe er dann wie so oft, »den Clown gespielt«.
Danach ist es keine Überraschung mehr, daß Staatsanwalt Luciano Giudici in seinem Plädoyer für alle vier Angeklagten lebenslängliches Zuchthaus fordert.
Es sei erwiesen, so führt er aus, daß das Paar Geuer/Kemperdick die eigentlichen Urheber des Verbrechens seien. Sie seien »zwei Körper, eine Seele«. Sie hätten in perfekter Einheit operiert und seien selbst auf Gedeih und Verderb miteinander verbunden. Geuer sei ein »angeberischer Ehrgeizling«, der immer mit Hochstapelei und Betrügereien leicht zu Geld habe kommen wollen. Daher auch seine Rolle als »Großkanzler« des obskuren Malteser-Ordens. Gisela Kemperdick bezeichnet der Ankläger als eine egozentrische Erscheinung von »per-

verser Gefühllosigkeit«. Wie Geuer sei sie in die Kategorie der großformatigen Hochstapler einzureihen.
Egon Zylla sei ein geradezu ideales Opfer für das Paar gewesen. Es habe die Hörigkeit des einsamen Mannes zu Gisela Kemperdick kaltblütig ausgenutzt. Zylla habe den beiden die an ihm begangenen Vermögensdelikte, die der Schlüssel für die Ermordung an ihm seien, dadurch leicht gemacht, daß er aus Angst, seine Kinder könnten wegen seines Alkoholismus' und seines verschwenderischen Lebensstils seine Entmündigung erreichen, sein Vermögen habe verschwinden lassen wollen. Stoppini und Manser seien nur die Handlanger bei der Ausführung der Tat gewesen.

Die Verteidigung der beiden Hauptangeklagten hat es schwer. Ihr einziger Trumpf: daß Wilhelm Geuer und Gisela Kemperdick in jeder Phase der Voruntersuchung und des Prozesses eine Mitschuld an den Vermögensdelikten und dem Mord an Zylla bestritten haben. Das, so erläutert Anwalt Dr. Franco Ferrari, sei nicht ein Ausdruck für die überall plakatierte Durchtriebenheit des Paares, sondern die Wahrheit.
Das Paar auf der Anklagebank sei finanziell so gut gestellt, daß es nicht nötig gehabt habe, Zylla zu betrügen oder gar den Auftrag zum Mord zu geben. Zylla habe immer allem zugestimmt. Was Geuer für ihn getan habe, geschehe in der Schweiz täglich in den meisten Treuhand- und Anwaltsbüros. Für Dr. Ferrari steht fest: Der Mord ist alleine Romolo Stoppini zuzuschreiben. Nur er hatte ein Motiv. Als Zylla von ihm sein Geld samt Zinsen zurückverlangte und die Polizei wegen eines Diebstahls von Brillantringen hinzuziehen wollte, sei er in Panik geraten. Da habe er den Plan gefaßt, Zylla mit Hilfe Mansers

loszuwerden. Stoppini lügt, wenn er behaupte, Geuer habe ihn zum Mord erpreßt.

Hart ging der Verteidiger, der sein Plädoyer weniger auf Argumente für die Hauptangeklagten als auf Wegwischen der vielen Argumente gegen sie aufbaute, mit der Kemperdick-Tochter Helga R. ins Gericht. Ferrari versuchte, ihrer schwerwiegenden Aussage die Wirkung zu nehmen, indem er sie als gefühlsarm schildert, »nur auf sich selbst und auf ihr Prestige bedacht«. Sie habe letztlich nicht Zeugnis abgelegt, sondern sich a priori und mit größter Kälte zur Richterin ihrer Mutter gemacht, um ihren Freund aus besten Kreisen und damit den Anschluß an die Millionen der betreffenden Industriellenfamilie nicht zu verlieren. An diesem Punkt seiner Ausführungen gibt es Unmutsäußerungen im Publikum.

Kopfschütteln auch im Zuhörerraum, als Dr. Ferrari Freispruch für das Paar Geuer/Kemperdick in allen Punkten der Anklage fordert. »Für mich sind sie unschuldig«, ruft er. »Für alle können sie unschuldig sein – also müssen sie freigesprochen werden!«

Dann erhebt sich Ferraris Kollege Anwalt Pino Bernasconi und macht Front gegen ihn. Romolo Stoppini, so sagt er, sei nur »ein Hampelmann in den Händen von Geuer« gewesen. Er habe von Anfang bis heute in der Angst vor dem Deutschen gelebt, vor dessen Rache. Nur deshalb leitete dieser Unglücksrabe den Mordauftrag an Manser weiter. Nach seinem Geständnis vor der Polizei habe Stoppini das Essen verweigert, aus Furcht, Geuer könne ihn in der Untersuchungshaft vergiften lassen.

Bernasconis Antrag: Verurteilung Stoppinis wegen vorsätzlicher Tötung anstatt Mord und weitgehend Freispruch mangels Beweisen bei den Nebendelikten Diebstahl und Betrug.

Anwalt Gabriello Patocchi, der Verteidiger Wolfgang Mansers, versucht den Killer für die Geschworenen in ein Bild zu fassen, das seine düstere Tat in ein menschlich erhellenderes Licht stellt.
Als Manser als junger Mann zum erstenmal – auf Wunsch eines Freundes – in Basel gemordet hatte, habe man ihm schon verminderte Zurechnungsfähigkeit attestiert. Patocchi: »Man erkannte seine extreme Labilität, die herabgesetzte Hemmungsschwelle, die Unmöglichkeit für ihn – und damit seinen psychiatrischen Defekt – sein Verhalten in Übereinstimmung zu bringen mit der Einsicht über eine Sache und bestimmte Wertungen. Deshalb wurde auch nach der bedingten Entlassung im Jahr 1962 die ambulante psychiatrische Kontrolle empfohlen.« Er sei der schwere Psychopath geblieben, der er war, und mit dieser Verletzlichkeit sei er auch Stoppini begegnet. Das Ansinnen, jemanden aus dem Weg zu räumen, wiederholte sich. Eine geradezu beängstigende Parallele, der er abermals mit seinem Defekt ausgeliefert war.
Patocchis Antrag: Verurteilung nur wegen vorsätzlicher Tötung im Zustand der verminderten Zurechnungsfähigkeit anstelle des Mordes im Sinne der Anklage.

Am Morgen des 4. Dezember 1973 ziehen sich die fünf Geschworenen und drei Richter kurz nach acht Uhr zur Beratung zurück. Sie dauert zehn Stunden. Um achtzehn Uhr fünfzehn kehrt das Schwurgericht zurück. Vorsitzender Gastone Luvini verliest das Urteil: Alle vier Angeklagten werden schuldig gesprochen. Aber nur Willi Geuer erhält lebenslänglich. Dazu der Vorsitzende: »Der Funke für den Mordplan zündete in Geuers Kopf.«
Seine Geliebte Gisela Kemperdick, Romolo Stoppini und Wolfgang

Manser werden für jeweils achtzehn Jahre ins Zuchthaus geschickt. Manser muß nach der Strafverbüßung in eine Heilanstalt.
Das Publikum klatscht anhaltend Beifall. Ein Zeuge: »Es war wie bei einem Symphonie-Konzert.« Der zierliche Vorsitzende, der das Verfahren mit den weitausholenden Gesten und der Grazie eines Konzertdirigenten geleitet hat, rügt den Applaus als »unwürdiges Verhalten«.
In der Urteilsbegründung weist er darauf hin, daß alle Zeugenaussagen, auch die der Kemperdick-Tochter, nicht ausschlaggebend für die Verurteilung gewesen seien. Die Schuldüberzeugung der Geschworenen und der Richter gründe sich vielmehr darauf, daß Geuer den Hamburger Autohändler regelrecht ausplünderte. Er sei die treibende Kraft zu dem Verbrechen gewesen und habe den anderen seinen Willen aufgezwängt.
Gisela Kemperdick weint, als sie den Schuldspruch gehört hat. Ist sie erleichtert, daß sie so viel besser als ihr Geliebter davongekommen ist? Am 13. Juli 1974 trifft auch sie die volle Härte des Gesetzes: Der Tessiner Kassationshof, vor dem die Einsprüche der Verteidigung und des Staatsanwalts gegen die Urteile verhandelt werden, wandelt ihre Strafe von achtzehn Jahren in lebenslängliches Zuchthaus um. Gisela Kemperdick, so entscheiden die Richter, sei beim Mord an Zylla nicht nur Gehilfin, sondern Mittäterin gewesen.
Im Juli 1982 weist ein Tessiner Berufungsgericht das Gesuch Wilhelm Geuers und Gisela Kemperdicks um Wiederaufnahme des Verfahrens zurück.
Wolfgang Manser, der Mann, der Egon Zylla tötete, ist zu dieser Zeit nicht mehr in Haft. Von einem Urlaub auf Ehrenwort aus der Strafanstalt Bostadel bei Zug im April 1981 kehrte er nicht zurück.

Der Fall Martha Beck und Raymond Fernandez

Spätes Glück – früher Tod

Wie so oft steht die ältliche Mrs. Janet Fay am Fenster ihres Appartements und blickt hinab auf die Straße. Geschäftsschluß. An diesem späten Nachmittag vor Silvester beeilen sich die Menschen, nach Hause zu kommen. Ein vielköpfiger Strom zu Füßen der Frau am Fenster. Dazu Autokolonnen und das übliche Hupkonzert.

Plötzlich klopft Janet Fays Herz schneller. Sie sieht den Mann im dunkelblauen Wintermantel, der sich gerade aus der Masse der Passanten gelöst hat. Er bleibt auf der Seite gegenüber stehen, mustert das Haus, in dem sie wohnt.

Verwirrt tritt sie ins Halbdunkel des Zimmers zurück. Dann läuft sie zum Spiegel. Sie fährt mit der Hand über das sorgfältig ondulierte graue Haar, zieht sich nervös ihr Kleid zurecht. Lauschend bleibt sie an ihrem Platz stehen.

Es dauert genau zwei Minuten.

Dann hört sie die Schritte im Treppenhaus. Langsam kommen sie zu ihr hoch. Schließlich verstummen sie. Es schellt.

Janet Fay löst sich aus ihrer starren Haltung, öffnet. Draußen steht der Mann im dunkelblauen Wintermantel. Er verneigt sich leicht, überreicht ihr eine Zellophanschachtel mit Orchideen.

»Mein Gott … für mich?« fragt sie verwirrt.

Der Mann nickt, lächelt. »Rosen schienen mir noch verfrüht.«

»Aber bitte, kommen Sie doch herein, Mister –«
»Charles Martin«, sagt der Mann, während er an ihr vorbei in die Diele tritt. »Aber bleiben wir doch einfach bei Charles. Einverstanden?«
»Ja, natürlich. Wenn Sie wollen.«

Sie mustert ihn schnell, während er den Mantel auszieht. Er ist etwas zierlicher, als sie sich ihn vorgestellt hat. Aber ebenso flott und attraktiv wie auf dem Foto, das ihr der »Club der einsamen Herzen« geschickt hat. Dunkle Haut, tiefliegende braune Augen, volles, schwarzes Haar. Ein Frauentyp. Vielleicht eine Idee zu auffällig gekleidet mit seinem gelben Hemd und der grellen Krawatte.
Nachdem sie ihn taxiert hat, fragt der Mann: »Nun, sehr enttäuscht?«
»Nein, nein – und Sie?«
Er hört den bangen Unterton, sieht ihre erwartungsvollen Augen. Eine Frau, die lange gewartet hat. Sie ist ziemlich dick, ohne Andeutung von Taille. Der stark geschminkte Mund ist ein leuchtender Fleck in ihrem ernsten Gesicht mit den Fettpolstern an Kinn und Wangen. Die dicke Puderschicht kann ihre Runzeln nicht vertuschen.
»Auch ich bin überrascht ... angenehm«, erwidert er rasch.
»Wirklich?«
»Wirklich! Höchst angenehm!«
Die Worte kommen ihm glatt und routiniert von den Lippen. Die ältliche Mrs. Fay bemerkt es nicht. Sie bittet ihn in den Wohnraum, bietet ihm Platz auf einem weichen Diwan an. Mit einem Blick registriert er, daß das Zimmer teuer eingerichtet ist. Sehr teuer.
»Tee, Kaffee?«
Er entscheidet sich für Kaffee, und als sie mit der dampfenden Kanne aus der Küche kommt, sagt er seufzend: »Um ehrlich zu sein: Schon

nach Ihrem ersten Brief wußte ich, daß Gott Sie mir über den Weg geschickt hat, Janet.«
Er hebt eine Braue. »Ich darf doch Janet sagen?«
Sie nickt verlegen. »Bitte.«
Ruhig nimmt er Sahne und Zucker und rührt um. »Sie wissen – ich suche eine Frau«, sagt er. »Sie ahnen nicht, wie schwer es ist, die Richtige zu finden. Die meisten sind mir zu oberflächlich. Oder sehen nur aufs Geld. Oder sind ganz einfach häßlich. Sie dagegen, Janet –«
Er hält mit dem Umrühren inne, blickt sie fest an.
»Aus Ihren Briefen weiß ich, daß Sie ebenso tief religiös empfinden wie ich. Dazu Ihr apartes, jugendliches Aussehen.« Wieder seufzt er auf. »Ich habe das Gefühl, endlich am Ziel zu sein! Das heißt: Wenn auch ich Ihnen gefalle ...«
Charles bleibt eine Stunde. Sie sprechen viel von Gott und noch mehr über sich selbst. Als sie ihm schließlich erzählt, daß sich überraschend Verwandte zu der Silvesterfeier angesagt haben, zu der sie ihn eingeladen hat, steht er unvermittelt auf.
»Dann gehe ich lieber. Nein, nein – an Silvester stört ein Fremder nur! Und wir sind uns ja noch fremd. Wir sehen uns morgen wieder, wenn es Ihnen recht ist.«
»Ja, natürlich.«

Er verläßt das Haus und schlägt den Weg zu einem Hotel in der Nähe ein. Dort wartet in einem Zimmer eine andere Frau auf ihn. Sie ist noch dicker als die dralle Mrs. Fay. So dick, daß sie kaum durch eine normale Tür paßt. Als sie den Mann in ihre fleischigen Arme nimmt, um ihn leidenschaftlich zu küssen, verschwindet er fast darin.
»Nun?« fragt sie dann gespannt. »Wie klappt es?«

Zufrieden erwidert er: »Wie am Schnürchen, Martha – die Dame brennt lichterloh!«

Janet Fays sehnlichster Wunsch an das neue Jahr ist, daß es sie aus der Einsamkeit ihres sechsundsechzig Jahre alten Lebens erlösen soll. Am Neujahrsmorgen betet sie in der Katholischen Kirche von Albany darum. In diesem Moment ahnt sie nicht, daß ihr Wunsch binnen fünf Tagen erfüllt werden soll – ganz anders allerdings, als sie es sich vorstellt.
Die Farbe des Himmels erscheint ihr an diesem Morgen frischer. Der Anstrich der Häuser freundlicher. Alle Menschen lächeln. Und sie fragt sich, ob sie oder die Welt sich verändert hat.

Seit vierzehn Jahren ist sie Witwe. Ihre Stieftochter lebt in einer anderen Stadt, ihr Sohn ist im Zweiten Weltkrieg gefallen. Sie hatte lange nicht den Mut, es mit einer zweiten Ehe zu versuchen. Zuerst fühlte sie sich zu unsicher, später zu alt dazu. Bis ihr eines Tages ein bunter Prospekt ins Haus flatterte. Mit der Frage: »Warum noch länger einsam sein?« Mit Bildern und begeisterten Berichten von Frauen, die nicht jünger waren als sie und die dennoch ein neues Eheglück gefunden hatten. Durch »Mutter Dinene's freundlichem Club für einsame Herzen«. Sie hatte den Anmeldeschein ausgefüllt und abgeschickt. Ohne große Hoffnung. Dann kamen die Briefe. Von neunzehn Männern. Drei zog sie in die engere Wahl. Und schon der zweite Mann, den sie zu sich einlud, gefiel ihr auf den ersten Blick – dieser Charles Martin. Sie schätzt ihn auf Ende Dreißig. Sie selbst hat sich ihm gegenüber als »Mittvierzigerin« ausgegeben und sich damit um zwanzig Jahre jünger gemacht. Immerhin ein Vierteljahrhundert, das zwischen ihnen liegt. Aber darüber macht sie sich jetzt keine Gedanken.

Janet Fay legt den täglichen Weg von der Kirche zu ihrem Appartement schneller als sonst zurück. Sie fühlt sich jünger, beschwingter, gelöster. Und mit einemmal weiß sie, daß die strahlende Welt ringsum das Spiegelbild ihres eigenen Lächelns ist. Charles Martin kommt kurz vor zwölf. Drei Stunden früher als verabredet. Er ist nicht allein. Neben ihm steht eine Frau im Dunkel des Treppenhauses. Eine ungewöhnlich dicke Frau. »Meine Schwester Martha«, stellt er vor.

Er spricht hastig, wirkt nervös und aufgeregt. Im Wohnzimmer geht er unruhig auf und ab. Dann platzt er heraus: »Eine dumme Geschichte, Janet. Man hat mir die Brieftasche gestohlen! Im Hotel. Uns bleibt leider keine andere Wahl: Wir müssen abreisen.«

Seine dicke Schwester nickt bekümmert. »Ich verstehe nicht, wie es passieren konnte. Nur für kurze Zeit war die Zimmertür nicht abgeschlossen.« Ein Seufzer entringt sich ihrer gewaltigen Brust. »Es gibt eben keine ehrlichen Menschen mehr.«

»Wie wahr!« entgegnet Mrs. Fay und ereifert sich: »Sie glauben nicht an den Herrn und ersticken in Unmoral und Sünde.« Sie sieht, daß ihre beiden Besucher immer noch stehen und bittet sie, Platz zu nehmen.

»Vielen Dank«, sagt Charles Martin. »Aber wir müssen gleich weiter. Wir haben die Koffer schon unten im Wagen und wollen versuchen, bis zum Abend zu Hause zu sein. Wenn wir es ohne Geld überhaupt so weit schaffen.«

Janet Fay schwankt ein wenig. Soll ihr Traum vom neuen Glück zerrinnen, noch ehe er begonnen hat? Soll sie die Verliererin bei einem gemeinen Diebstahl sein? Nein, denkt sie und findet rasch einen Ausweg.

»Warum denn gleich abfahren?« fragt sie. »Mit Geld kann ich Ihnen aushelfen, Charles. Und wenn Sie wollen, können Sie mit Ihrer Schwester bei mir wohnen – wenn es Ihnen hier nicht zu eng ist.«
Martin zögert. Ein kurzer, erleichterter Blick zu seiner Schwester. Dann stimmt er zu. »Sie sind zu reizend, Janet – natürlich bleiben wir gern!« Er sieht sie tief aus seinen dunklen Augen an. »Ich habe ja noch so viel mit Ihnen zu besprechen.«

Zwei Tage und zwei Nächte verbringen sie zu dritt in Janets Appartement. Martin schläft auf dem Diwan, seine dicke Schwester teilt mit der Gastgeberin das Bett. Tagsüber kreist das Gespräch um Heirat. Janet und Charles werden sich schließlich einig: Schon bald soll Hochzeit sein. Janet soll schon jetzt zu ihm nach Long Island übersiedeln und ihre Wohnung auflösen.
Am dritten Tag macht Mrs. Fay in Begleitung Marthas die Runde bei verschiedenen Banken. Sie holt ihren Schmuck aus dem Tresor, hebt Geld ab. Zweitausend Dollar in bar, dreitausendfünfhundert Dollar in Schecks. Am vierten Tag drängen Charles und seine Schwester zum Aufbruch. Sie verstauen Mrs. Fays Habseligkeiten in Kisten und Koffern. Die Kisten lassen sie von einer Transportfirma abholen. Die Koffer schaffen sie in ihren schneeweißen Cadillac. Am fünften Tag fahren sie zusammen ab.
»In unser neues Heim!« sagt Charles und lächelt dabei.
Bewegt drückt Janet seine Hand, als sie Abschied von ihrer Straße nimmt. Der Blick aus dem Rückfenster des Cadillacs ist durch ihre hoch aufgetürmten Koffer verstellt.
Abends sind sie da. Der Wagen hält vor einem sauberen Haus: Adeline Street 15 in Valley Stream. Nachdem Janet die geschmackvoll ein-

gerichtete Zwei-Zimmer-Wohnung inspiziert hat, erklärt die dicke Martha: »Und nun zaubere ich uns ein Braut-Menü!«
»Soll ich helfen?« fragt Janet beflissen.
»Nein, nein«, wehrt Martha lachend ab. »Als Braut sollst du es noch einmal gut haben – die Ehe wird fürchterlich.«
Mrs. Fay setzt sich in einen Sessel, sinkt tief in die Daunenkissen ein. Sie beginnt zu träumen. Dann stößt sie einen glücklichen Seufzer aus. »Meine Verwandten werden staunen, wie schnell alles gegangen ist.«
»Und meine erst!« sagt aufgeräumt Charles, der mit verschmitzter Miene ins Zimmer getreten ist.
Er legt drei weiße Briefbogen vor ihr auf den Tisch. Sie sind leer, bis auf das Wort »Überraschung«, das er ganz oben auf jeden Bogen geschrieben hat. Lächelnd reicht er ihr einen Füllfederhalter.
»Schreib bitte unten deinen Namen hin, Liebling!«
»Wozu?«
Sein Lächeln verstärkt sich. »Das sind unsere Heiratsanzeigen – eine Überraschung für meine besten Freunde!«
Arglos setzt sie ihren Namen auf die weißen Blätter – und unterschreibt damit ihr eigenes Todesurteil.

Elf Tage später.
Leise und sanft surrt der weiße Cadillac durch die Dunkelheit. Vier Uhr früh. Es regnet. New York ist ruhig geworden. Die Stunde, in der die Weltstadt schläft. Auf dem Broadway sind die grellbunten Lichtkaskaden erloschen. Die Straßen liegen trostlos leer. Sie gehören den leichten Mädchen und den Betrunkenen, heimwärtseilenden Barkeepern und müden Musikern. Und den Polizeipatrouillen, die über den Schlaf der Metropole am Hudson wachen.

Es war eine ruhige Nacht für sie. Weit unter dem »Soll« an Gewalttätigkeit, das hier in diesen Tagen alle vierundzwanzig Stunden mit einem Mord, drei Vergewaltigungen, zehn Dutzend Einbrüchen und sechsundzwanzig Überfällen zu Buch schlägt. Nur wenige der Beamten hatten sich in den vergangenen Stunden mit den grimmigen Fakten dieser Statistik herumschlagen müssen. Die Polizisten warten auf die Helligkeit und auf die Ablösung. Sie ahnen nichts von der schaurigen Fracht, die in dem Cadillac durch die Stadt rollt.

Charles Martin fährt vorsichtig. Er meidet alle größeren Kreuzungen und benutzt nur die engen, schmalen Wohnstraßen. Er hält abwechselnd das nasse Pflaster vor sich und den Rückspiegel im Auge, in denen sich nur selten die hellen Lichtpaare von Autoscheinwerfern schwingen. Die Sicht nach hinten ist ihm halb verdeckt, durch einen Schrankkoffer, der aus dem Heck des Wagens ragt.

»Wie lange noch?« fragt unruhig die dicke Martha neben ihm. Mit gestrafften Wangenmuskeln lauscht er dem heulenden Ton einer Polizeisirene. Das Geräusch verebbt, und seine Miene entspannt sich. »Ein paar Minuten«, sagt er dann.

Kurze Zeit später macht der Wagen eine scharfe Wendung nach links in eine schwach erleuchtete Straße. Vor einem einzelstehenden Backsteinhaus bremst der Mann langsam.

»Und wenn deine Schwester mißtrauisch wird?« fragt Martha, als er aussteigt.

Er winkt ab. »Ach was. Laß mich nur machen.«

Er verschwindet in dem Haus, und es dauert zehn Minuten, bis er zurückkommt. An seiner Seite eine dunkelhaarige Frau im bunten Morgenmantel. Sie trägt Lockenwickler. Man sieht ihr an, daß man sie mitten aus dem Schlaf gerissen hat.

»In Ordnung«, sagt Martin zu der Dicken. »Wir können den Koffer bei Lena unterstellen.«
Zu dritt heben sie den Schrankkoffer aus dem Kofferraum, tragen ihn in den Hausflur.
»Ziemlich schwer für Wäsche«, sagt außer Atem die Frau mit den Lockenwicklern.
Der Mann, der sich Charles Martin nennt, versucht ein Lächeln. »Der Koffer ist nicht besonders schwer – wir sind nur müde!« Er richtet sich auf, reibt sich die rechte Hand. »Wir hätten dich nicht belästigt, Lena – aber das Theater mit dem Wagen. Keine fünf Kilometer mehr, und die Achse ist völlig hin.«
Ächzend bugsieren sie dann den Koffer über die Stufen in den Keller.
»Es ist feucht hier, die Sachen könnten modern«, sagt Lena. »Wir sollten sie besser auspacken.«
Ihr Bruder schüttelt hastig den Kopf. »Nein, nein. In zwei, drei Tagen bist du das Ding wieder los. Ich bringe den Wagen sofort zur Reparatur.«
Statt in eine Werkstatt fährt er aber mit Martha zu einem Maklerbüro. Der Inhaber, ein beweglicher, kleiner Mann mit weißem Haarkranz über den Ohren, empfängt sie in einem Raum, in dem Grundrißskizzen wie Gemälde an den Wänden hängen.
»Wir suchen ein ruhiges kleines Haus«, sagt Martha. »Ein wenig abseits, mit einem Keller.«
»Hm. Für einen bestimmten Zweck?«
»Mein Mann ist Forscher. Er muß experimentieren.«
»Hm. Mieten Sie für länger?«
»Nein, nur für zwei Monate.«
Der Makler gibt ihnen drei Adressen. Schon das erste Haus sagt ihnen

zu. Ein kleiner Bungalow in Queens, in der Nähe von Martins Schwester, aber weit weg vom nächsten Nachbarn. Noch am selben Tag ziehen sie ein. Mit ein paar Möbeln und mit dem Schrankkoffer, den sie in ein leeres Zimmer stellen.

Sie sind ruhige Mieter – bis auf die seltsamen Geräusche, die nachts aus dem Keller dringen. Im grellen Licht einer nackten Birne gräbt Charles Martin mit Hacke und Schaufel ein Loch in den Zementboden. Ein tiefes Loch. Als es fertig ist, gehen sie nach oben und packen den Koffer aus. Die tote Mrs. Fay kommt zum Vorschein. Die kalte, leblose Hand der Leiche berührt ihn. Da verliert der Mann die Beherrschung. Er taumelt. Sein Magen dreht sich, sein Gesicht wird grün. Wankend verläßt er das Zimmer.

»Waschlappen!« sagt Martha verächtlich.

Wieder muß sie alles allein machen. Wie vor elf Tagen, als sie in ihrer Wohnung in Valley Stream die alte Witwe getötet hatte. Mitten in der Nacht. Mit einem Hammer.

Der Mann hatte sie dazu gebracht. Dann war er mit unterdrücktem Aufstöhnen zusammengesackt, als er das Blut sah. Bei ihr hatte diese Konfrontation mit der schauerlichen Konsequenz, der Endgültigkeit ihres Verbrechens, das Gegenteil bewirkt. Ungeahnte neue Kräfte waren in ihr aufgebrochen.

Sie befähigten sie, für ihn mitzudenken und mitzuhandeln. Sie helfen ihr auch jetzt, die letzten Spuren zu tilgen. Alleine trägt Martha die Leiche in den Keller, legt sie in das Loch, schaufelt es zu.

Dann erst kommt Charles, mit einigen Säcken Zement. Er hat sich inzwischen beruhigt, arbeitet langsam und sorgfältig. Zwei Stunden später ist der Kellerboden wieder glatt. Die Frau, die er aus ihrer Einsamkeit erlösen sollte, ist von der Bildfläche verschwunden. Für immer, denkt er. Tote reden ja nicht.

Ein Brief verleiht der ermordeten Mrs. Fay wenige Tage später Sprache und Stimme. Die Frau, die ihn auf das Polizeirevier in Albany bringt, ist Ende Dreißig, überaus schlank und sichtlich nervös. Ein wenig hilflos fragt sie sich zur Kriminalabteilung im ersten Stock durch. Dort sitzt sie schließlich dem Polizeidetektiv King gegenüber. Unruhig rutscht sie auf dem Stuhl hin und her.
»Meine Stiefmutter ... sie ist verschwunden«, beginnt sie. »Sie wollte heiraten. Sie ging mit dem Mann.«
King lächelt. »Soll vorkommen.«
»Er war weitaus jünger als sie – mindestens zwanzig Jahre.«
»Soll auch vorkommen.«
»Das ist noch nicht alles.« Mary Spencer klappt ihre Handtasche auf. Sie holt einen Umschlag heraus, schiebt ihn dem Detektiv über den Schreibtisch zu. »Gestern bekam ich diesen Brief.«
King nimmt ihn auf, liest:

»Dear Mary.
Ich bin so aufgeregt und habe die schönste Zeit meines Lebens. Nie zuvor war ich so glücklich. Ich werde bald Frau Martin sein und nach Florida ziehen.
Mary, ich möchte Dich um einen großen Gefallen bitten. Veranlasse bei der American-Express-Company, daß sie mir die zwei Kisten mit meinen Sachen an die Adresse schickt, die Du auf den beiliegenden Klebezetteln findest.
Ich bin so überglücklich, denn Charly ist so gut und lieb zu mir. Auch

seine Familie hat alles getan, damit ich mich bei ihnen wohl und zu Hause fühle.

Ich will nun mit den besten Wünschen für Dich, Deinen Mann und die Kinder schließen. Viele, viele Küsse. Ich vermisse euch sehr, aber ich bin sicher, daß meine Gebete gehört worden sind, denn wer sonst als der liebe Gott hat mir diesen wunderbaren Mann geschickt.

Gott segne euch alle,
Janet J. Fay.«

Der Detektiv hebt den Kopf, blickt seine Besucherin an. »Wo ist da der Haken?«

»Es sind gleich zwei«, sagt Mary Spencer. »Der Brief ist mit der Maschine getippt – bisher schrieb Mutter immer mit der Hand.«

»Kann sie überhaupt maschineschreiben?«

»Das ist es ja eben – nein! Und zweitens würde sie einen Brief an mich niemals so förmlich, mit vollem Namen unterschreiben.«

»Hm.« King blickt plötzlich nachdenklich. »Ihrer Meinung nach stammt der Brief also nicht von Ihrer Mutter?«

»Richtig.«

»Von wem sonst?«

»Ich weiß nicht. Vielleicht von diesem Charles Martin. Irgend etwas steckt jedenfalls dahinter.«

»Was vermuten Sie?«

Sie runzelt die Stirn, hebt hilflos die Schultern.

»Mutter sah ihn Silvester zum erstenmal. Vier Tage später fuhr sie zusammen mit ihm weg. Mit ihm und einer entsetzlich dicken Frau, wie mir die Nachbarn erzählten. Und vorher holte sie ihr ganzes Geld von der Bank: sechstausend Dollar.«

King mustert den Brief in seiner Hand genauer. Da entdeckt er etwas,

was sein Mißtrauen weckt: Am Kopf des Bogens ist eine Stelle säuberlich radiert. Es sieht so aus, als sei ein Wort oder eine Notiz sorgfältig entfernt worden. Das kann gar nichts bedeuten – vielleicht aber ist es der dritte Haken.

»Schrieb Ihre Stiefmutter auf Heiratsanzeigen?« fragt er weiter. Sie nickt, und er pfeift leise durch die Zähne. »Haben Sie den Mann gesehen? Würden Sie ihn wiedererkennen?«

»Ich glaube, ja. Sie zeigte mir ein Foto.«

»Warten Sie bitte!«

Ihr Gegenüber steht auf, verläßt den Raum. Nach einigen Minuten kehrt er mit einem Stapel grüner Aktenordner unter dem Arm zurück. Er legt sie vor der Frau auf den Tisch.

»Unsere Fahndungslisten«, sagt er. »Blättern Sie mal darin herum. Vielleicht haben wir Glück, und Sie finden den Vogel.«

Mary Spencer macht sich ohne große Hoffnung an die Arbeit. Unangenehme Gesichter starren sie an. Gesichter von Mördern, Räubern, Dieben und Erpressern. Die Außenseiter unser Gesellschaft auf Glanzpapier. Am Ende des dritten Bandes hält sie plötzlich mit dem Umblättern inne.

»Hier ist er!«

Aufgeregt tippt sie auf das Foto eines Mannes mit schmalem Gesicht, leicht schräg zueinander liegenden Augen, dichten, schwarzen Brauen, kräftigem Kinn und vollen Lippen.

»Sind Sie sicher?«

»Absolut!«

King nimmt das Bild hoch, liest den Fahnungstext.

»Ihr Charles Martin heißt in Wirklichkeit Raymond Fernandez«, sagt er dann. »Ein Meter fünfundsiebzig groß, hundertfünfundfünfzig Pfund schwer, vierunddreißig Jahre alt, geboren in Hawaii. Vorbestraft. Gesucht wegen Heiratsschwindel. Er verspricht Frauen die Ehe, stellt von ihrem Geld ›Fonds für Flitterwochen‹ sicher – und verschwindet dann damit über Nacht. Einmal stand er unter Mordverdacht.«

»Mein Gott!« flüstert entsetzt Mary Spencer. »Was werden Sie tun?«

»Wir werden die Adresse überprüfen, die wir von Raymond Fernandez haben. Hoffentlich stimmt sie noch. Wenn wir den Vogel fangen, wissen wir auch, wo Ihre Stiefmutter steckt.«

Die Frau ist kaum draußen, als King sich das Telefon angelt und seine Kollegen in Valley Stream anruft. Zwei von ihnen machen sich sofort auf den Weg zu der Zwei-Zimmer-Wohnung in der Adeline Street 15. Sie finden sie verlassen. Vom Hausmeister lassen sie die Tür öffnen.

»Haben Sie einen Haussuchungsbefehl?« fragt der Mann dann vorsichtig.

Da ist der eine Detektiv schon im ersten Zimmer, und der zweite sagt: »Wir wollen uns nur ein bißchen umsehen.«

Die Beamten finden den Schrankkoffer – mit Spuren von Blut. Raymond Fernandez alias »Charles Martin« und Martha hatten ihn in ihre Wohnung zurückgeschafft, nachdem sie die Tote in dem kleinen Bungalow in Queens begraben hatten. Sie hatten ihn ausgewaschen, doch nicht gründlich genug. Weitere Blutspuren entdecken die Beamten an einem Heizkörper, auf einem Stuhlüberzug und auf dem Boden des Korridors. Hinweise darauf, daß hier ein furchtbares Verbrechen begangen wurde. Das Opfer ist vermutlich die vermißte Mrs. Fay.

Das FBI schaltete sich ein. Die Suche nach der Leiche beginnt – und die Jagd nach dem Mörder.

Gefahndet wird nach Raymond Fernandez, der sich »Charles Martin« nennt und von einer ungewöhnlich dicken Frau begleitet wird. Sie steht noch in keiner Polizeikartei. Man weiß von ihr nur, daß sie Martha heißt.

Vorerst aber streift das Netz der Fahndung an ihnen vorbei. Ihr weißer Cadillac gleitet mit sanft brummendem Motor durchs Land. Nach Byron Center, einem Vorort von Grand Rapids im Staat Michigan. Zu einem anderen »einsamen Herzen« – das auf das Leben wartet, während der Tod Kilometer um Kilometer näherkommt.

Das Lokal ist um diese Zeit nur halb besetzt. Gedämpfte Beleuchtung, eine leicht geschwungene Bar, Tische, Nischen an den Wänden, in der Mitte ein kleines Tanzparkett. Aus einer Ecke funkeln die Lichter einer Musikbox. Drei Paare drehen sich im Rhythmus der Melodie. Langsam und innig.

»Sie tanzen gut«, sagt Mrs. Delphine Downing.

Ihr Partner, der sie mit fester Hand führt, lächelt geschmeichelt.

»Finden Sie?«

Die Frau nickt. »Ich habe lange nicht mehr getanzt.« Ihre Stimme zittert etwas. »Zuletzt mit meinem Mann – bevor ...«

Sie verstummt, und Raymond Fernandez spürt, wie sich ihre Finger in seine Schultern pressen.

Sie ist Anfang vierzig, brünett und schlank. Das Gesicht schmal, mit kurzer Nase und vollem Mund. Auffallend der ernste, schwermütige Ausdruck ihrer Augen.

Ihre Gedanken scheinen zurückzuwandern. Zu einer Zeit in ihrem Leben, da sie mit einem anderen glücklich war. Das Schicksal wollte es anders. Ihr Mann starb bei einem Unglücksfall, und alles schien zu Ende. Sie blickt ihn wieder an.

»Wir hätten uns auch in meiner Wohnung treffen können, Mister Martin. Aber ich dachte ... das erste Mal. Die vielen Erinnerungen ...«
»Ich verstehe«, sagt er verständnisvoll.
»Lange habe ich mich vor den Menschen versteckt. Aber auf einmal konnte ich nicht mehr. Ich wandte mich an den Club, erhielt Ihre Adresse – und ich schämte mich, als ich Ihnen geschrieben hatte.«
Nach der nächsten Drehung fragt er dicht an ihrem Ohr: »Tut es Ihnen leid?«
Sie hebt ihre Lider zu ihm empor, mustert ihn voll. Sie sieht sein Lächeln, seine weißen Zähne, die zu seinem schwarzen, leicht gewellten Haar kontrastieren. Verlegen schüttelt sie dann den Kopf.
»Nein.«
Der Automat wechselt zu einem lauten, schwungvollen Rhythmus. Er bleibt stehen, löst seine Hand von ihrer Hüfte. Sie sagt: »Ich glaube, wir müssen zu Ihrer Schwester zurück.«
An ihrem Tisch wartet die dicke Martha mit gemütlichem Lächeln. Und es warten die Drinks. Martha hebt ihr Glas, prostet den beiden plump-vertraulich zu: »Auf euer Wohl, Kinder ...«

Noch häufig pendeln sie an diesem Abend zwischen Tisch und Tanzparkett. Als sie genug von sich gesprochen hat, erzählt er von sich. Die alte Platte, die alten Lügen. Mühelos gibt er seinen Worten Überzeugungskraft, als er auch Delphine, wie schon so vielen vor ihr, eingesteht, bei ihr endlich am Ziel eines »langen, langen Suchens« zu sein.
»Und Rainelle ... sie stört Sie nicht?« fragt sie vorsichtig.
Rainelle ist ihre zwanzig Monate alte Tochter, für die sie einen »guten Vater« sucht.
»Im Gegenteil – ich liebe Kinder.« Er drückt sie fester an sich, ehe er

fortfährt: »Kein Kind sollte ohne Geschwister aufwachsen. Meinen Sie ... meinst du nicht auch?«
Verschämt senkt sie den Blick. Eine feine Röte färbt ihre Züge. »Ja«, sagt sie still.

Vor Gericht wird Raymond Fernandez sich später damit brüsten, in einem Jahr über hundert heiratslustige Frauen verführt zu haben. Meistens schon in der ersten Nacht nach dem Kennenlernen. Bei Delphine Downing dauert es etwas länger. Das liegt nicht so sehr an ihrem anfänglichen Widerstand, sondern vor allem an Martha, die argwöhnisch darüber wacht, daß Raymond der attraktiven Witwe nicht zu nahetritt. Denn sie, die angebliche »Schwester«, ist in Wirklichkeit seine Geliebte.
Auch Martha Beck lernte Raymond über den »Club der einsamen Herzen« kennen. Auch sie erlag schnell seinem Charme. Es war der erste Mann, der sich nicht an ihrer ungewöhnlichen Leibesfülle stieß, an ihrem Zweihundertsiebzig-Pfund-Gewicht. Der erste, der sie als Frau für voll nahm.
Psychologen, die später ihre Seele ausleuchten, werden hier den ersten Ansatzpunkt für ihr Abgleiten ins Verbrechen finden.
Bis dahin fühlte sie sich von der menschlichen Gesellschaft ausgeschlossen. Statt auf Mitgefühl war sie nur auf Hohn und Ablehnung gestoßen. Eine Aussätzige hätte nicht einsamer sein können. Nur zwei Männer interessierten sich für sie. Sie flüchteten aber, als sie Mutter wurde. Einer unternahm daraufhin sogar einen Selbstmordversuch.
Die Liebesbegegnung mit dem erfahrenen Fernandez eröffnete ihr eine neue Welt. In ihren Augen war er ihrem Filmschwarm Charles Boyer ziemlich ähnlich. Daß sein volles schwarzes Haar nur ein

Toupet war, konnte sie nicht wissen. Sie glaubte sich wiedergeliebt – so heiß und innig, wie sie selbst liebte. Als seine Gefühle für sie erkalteten, versuchte sie, sich das Leben zu nehmen. Um ihn wieder an sich zu fesseln, tat sie dann alles für ihn – wirklich alles. Sie gab ihre beiden Kinder, denen sie bis dahin eine zärtliche, aufopfernde Mutter war, zu Verwandten und brach alle Brücken hinter sich ab. Raymond füllte so sehr ihr Leben aus, daß es darin keinen Platz für andere mehr gab. Sie konnte nicht mehr von ihm lassen. Auch nicht, als sie erfuhr, daß es sein »Geschäft« war, einsame Frauen zu berauben. Sie wurde seine Komplizin, reiste mit ihm von Stadt zu Stadt, von Opfer zu Opfer. Für ihn ein willkommenes Werkzeug, das in blinder Hörigkeit jede Arbeit verrichtete, die er verlangte – ja, das selbst mordete, wenn er es wollte. Und noch etwas anderes wird ein Licht auf die Motive ihres Handelns werfen: Marthas krankhafte Eifersucht. Sie duldete es zwar, daß ihr Geliebter seinen Opfern den Kopf verdrehte und ihnen die Ehe versprach – seine Liebe aber wollte sie mit keiner anderen teilen. Das war auch der Grund, warum sie sich mit der jeweiligen Braut ins Bett legte, während Raymond in einem anderen Zimmer schlafen mußte.

So hält sie es auch bei der attraktiven Delphine, als sie aus dem Hotel in deren Wohnung umgezogen sind. Aber auch hier findet Raymond bald eine Gelegenheit, die Witwe zu seiner Geliebten zu machen. Martha wütet, als sie dahinterkommt. Doch sie wagte keine offene Szene, denn noch ist der geschäftliche Teil nicht abgewickelt. Raymond spricht von Heirat, gaukelt Delphine vor, sie mit nach New York zu nehmen. Vorher aber solle sie ihre Besitztümer zu Geld machen. Mitte Februar ist der größte Teil ihrer Möbel verkauft. Er sagt: »Jetzt noch der Schmuck!«

Verständnislos blickt sie ihn an. »Aber der ist doch von meinem Mann. Die letzte Erinnerung.«
»Eben!« Sein Ton ist ruhig, doch eindringlich. »Du mußt vergessen, was war. Ein neues Leben wartet auf dich. Erinnerungen sind nur Ballast. Für dich – und für mich.«
Martha sieht, wie die Witwe schwankt. »Er hat recht, Delphine«, sagt sie. »Mach reinen Tisch!«
Der Kampf, den die Witwe mit sich austrägt, ist schmerzlich, aber kurz. Dann trennt sie sich auch von dem Schmuck, dem Geschenk eines Menschen, der tot ist. Vorbei, denkt sie. Das Leben geht weiter. Es heißt für sie jetzt: Charles Martin. So nennt Raymond sich auch bei ihr.
Ihre Leidenschaft erstickt ihr Mißtrauen, das sie in stillen Stunden überfällt. Wenn er bei ihr ist, lebt sie wie in einem Traum, in einem Taumel, einem alles verzehrenden Rausch. Bis ein Vorfall sie jäh ernüchtert.
Als sie eines Morgens das Badezimmer betritt, steht Raymond vor dem Spiegel. Er hat in diesem Augenblick nichts von der Nonchalance, von dem anziehenden Bild des dunkelhaarigen Herzensbrechers. Vor ihr steht ein kahlköpfiger Mann mit einer häßlichen Narbe quer über den blanken Schädel.
»Mein Gott!« sagt sie schockiert.
Zuerst will er wütend reagieren. Dann zwingt er sich zu einem Lächeln.
»Jetzt weißt du es«, sagt er seufzend. »Ja, ich trage ein Toupet. Die Narbe ist eine Kriegsverletzung. Sehr schlimm?«
»Nein, nein«, stottert sie. Doch eine unbestimmte Furcht erfaßt sie, läßt sie frösteln. Er spürt es – und beschließt, bald zu handeln.

Erst nach diesem Schock wird Delphine bewußt, daß sie von diesem Mann im Grunde gar nichts weiß – bis auf das, was er ihr selbst erzählt hat. Aber: ist es die Wahrheit? Wie, wenn er nicht sie, sondern ihr Geld begehrt? Wenn er nicht nur mit seinem falschen Haar, sondern auch mit seinen Worten lügt? Fragen über Fragen kreisen plötzlich durch ihren Kopf. Fragen, die sie sich längst hätte stellen sollen. Ehe sie die Antworten darauf finden kann, fühlt sie sich schwanger.

Nun aber will sie kein Kind mehr von ihm. In ihrer Not vertraut sie sich Martha an. Die erkennt die günstige Gelegenheit. Heuchlerisch beruhigt sie ihr Opfer.

»Das kriegen wir schon hin«, sagt sie. »Ein paar Pillen – und du bist alle Sorgen los.«

Delphine schluckt die Pillen, die Martha ihr bringt. Kurze Zeit darauf spürt sie ihre Glieder schwerer und schwerer werden. Sie steht auf, geht ins Schlafzimmer, lehnt sich schlaff und matt an den Türrahmen.

»Nun?«

Marthás Stimme dringt von weit her, wie durch Watte gedämpft, an ihr Bewußtsein.

»Müde … ich bin so müde«, flüstert sie.

Sie macht ein paar schwankende Schritte nach vorn, stolpert, fällt aufs Bett. Sie will sich noch einmal aufrichten. Aber etwas, das stärker als ihr Wille ist, hält sie fest. Sie verliert ihr Bewußtsein.

Martha deckt sie zu. Sie beugt sich über die Frau, lauscht ihren Atemzügen. Sie wartet darauf, daß sie leiser und leiser werden. Daß sie schließlich ganz aufhören. Denn die Pillen waren nichts anderes als Schlaftabletten – in tödlicher Überdosis …

Da zuckt sie jäh zusammen. Ein Schreien zerreißt die Stille. Es schwillt auf und ab, zieht sich zu einem kläglich wimmernden Ton, um dann wieder von vorn zu beginnen: laut und fordernd.

Die kleine Rainelle ... Delphines Kind, das nach der Mutter verlangt. Ihr Schreien verstummt nicht. Martha verliert schließlich die Nerven. Sie stürzt zum Kinderbett, reißt die Kleine zu sich hoch, preßt ihr den Hals zu.

Raymond springt dazwischen, befreit das Kind aus ihren Händen. »Bist du verrückt!« herrscht er sie an. Er deutet auf Delphine, die sich zu regen beginnt. »Wenn sie wach wird und sieht, wie du das Kind gewürgt hast, läuft sie sofort zur Polizei.«

»Sie darf nicht mehr wach werden!« sagt Martha.

»Und wenn die Pillen nicht wirken?«

Sie hebt die fleischigen Schultern. »Ich weiß nicht. Jetzt bist du an der Reihe, Ray.«

Er zögert nur kurz. Dann nimmt er das wimmernde Kind, bringt es ins Nebenzimmer und kehrt mit einem Revolver zurück. Die Waffe stammt von Delphines verunglücktem Mann. Er umwickelt den Lauf mit einer roten Babydecke, tritt auf Delphine zu. Zweimal krümmt sich sein Zeigefinger. Die beiden Schüsse treffen die Witwe in den Kopf. Dann verläßt ihn die Kraft. Seine Hand öffnet sich. Er läßt die Waffe fallen, er zittert wie unter einem Schüttelfrost.

Und wieder einmal übernimmt Martha die Regie. Gemeinsam tragen sie die Tote in den Keller. Raymond gräbt ein Loch, legt sie hinein und zementiert es sorgfältig zu, während Martha die blutigen Kissen und Decken verbrennt.

»Und nun?« fragt Raymond, als alles erledigt ist.

»Du setzt dich in den Wagen und verschwindest, so weit du kannst«, sagt sie. »Ich stelle mich der Polizei und nehme alles auf mich.«

Er schüttelt den Kopf. »Nein. Selbst wenn ich wollte: Ich könnte nicht mehr ohne dich sein. Wir bleiben zusammen!«
Bei seinen Worten huscht ein überglückliches Lächeln über ihr Gesicht.
»Also gut«, sagt sie. »Ich gehe jetzt hinüber zu den Nachbarn und sage, daß Delphine plötzlich verreisen mußte. Wir gewinnen dann Zeit, um die Sachen zu packen und unsere nächsten Schritte zu überlegen.«

Noch zwei Tage verbringen sie mit der Toten unter einem Dach. Sie legen die neue Route fest, zum nächsten Opfer. Aber da ist noch das Kind. Es schreit, wenn Martha nur in seine Nähe kommt.
»Bring es weg!« fordert Raymond schließlich überreizt.
»Wohin?«
»Irgendwohin. In ein Heim. Oder zur Heilsarmee.«
»Man wird Fragen stellen. Unangenehme Fragen.«
Er preßt sich die Hände vor die Ohren, als die kleine Rainelle erneut zu jammern beginnt. »Dann leg ihr ein Kissen auf den Mund! Mach sie still – sonst kommen uns die Nachbarn doch noch auf den Hals!«
»Ich kann es nicht, Ray«, flüstert die Dicke weinerlich. »Ich kann es nicht.«
In scharfem Ton sagt er: »Du willst nicht!«
Er funkelt sie aus seinen dunklen Augen an. Wie unter einem hypnotischen Zwang steht sie schließlich auf. Sie geht zum Kinderbett, nimmt das schreiende Mädchen hoch, drückt es hart an die Brust und trägt es hinab in den Keller.
Als sie Delphine Downing vergruben, hatte sich in dem tiefen Loch eine Menge Wasser angesammelt. Sie hatten das Wasser in zwei

große Fässer geschöpft. Zu einem dieser Fässer trägt Martha Beck das Kind. Es hält seinen Kopf unter Wasser, bis es tot ist.
Am nächsten Morgen schellt es. Raymond, der gerade das zweite Kellergrab zementieren will, richtet sich auf. Für einen Moment steht er reglos. Das Läuten wiederholt sich. Langsam geht er nach oben und öffnet. Zwei Männer stehen vor der Tür. Ihr Beruf verrät sich durch ihre Mienen, noch ehe ihre dünnen Blechmarken sie als FBI-Agenten ausweisen.
»Charles Martin?« fragt einer der beiden. »Oder besser: Raymond Fernandez?«
Er zögert, nickt. »Ja.«
»Sie sind verhaftet. Ihre Freundin ebenfalls. Kommen Sie mit!«
Dann sitzen sie in dem spärlich eingerichteten Wachlokal eines Polizeireviers. Nebenan wird lange telefoniert, aber sie können kein Wort verstehen. Plötzlich ist es ruhig. Die Tür öffnet sich, ein Uniformierter erscheint auf der Schwelle, winkt Fernandez mit kurzer Kopfbewegung heran. Der erhebt sich, nickt Martha flüchtig zu und betritt einen Raum mit grünen Aktenschränken an den Wänden und einem Schreibtisch in der Mitte. Dahinter sitzt Polizeileutnant Parker, flankiert von vier großen sehnigen Gestalten.
»Meine Leute haben soeben das Haus der Mrs. Downing durchsucht«, sagt der Leutnant. »Haben Sie mir etwas zu sagen?«
Raymond schweigt. Der drohende Unterton ist ihm nicht entgangen. Ohne seine dicke Freundin fühlt er sich hilflos.
»Geben Sie zu, Mrs. Downing ermordet zu haben?«
Er schluckt, schweigt. Der Leutnant wiederholt seine Frage. Mühsam ringt er sich zu einer Antwort durch. »Ja.«
»Warum haben Sie das getan?«

»Ich … ich wollte es nicht. Wir hatten Streit.«

»Auch mit dem Kind?«

Da ist er am Ende seiner Kraft. Er weiß, daß jedes Leugnen zwecklos ist. Für Sekunden noch kämpft er mit sich. Ein Netz feiner Schweißtröpfchen überzieht seine Stirn. Dann sagt er mit müder, leiser Stimme: »Ich bin froh, daß ich es loswerde. Es war so …«

Eine halbe Stunde später hat er seine grausige Schilderung beendet. Fragend hebt er den Kopf. »Wie sind Sie eigentlich dahintergekommen?«

»Durch Mrs. Downings Nachbarn!« erwidert Parker. »Sie wurden mißtrauisch, als Ihre Freundin erzählte, daß Mrs. Downing plötzlich verreist sei – das Kind aber fortwährend schrie. Sie gaben uns einen Tip, und wir stellten fest, daß Ihre Beschreibung genau zu der des Mörders der Mrs. Janet Fay aus Albany paßte.«

Fernandez fährt aus seiner zusammengesunkenen Haltung auf. Er spreizt abwehrend die Hände. »Nein, das war ich nicht – das war …«

»Nun?«

»Martha!«

Auf einen Wink des Leutnants wird die dicke Frau hereingeführt. Sie sieht, wie ihr Freund hilflos die Schultern zuckt. Doch sie gibt sich noch nicht geschlagen. Auf die Vorhaltungen des Leutnants schüttelt sie langsam den Kopf.

»Raymond ist mit den Nerven fertig«, sagt sie. »Sonst hätte er so etwas nicht erzählen können. Wir fanden die Leichen von Mrs. Downing und ihrer Tochter, als wir von einem Ausflug zurückkamen. Wir vergruben sie aus Angst, in Mordverdacht zu geraten.«

Parker steht auf, mustert sie kühl. »Das erzählen Sie, wem Sie wollen. Unser Material reicht aus, um Sie auf den Stuhl zu bringen.«

Ihre glatte Stirn runzelt sich ein wenig. »Ich denke, hier im Staate Michigan gibt es keine Todesstrafe?«
»Hier nicht, aber in New York. Daran hätten Sie denken sollen, ehe Sie dort die arme Mrs. Fay umbrachten.«
Da geht eine seltsame Veränderung mit der Dicken vor. Das höhnische Lächeln in ihren Augen erlischt. Man sieht ihr die Angst an. »Sie werden uns doch nicht ausliefern?« fragt sie zitternd. Und in ihrer Panik versucht sie, ein makabres Geschäft mit dem Leutnant abzuschließen. »Wenn Sie mir das versprechen, lege ich ein volles Geständnis ab.«
»Danke – das genügt bereits!« versetzt Parker angewidert.

Die Nachricht von der Verhaftung der Mörder der »Einsamen Herzen« löst in den Vereinigten Staaten Erleichterung aus. Aber auch Angst und Sorge bei den Familien, die alleinstehende Frauen vermissen. In der FBI-Zentrale in Washington läuft eine Flut von Meldungen zusammen. Das Schuldkonto der Mörder scheint tagtäglich anzuwachsen.

Raymond und Martha, inzwischen ins Kent Count Gefängnis gebracht, geben verschiedene Betrügereien zu. Sie streiten jedoch hartnäckig weitere blutige Untaten ab.
»Es spielt jetzt doch keine Rolle mehr«, sagt der untersuchungsführende Kommissar, der Fernandez in der Zelle besucht. »Erleichtern Sie Ihr Gewissen!«
Der Häftling schüttelt den Kopf. »Es gibt nichts mehr zu gestehen.«
Einen Moment herrscht Stille in dem engen Raum, unterbrochen nur vom Rascheln der Blätter eines Aktenbandes, in dem der Kommissar

blättert. Ohne aufzusehen fragt er dann: »Und wie war das mit Mrs. Myrtle Young?«

Raymond Fernandez blickt überrascht. Dann zuckt er mit den Schultern.

Auch Myrtle Young gehörte zu den Frauen, auf die er sich spezialisiert hatte. Leichte Beute für einen skrupellosen Verbrecher, weil sie sich in jener kritischen Lebensphase befinden, in der sie noch nicht alt, aber längst nicht mehr jung sind. Vor dem befürchteten körperlichen »Absterben« wollen sie noch einmal die Sehnsüchte ihres Blutes stillen. In dieser Phase können sie jedes Maß und Mißtrauen verlieren, wenn der Mann auftaucht, der ihre Gefühle erwidert. Sie vertrauen ihm blind, in extremen Fällen bis an die Grenze der Selbstverleugnung – manchmal sogar bis in den Tod von seiner Hand.

Mrs. Myrtle Young, eine ältliche Witwe aus Little Rock in Arkansas, befand sich in dieser gefährlichen Krisenzone, als Raymond Fernandez in ihr Leben trat. Sie wußte nichts von den komplizierten seelischen Vorgängen, die sie beherrschten. Sie wußte nur, daß dieser Mann ihr sofort gefiel. Daß er nach ihrem Geschmack verblüffend gut aussah, ausgezeichnete Manieren hatte, gewandt zu erzählen und leidenschaftlich zu lieben verstand.

Da sie außer ihrem einsamen Herzen noch Geld zu bieten hatte, ging Raymond mit ihr zum Standesamt. Die Flitterwochen verbrachten sie in Chicago, zusammen mit Martha, die Raymond diesmal als seine »Schwägerin« ausgab.

»Sie hat einen Komplex«, erklärte er seufzend, als seine Frau sich darüber beschwerte, daß Martha sich nicht davon abbringen ließ, mit ihr das Bett zu teilen und ihn nachts in ein anderes Zimmer verwies. »Warte nur, bis wir zu Hause sind.«

Myrtle wollte nicht warten. So erwischte Martha sie und Raymond eines Nachmittags im Hotelzimmer zusammen im Bett. Die Eifersucht der Dicken entlud sich in einer handgreiflichen Explosion. Wie eine Furie fiel sie mit ihrem Zweihundertsiebzig-Pfund-Gewicht über die erschrockene Myrtle her, die sich den Ehestand weniger kompliziert und schreckensreich vorgestellt hatte. Und die nun statt Liebe Prügel empfangen mußte.

»Bitte, warte bis morgen früh!« flehte Raymond sie an, als sie danach zur Polizei laufen wollte. »Ich möchte einen Arzt holen. Ich glaube, Martha muß in eine Anstalt. Sie ist verrückt!«

Myrtle ließ sich besänftigen. Doch als der Arzt ausblieb, bestand sie darauf, am nächsten Tag nach Hause zu fahren. Sie wollte ihren Mann erst wiedersehen, wenn er sich von seiner »verrückten« Schwägerin getrennt habe.

»Also gut«, sagte er bekümmert.

Mit ausgesuchter Höflichkeit bediente er sie beim Frühstück. Er schenkte ihr Kaffee ein, während er selbst entgegen seiner Gewohnheit aus einer anderen Kanne Tee trank.

Verwundert stellte Myrtle Young nach der zweiten Tasse fest, daß mit einemmal die zornige Erregung in ihr nachließ. Eine wohlige Müdigkeit erfaßte sie. Es kostete Raymond einige Mühe und Kraft, sie zur Busstation zu bringen.

Er gab ihr noch einen Kuß. »Bis bald, Liebling!«

Sie nickte. Der Bus setzte sich in Bewegung. Der schaukelnde Rhythmus der Fahrt schläferte sie vollends ein. Sie sah nicht mehr die Bilder der Landschaft, die am Fenster vorbeiglitten. Als der Bus in Little Rock, ihrer Heimatstadt, hielt, war Mrs. Myrtle Young für immer eingeschlafen. Sie war tot …

Der Häftling Fernandez fährt sich mit der Hand über die Stirn, als könne er mit dieser Geste die Erinnerung wegwischen.
»Nun?« drängt der Kommissar.
»Also gut – wir haben ihr etwas in den Kaffee getan.«
»Gift?«
»Nein, Schlafpulver. Sie sollte nicht sterben.«
»Aber Sie haben dann ihren Wagen und ihr Geld genommen?«
»Ja.«
»Und später haben Sie Frauen aus ähnlichen Motiven umgebracht?«
»Ja.«
»Wer soll ihnen da abnehmen, daß Sie ausgerechnet bei Mrs. Young nicht auf Mord ausgingen?«
Apathisch zuckt Fernandez abermals die Schultern. Er hat sein Spiel gespielt und verloren. Er findet sich mit den Tatsachen ab. Schließlich auch damit, daß die Behörden von Michigan ihn und Martha unter dem Druck der Öffentlichkeit nach New York überführen wollen, wo auf ihre Taten der Tod steht.
Anders dagegen Martha. Sie, die in den entscheidenden Phasen der Verbrechen stets die Nerven behielt, wenn der Mann schwach wurde – sie dreht nun durch, reagiert mit einem hysterischen Schreikampf.
»Nein!« schluchzt sie, ehe sie zusammensinkt. »Nicht ausliefern ... Nicht auf den Stuhl ... Ich will leben!«
Was vielen an dem jähen Zusammenbruch des scheinbar so resoluten »Ungeheuers« rätselhaft erscheint, erklärt sich aus der besonderen psychischen Situation der mordenden Frau: Bei Ausübung der Tat wird sie aus ihrer weiblichen Passivität heraus in eine männliche Aktivität gerissen, die auch ihren Gemütszustand vorübergehend verändert und ihr oft ungeahnte Kräfte verleiht. Fällt sie danach in ihre passive

Rolle zurück, so äußert sich ihr Angstgefühl vor den Folgen der Tat meist in maßloser – fraulicher – Schwäche.
Aber es hilft nichts. Am 16. März 1949 werden Martha und Raymond, an zwei kräftige Polizisten gefesselt, nach New York gebracht, in die berühmt-berüchtigte Strafanstalt Sing-Sing.
Die Zeitungen berichten in großer Aufmachung über ihr Eintreffen. Die »New York Daily News« schreibt: »Martha trug einen knöchellangen Persianer, einen blauen Hut, den sie sich über die ungeheuere Masse ihrer vielen Kinne mit einer lustigen Schleife gebunden hatte.«
Die meisten Zeitungen versuchen, Martha lächerlich zu machen. Sie nennen sie die »überschwere Julia«, die »fettleibige Mörderin« und »Raymonds Dreihundert-Pfund-Täubchen«.
Als Martha die vielen Stories über ihre Leibesfülle liest, fragt sie nicht ganz zu Unrecht: »Werde ich wegen Mord vor Gericht gestellt oder weil ich so dick bin? Wenn die Menschen mehr Verständnis dafür hätten, wie es ist, wenn man sein ganzes Leben lang wegen seiner Fettleibigkeit ausgelacht wird, vielleicht würde ich dann nicht da sein, wo ich jetzt bin.«

In diesem Argument sieht Herbert Rosenberg, den sich Martha Beck als Verteidiger ausgesucht hat – er wird zugleich Raymond Fernandez als Pflichtverteidiger zugeteilt – die einzige Chance, in dem Mordprozeß, der am 9. Juni 1949 beginnt, den Kopf der Angeklagten zu retten. Er will hinter ihrem grausigen Handeln die geschundene Seele der Frau sichtbar machen, die die Natur so plump und unförmig wachsen ließ. Die vor allem deshalb in die hörige Anhänglichkeit ihres Liebhabers geriet, der sie zum Verbrechen drängte.
Mit ihrer fülligen Gestalt hat sie kaum Platz auf der engen Bank des

Zeugenstandes, in die Rechtsanwalt Rosenberg sie als Zeugin in eigener Sache gerufen hat. Totenstille im Saal, als er sie fragt: »Gibt es jemanden auf der Welt, den Sie heute lieben?«
»Ja, Sir.«
»Waren Sie am 4. Januar, dem Tag des angeblichen Mordes an Mrs. Fay, in jemanden verliebt?«
»Ja, Sir.«

Anwalt Rosenberg hebt seine Stimme: »Wollen Sie dem Gericht und den Geschworenen bekanntgeben, wen Sie damals geliebt haben und wen Sie heute lieben?«
Sie nickt. Aber ehe sie antworten kann, fährt der Staatsanwalt dazwischen: »Einspruch! Diese Frage gehört nicht hierher. Sie gilt Dingen, die hier nicht zur Debatte stehen.«
»Der Einspruch wird abgewiesen«, entscheidet Richter Pecora nach kurzem Überlegen. »Die Frage kann Aufschluß über die psychische Situation der Zeugin zur Tatzeit geben. Ich lasse sie also zu.«
Aufmunternd nickt er der dicken Frau auf dem Zeugenstuhl zu. Sie zögert kurz, ehe sie leise erklärt: »Ich liebe Raymond Fernandez. Ich liebe ihn heute, und ich werde ihn immer lieben.« Ihr Ton erstirbt fast, als sie wiederholt: »Immer!« Ein trockenes Schluchzen schüttelt sie.
Der Anwalt sieht die Reihen der Menschen im Saal hinauf und hinab. Zufrieden registriert er, daß das aufrichtige Bekenntnis seiner Mandantin seine Wirkung nicht verfehlt hat. Der Ausdruck eisiger Ablehnung in den Mienen mildert sich. Auch bei den zwölf Geschworenen.
»Lieben Sie ihn so, wie normalerweise eine Frau einen Mann liebt?« fährt er fort.

Unter Tränen schüttelt sie den Kopf. »Nein«, sagt sie, »ich glaube nicht, daß je die Gefühle einer Frau für einen Mann so stark waren.«
Dann enthüllt sich im Hin und Her von Frage und Antwort die Geschichte ihres Lebens. Die Geschichte einer Frau, die ungeheuerlich leiden mußte, bis sie selbst ein Ungeheuer wurde.
Martha Beck stammt aus einer zerrissenen Familie. Ihr Vater ging fort, als sie neun Jahre alt war. Die Mutter erwiderte ihr Verlangen nach Liebe nicht. Sie haßte ihre dicke Tochter. Ihr Liebling war Sohn Dudley. Zwölf Jahre war Martha alt, da vergewaltigte Dudley seine früh entwickelte Schwester. Mutter war im Kino. Als sie von dem Vorfall erfuhr, bekam nicht der Sohn, sondern das geschändete Mädchen Schläge.
Mehrmals lief Martha von zu Hause weg, um sich das Leben zu nehmen. Doch jedesmal kehrte sie zurück und unterwarf sich den schlimmsten Erniedrigungen, um die Liebe der Mutter zu gewinnen. Aus diesem ungestillten Hunger nach Zuneigung wurde später das heißhungrige Bedürfnis nach der Liebe eines Mannes, für den sie sich ebenfalls erniedrigte. Bis zum Mord.
In ihrer Heimatstadt Milton im US-Staat Florida galt sie als gute Schülerin. Das Krankenschwester-Examen bestand sie als beste aller Kandidatinnen. Dann begann ihre Tragödie: Wo sie sich auch um eine Stellung bewarb, sie wurde abgewiesen, sobald sie sich mit ihrer massigen Figur vorstellte.
Schließlich nahm sie einen Posten in einem Bestattungsinstitut an. Statt Kranken zu helfen, mußte sie Tote einbalsamieren. Tapfer unterdrückte sie ihren aufkommenden Widerwillen und zwang sich, dickfellig und gefühllos zu sein. Sie betäubte sich mit der Lektüre von Dreigroschen-Romanen. Während sie ihre gruselige Arbeit verrich-

tete, träumte sie von Liebe und Leidenschaft. Eine Konstellation, die Jahre später eine schaurige Parallele finden sollte.

Als der Krieg im Pazifik die Lazarette im Westen überfüllte, fuhr Martha nach Kalifornien. Endlich bekam sie Arbeit als Krankenschwester. Ihre Vorgesetzten lobten ihre Tüchtigkeit. Ihre Kolleginnen mochten die »Dicke« weniger. »Sie spinnt«, raunten sie sich zu, wenn Martha ihnen erfundene Romanzen erzählte, mit sich selbst als Heldin im Mittelpunkt. Die Wirklichkeit aber verweigerte ihr solche Romanzen. Sie fing an, sich an Busstationen herumzutreiben. Soldaten, die aus dem Kampfgebiet heimkehrten, verbrachten gelegentlich einen Abend bei ihr. Sie sehnte sich aber nach einem dauerhaften Glück. Bei einem Busfahrer schien sie es schließlich gefunden zu haben.

»Liebling, wir müssen zum Standesamt«, eröffnete sie ihm nach sechs Monaten. »Ich bekomme ein Baby!«

Anstatt einen Freudensprung zu machen, sprang der werdende Vater jedoch ins trübe Wasser des Hafens von San Francisco. Man rettete ihn, und er verschwand spurlos. Daß ein Mann sich lieber umbringen als sie heiraten wollte, war für Martha ein so harter Schlag, daß sie in einem Zustand völliger Depression in eine Nervenklinik gebracht werden mußte.

Nach ihrer Genesung erfand sie für sich einen Mann und für das erwartete Kind einen Vater: den »Korvettenkapitän Joseph Carmen«. In ihr Lazarett zurückgekehrt, schwärmte sie ihren Kolleginnen von ihm vor. Lyrisch beschrieb sie sein »welliges blondes Haar, die feinfühligen Gesichtszüge und die blauen Augen, die sich fast schließen, wenn er lächelt«.

Kurz bevor das Kind zur Welt kommen sollte, schrieb sie sich selbst ein Telegramm. Mit der Nachricht von Carmens »Heldentod«. Aufgelöst ging sie damit ins Lazarett. »Und wie ich ihn liebte!« schluchzte sie. Der Trick gelang. Die Zeitungen brachten ihre Story. Mitfühlende Bürger schickten der jungen »Witwe« Konfekt und Blumen. Mehr noch: Ein Verehrer kreuzte auf. Alfred Willard Beck, Busfahrer wie sein Vorgänger. Nach ihrer »Trauer um Joe« heiratete Martha ihn am 13. Dezember 1944.

Es dauerte nur bis zum nächsten Mai. Da ging auch er, als sie ein Kind von ihm erwartete. Und wieder war sie allein. Nun stürzte sie sich in ihre Arbeit. Sie machte rasch Karriere. Mit sechsundzwanzig Jahren wurde sie zur Leiterin eines Heims für verkrüppelte Kinder gewählt. Das war eine Position mit großer Verantwortung. Ihr unterstanden neun Krankenschwestern, ein Psychotherapeut, zwei Köche und drei Hausmädchen. Ihr Stab bezeichnete sie als »lustig, gutmütig und sehr sympathisch«. Sie verdiente gut, und dieser Aufstieg gab ihr das Selbstvertrauen, auch privat wieder Anschluß zu suchen. In ihrem hübschen Appartement, das sie sich und ihren beiden Kindern eingerichtet hatte, gab sie Partys am laufenden Band. Ohne Erfolg: Ihre Gäste amüsierten sich – und belächelten sie. Oft weinte sie sich in den Schlaf.

Dann kam eines Tages der Brief von »Mutter Dinene's freundlichem Club der einsamen Herzen«. Mit drei Fragen, die an ihr Herz rührten: »Sind Sie einsam? Ist die Liebe an Ihnen vorbeigegangen? Möchten Sie Ihren richtigen Seelenpartner treffen?« Eine vage Hoffnung erfüllte sie. Sie schrieb an den Club, und zehn Tage später hatte sie ihren »Seelenpartner«.

Er stellte sich brieflich als »erfolgreicher Geschäftsmann, Export und Import« vor. Sein Name: Raymond Fernandez, West 139th Street, The Bronx, New York. In den nächsten beiden Wochen wechselten sie

miteinander ein Dutzend Briefe. Dann telegrafierte Raymond: »Eintreffe Samstag, 16.20 Uhr in Pensacola. Holen Sie mich am Bahnhof ab?«
Martha bekam einen Schreck. Sie hatte ihm nichts von ihren Kindern geschrieben. Und nichts von ihren zweihundertsiebzig Pfund. Würde nicht alles vorbei sein, sobald er sie nur sah?
Doch der Mann ließ sich keinerlei Enttäuschung anmerken. Im Gegenteil, er sagte ihr Komplimente, die sie noch von keinem Menschen gehört hatte. Er schwärmte für die Kinder. Zu alledem sah er für ihren Geschmack noch unerhört gut aus. Kein Wunder, daß sie sich rettungslos in ihn verliebte.

Er blieb nur zwei Tage. Dann hatte er herausgefunden, daß es bei ihr nichts zu holen gab. Für ihn war es nur eine Episode, für sie aber brach eine Welt zusammen. Sie bombardierte ihn mit Liebesbriefen, und als er ihr eines Tages abschrieb, drehte sie verzweifelt den Gashahn auf. Nachbarn, die das Gas rochen, alarmierten die Polizei. Die Beamten fanden ihre unförmige Gestalt bewußtlos über dem Schreibtisch liegen.
Ärzte holten sie zurück ins Leben, das sie von der Liebe ausgeschlossen hatte, weil sie zu dick war.
Ein anonymer Brief, vermutlich von Martha selbst geschrieben, informierte Raymond Fernandez von ihrem Selbstmordversuch. Er befürchtete polizeiliche Untersuchungen, und die konnte er sich nicht leisten. Er lud Martha nach New York ein, um sie zu trösten. Nach ihrer Rückkehr erreichte sie die Kündigung des Kinderheims. Nach ihrer »Affäre«, so bedeutete man ihr, sei sie als Leiterin nicht mehr tragbar. Um so leichter fiel ihr der Schritt, den sie ohnehin tun wollte: Sie

entschloß sich, für immer zu Raymond zu ziehen – und um seine Liebe zu kämpfen.
»Ich tue alles für dich!« bettelte sie, als er sie wieder fortschicken wollte.
Er rieb sich nachdenklich das Kinn, lächelte zynisch. »Alles? Dann trenne dich von deinen Kindern!«
Sie gehorchte ihm und brachte sie zu Verwandten nach Florida. Sie gehorchte ihm, als er sie zu abnormen Liebespraktiken zwang. Sie gehorchte ihm schließlich auch, als er ihre bedingungslose Liebe für seine verbrecherischen Pläne einsetzte.
Nachdem der Lebensfilm der Angeklagten abgerollt ist, herrscht für einen Moment tiefes Schweigen im Saal des Schwurgerichts. Das innere Drama, das diese Frau durchlebte, läßt keinen der Zuschauer, keinen Geschworenen unbeeindruckt. Die anfängliche Atmosphäre feindseliger Spannung gegen sie ist einer Welle von Mitgefühl gewichen.
Doch ausgerechnet der Mann, dem sie alles opferte, läßt das Stimmungspendel wieder gegen sie ausschlagen, als er in den Zeugenstand tritt, um über die letzten Stunden der Mrs. Fay auszusagen.
»Wollten Sie den Tod der Witwe?« fragt ihn der Staatsanwalt. Raymond Fernandez, ohne sein Toupet alles andere als attraktiv, schüttelt den Kopf.
»Nein.«
»Warum mußte sie dann sterben?«
Nach der Schilderung von Fernandez kam es nach dem »Brautmahl« am Abend des 4. Januar zu einem Streit zwischen Martha und Janet Fay, die wie üblich das Bett mit ihr teilen mußte.
»Mitten in der Nacht«, so fährt er fort, »stand Janet plötzlich vor mir. Sie verlangte, daß ich meine ›unheimliche Schwester‹ vor die Tür setze.

Ich ging nicht darauf ein. Da wollte sie ihre sechstausend Dollar zurück, die ich für sie aufbewahrte. Ich vertröstete sie auf den nächsten Morgen. Als sie keine Ruhe gab, forderte ich Martha auf, Janet ins Bett zu bringen.«

»Forderten Sie sonst noch etwas?«

»Ja, ich sagte: ›Stopf ihr den Mund!‹«

»Weiter«, drängt der Ankläger.

»Danach ging ich ins Badezimmer. Als ich fünf Minuten später zurückkam, lag Mrs. Fay blutend am Boden. Martha stand über ihr, mit einem Hammer in der Hand.«

»Überraschte Sie das?«

»Ja. Ich schrie Martha an, einen Arzt zu holen. Doch sie schüttelte den Kopf und sagte: ›Das hilft nicht mehr – sie ist tot.‹«

»Hatte sie damit nicht sinngemäß Ihren Auftrag ausgeführt, Mrs. Fay den Mund zu stopfen?«

Fernandez schüttelt den Kopf. »So hatte ich es nicht gemeint, sie sollte sie nicht töten.« Er preßt die schlanken Finger gegen die Schläfen, wiederholt: »Nein, das sollte sie nicht!« Dann springt er plötzlich im Zeugenstuhl auf. Und er schleudert der Frau, die noch vor wenigen Minuten am selben Platz ihre grenzenlose Liebe zu ihm eingestanden hat, entgegen: »Ich bin ein Gentleman. Ich könnte keinem Menschen etwas zuleide tun – aber diese Frau ist ein Teufel! Sie sollte mit dem Tode bestraft werden!«

Da wird der Ankläger zum Verteidiger der Martha Beck. Er betrachtet Raymond Fernandez mit der kühlen Miene eines Sammlers, der sich anschickt, einen Käfer aufzuspießen.

»Waren nicht Sie es«, fragt er betont langsam, »der Mrs. Fay am Abend des 4. Januar dazu brachte, ihre Unterschrift auf drei Blätter zu setzen,

auf denen nur das Wort ›Überraschung‹ stand – angeblich als Hochzeitsnachricht für ihre Freunde?«
Fernandez nickt. »Ja.«
Dann erkennt er plötzlich, in welche Schlinge er mit seiner Antwort gestolpert ist. Verzweifelt versucht er, sich wieder herauszuwinden.
»Aber diese Blätter hatten nichts zu bedeuten.«
»Doch – alles!«
Ankläger Robinson, ein kleiner, blasser Mann mit kalten, mausgrauen Augen, dreht sich halb zur Geschworenenbank, als er fortfährt: »Mit ihrer Unterschrift besiegelte die ahnungslose Witwe ihr Schicksal. Denn nun hatten Sie, Angeklagter, etwas in der Hand, um ihren Tod, der für Sie schon feststand, zu vertuschen. Es war ganz einfach: Nach dem Mord radierten Sie auf einem der Bogen das Wort ›Überraschung‹ aus. Statt dessen tippten Sie über den Namenszug der Mrs. Fay einen anderen Text. Einen Abschiedsbrief an ihre Stieftochter, mit der Mitteilung, daß sie überraschend abgereist sei – ins Eheglück ...«
Fernandez sackt in sich zusammen. Er weiß, daß er verloren hat.
»Damit wollten Sie verhindern, daß die Familie der Witwe nach ihrem Verschwinden mißtrauisch würde, erreichten aber genau das Gegenteil«, fährt der Ankläger fort. »Denn Sie hatten übersehen, daß Mrs. Fay nicht Schreibmaschine schreiben konnte. Der Brief brachte die Polizei auf Ihre Spur. Und er beweist uns, daß Sie den Mord eiskalt geplant hatten – daß Sie also genau wußten, wie Ihre Freundin reagieren würde, als Sie sie aufforderten, der Witwe den Mund zu stopfen!«
Aus dem Verhör ist damit unversehens ein Plädoyer geworden. Der Angeklagte im Zeugenstand starrt vor sich hin, ohne Widerspruch. Sein Versuch, den eigenen Kopf auf Kosten seiner Freundin zu retten, ist gescheitert.

Martha Beck hat dadurch zwar etwas an Boden gewonnen, doch auch sie befindet sich noch in Gefahr. Daß sie ihrem Liebhaber hörig war, steht inzwischen fest. Aber: Ging ihre Abhängigkeit von ihm so weit, daß sie im Augenblick der Tat als sein willenloses Werkzeug handelte, daß sie unzurechnungsfähig war?

»Ja«, erklärt zu dieser alles entscheidenden Frage Dr. Richard Hoffmann, ein berühmter Psychiater aus Manhattan, den die Verteidigung aufgeboten hat. »Sie war nicht Herrin ihrer selbst – sie wußte nicht, was sie tat.«

Psychiater Dr. Percy Lichtenstein, den der Ankläger in den Zeugenstand holt, behauptet jedoch das Gegenteil. »Sie wußte, daß sie den Hammer auf den Schädel von Mrs. Fay richtete«, sagt er sicher. »Und sie war sich genau über die Folgen im klaren.«

Beide begründen ihre Ansicht mit wissenschaftlicher Akribie. Sie führen für den Laien kaum verständliche Argumente ins Feld. Zwischen diesen Argumenten müssen die Geschworenen sich entscheiden, als sie sich am Abend des 17. Juli 1949 gegen zwanzig Uhr zur Beratung zurückziehen.

Es wird ein zähes Ringen. Die beiden Frauen unter den zwölf Geschworenen sind sofort für Marthas Tod. Obwohl hier in New York nur der Mord an Mrs. Fay verhandelt wurde, kreisen ihre Gedanken auch um den Kindermord von Grand Rapids. »Vergessen wir das arme kleine Mädchen nicht«, wirft eine von ihnen in die Debatte. »Auch ihr furchtbares Ende darf nicht ungesühnt bleiben!«

Zögernd schließt sich ein Mann nach dem anderen der Meinung der beiden Frauen an – bis auf einen.

Er läßt sich von den Argumenten der anderen, die sich auf das Gutachten des Psychiaters der Anklage stützen, nicht überzeugen. »Ihre ganze Vorgeschichte zeigt doch, daß sie nach allem, was sie erlebte, eines Tages den Punkt erreichte, wo man verrückt wird«, erklärt er. »Sie beging ihre Taten als Verrückte, und sie ist es heute noch.« Er schüttelt den Kopf. »Ich kann sie deshalb weder des Mordes noch der Beihilfe schuldig finden. Ich bin für Freispruch!«

Seine Sicherheit macht die andern wieder schwankend. Die Debatte geht weiter – hin und her, mit Argumenten für und gegen Marthas Schuld, für und gegen einen Freispruch. Um zwei Uhr nachts resignieren die Geschworenen. »Wir können zu keiner Einigung kommen«, erklärt Obmann Fred Yobs abgekämpft dem Richter. »Wir bitten um eine Pause bis morgen früh.«

Richter Pecora aber lehnt schroff ab. Der ehrgeizige Jurist will den Angeklagten nicht die geringste Chance geben. Er will ihren Kopf. Das zeigte sich schon zu Beginn der Verhandlung, als er es ablehnte, einen zweiten Verteidiger für sie hinzuzuziehen und sie von einem einzigen Anwalt verteidigen ließ – der natürlich dem einen nicht helfen konnte, ohne dem anderen zu schaden. Und das zeigt sich auch jetzt, als er die übermüdeten Geschworenen ins Beratungszimmer zurückschickt.

So wird der Spruch, den sie schließlich nach zwölfeinhalbstündigem Debattieren fällen, nicht allein von ihrer Überzeugung, sondern auch von ihrer Erschöpfung diktiert. Um acht Uhr dreißig verliest Obmann Yobs ihn mit bleichem, übernächtigtem Gesicht: »Wir finden beide Angeklagte des Mordes schuldig!«

Martha Beck, rechts neben ihrem Verteidiger stehend, schwankt ein wenig. Sie muß sich am Tisch festhalten. Raymond Fernandez starrt unbewegt geradeaus, als gälte der Spruch irgendeinem fremden

Menschen. Was sie hören, ist die Order für den Henker – für den Tod auf dem Elektrischen Stuhl.

Man stirbt nicht erst auf dem Stuhl. Man stirbt schon vorher. Martha Beck stirbt die Tode der anderen mit, die man vor ihr aus den Zellen rechts und links von ihrer Todeszelle in Sing-Sing holt – neunzehn Monate lang.

In Gedanken sieht sie sich jedesmal selbst den Gang hinuntergehen, den Pfarrer voraus. Tag und Nacht träumt, zittert sie vor diesen gräßlichen zwei Minuten, denen keine anderen mehr folgen werden. Ein Jahr gibt es für Martha noch eine schwache Hoffnung auf Rettung. Doch am 11. Juli 1950 wird ihr Berufungsantrag mit fünf gegen zwei Stimmen abgelehnt. Ihr Tod ist damit endgültig beschlossen, sein Termin nur noch eine Frage der Zeit.

Als sei sie aus einem wirbelnden Rausch erwacht, denkt sie jetzt zum erstenmal wieder an ihre Kinder, die sie bei Verwandten in Florida untergebracht hat. Sie zu sehen, ist ihr letzter Wunsch. Er wird ihr erfüllt.

Am 7. März 1951, einem Mittwoch, betritt dann Gefängnisdirektor Denno ihre Zelle. Er sagt: »Mrs. Beck, ich muß Ihnen mitteilen, daß Ihr Gesuch auf Begnadigung abgelehnt worden ist. Die Hinrichtung wird morgen abend um elf Uhr stattfinden.«

Die Stimme des Direktors scheint von weit her zu kommen. Sein schmales Gesicht blickt ernst und traurig.

Es ist also so weit. Morgen – an einem Donnerstag. Freitags wechselt das Kino zu Hause an der Ecke immer das Programm. Es wird für sie keinen Freitag mehr geben …

»Kann ich noch etwas für Sie tun?« fragt Denno.
Sie schüttelt den Kopf.
Die Tür schließt sich. Hart knirscht der Schlüssel. Begnadigung abgelehnt. Morgen abend um elf ... Dann kommt der Priester. Danach der Arzt. Er fühlt den Puls. Wenn er ihn das nächstemal fühlt, wird er nicht mehr schlagen.
Am Abend sagt Martha zu ihren Wärterinnen: »Ich hätte gern Bleistift und Papier. Ich habe noch viel zu tun.«
Im grellen Licht der Todeszelle schreibt sie in ihrer letzten Nacht ein Gedicht für den Mann, der ihr alles bedeutete, durch dessen Mitschuld sie jetzt sterben muß. Sie nennt es: »Memory to Ray« – Erinnerungen an Raymond. Ein rührend hilfloses Dokument blinder, selbstloser Liebe. Niedergeschrieben mit denselben Händen, die – nach seinem Willen – vier Menschen töteten.
Als sie gegen Morgen damit fertig ist, liest sie es ihren Wärterinnen vor:

Denkst du noch daran, mein Herz,
An die Nacht mit bittersüßem Schmerz?
Als wir saßen Seit' an Seite
Unter mondeshellen Sternen,
Unter funkelnd weiten Fernen,
Nur wir beide ...
Meine Hand lag in der deinen.
Nie mehr werden sich vereinen
Unsre Hände. Und des Mondes Schmeicheln
Und das Gold des Sternenlichts
Sanken schon vor mir ins Nichts
Ohne deiner Hände Streicheln.

»Ist es nicht hübsch?« fragt sie anschließend, mit einer zarten Röte in ihrem dicken Gesicht.

Die beiden Frauen nicken. Sie sind so bewegt, daß sie nicht sprechen können.

Das Gedicht wird Raymond überbracht, und man erlaubt ihm, darauf zu antworten. Er schreibt: »Martha, ich liebe Dich mehr als alles auf der Welt. Sei tapfer – meine Liebe zu Dir wird niemals sterben!«

Als Martha diesen letzten Gruß erhält, springt sie auf, umarmt lachend und weinend ihre Wärterinnen. Und mit einem verklärten Leuchten in ihren Augen sagt sie: »Ich habe im Leben alles erreicht – Ray liebt mich! Jetzt kann ich ruhig in den Tod gehen!«

Am frühen Abend wird Martha in die »Dance Hall«, die sogenannte »Letzten-Minuten-Zelle«, direkt neben dem Hinrichtungsraum in Sing-Sing gebracht. Mit ihr und Raymond warten noch zwei andere Delinquenten auf den Tod – oder auf ein Wunder in letzter Minute. Auf einen Aufschub oder Gnadenakt.

Kurz vor elf Uhr kommt Marthas Anwalt Rosenberg. Mit einer Miene hilfloser Verzweiflung. Noch ehe er den Mund aufmacht, weiß sie, daß es keinen Aufschub, keine Gnade für sie gibt.

Und während sie tapfer gegen ihre aufsteigende Hysterie ankämpft – wie damals im Bestattungsinstitut, wo sie Tag für Tag in die Welt der Toten eingeschlossen war, während sie sich nach dem Leben sehnte – da versucht sie, durch ein letztes verzweifeltes Opfer ihren Geliebten zu retten.

»Man hat mich immer verspottet, weil ich zu dick geraten bin«, sagt sie zu ihrem Anwalt. »Vielleicht aber ist mein dicker Körper nach meinem Tode zu etwas nutze. Ich stelle ihn den medizinischen Forschungen im

Staat New York zu Verfügung. Unter einer Bedingung: Ray darf nicht hingerichtet werden!«
Die Justizbehörden lehnen ihr Angebot auf der Stelle ab.
So muß Raymond Fernandez am Abend des 8. März 1951 um zwölf Minuten nach elf die grüne Tür zum Exekutionsraum durchschreiten.
Man hat entschieden, daß er zuerst sterben soll.

Er, der beim Tod seiner Opfer immer die Nerven verlor, behält sie bei seinem eigenen Tod bis zum letzten Augenblick. Er wechselt noch einige Worte mit dem katholischen Gefängnispfarrer Thomas Donovan. Dann setzt er sich ruhig auf den Elektrischen Stuhl und zieht die Hosenbeine etwas hoch, als ob er die Bügelfalten schonen wolle.
Die Totenmaske wird über sein Gesicht gestülpt, der Strom eingeschaltet. Raymonds Körper zieht sich für einen Moment zusammen, dann entspannt er sich wieder.
Raymond Fernandez alias Charles Martin lebt nicht mehr.
Zwölf Minuten später betritt Martha Beck den Hinrichtungsraum durch »The green door« – die grüne Tür. Makabre Ironie: Grün, so sagt man, ist die Farbe der Hoffnung.
Von der Tür bis zum Stuhl sind es genau sieben Schritte. Martha kann sie aus eigener Kraft nicht mehr gehen. Ihre Wärterinnen müssen sie stützen.
Und noch einmal, zum letzten Male in ihrem traurigen, neunundzwanzig Jahre alten Leben macht ihr dicker Körper ihr zu schaffen: Er ist zu breit für den Elektrischen Stuhl. Nur mit größter Anstrengung kann man sie hineinzwängen.
Zwei Männer zurren sie mit Lederriemen an dem Holzgestell fest, binden ihr Elektroden an Arme und Beine. Dann fällt die Totenmaske

über ihr Gesicht. Die Männer verlassen den Hinrichtungsraum, schließen die Tür hinter sich. Es ist das letzte Geräusch, das Martha Beck hört. Kurz darauf spürt sie einen fürchterlichen Ruck. Ihr schwerer Körper bäumt sich unter den Riemen auf. Etwas wie heißes Blei rast durch ihre Glieder.

Erste Stufe: zweitausend Volt. Drei Sekunden lang. Zweite Stufe: fünfhundert Volt. Siebenundfünfzig Sekunden. Dritte Stufe ...

Die meisten Hinrichtungszeugen blicken weg. Sie fragen sich, ob Menschen so unmenschlich an Menschen handeln dürfen. Ob Blutschuld sich durch neue Blutschuld abgelten läßt.

Vierte Stufe ...

Erst dann verlischt Martha Becks ungeheuerliche Lebenskraft. Sie stirbt den entsetzlichen gesetzlichen Tod.

Der Fall Angelika Komander und Karl-Heinz Schäfer

Finale in Amsterdam

Es ist früh am Morgen des 17. Februar 1977. Wie gewöhnlich bringt in dem kleinen holländischen Ort Akersloot die siebzehnjährige Bauerstochter Achath Rodtvecel die Milchkanne ihres Vaters an die Straße. Sie erschrickt, als sie am Weg die Gestalt eines Mannes entdeckt. Merkwürdig gekrümmt liegt er auf dem Boden. Im ersten Moment glaubt sie, er schläft. Dann sieht sie das Blut an seiner Kleidung. Der Mann ist tot.

Entsetzt läßt das Mädchen die Milchkanne fallen und läuft zum Hof zurück. Wenig später erhält Lendert Verkait, Adjutant der niederländischen Reichspolizei, über Autotelefon die Nachricht vom Fund an der Landstraße. Er fährt hin, beugt sich über den Toten. Sein erster Eindruck: Der Mann ist mit einem schweren Gegenstand erschlagen worden.

In seinen Taschen befindet sich nur ein Brief. Darauf steht in deutscher Sprache am Schluß: »Schöne Fahrt! Es liebt und küßt Dich Deine Frau Angelika.«

Personalpapiere hat der Tote nicht bei sich. Ebensowenig andere Utensilien, die Aufschluß über seine Identität geben könnten. Bei der Obduktion stellt der Gerichtsmediziner Voortman fest, daß der Mann durch vierundzwanzig Messerstiche im Brust- und Rückenbereich und durch heftige Schläge mit einem schweren Gegenstand getötet worden ist. Die Leiche ist ein Meter achtundachtzig groß, schlank und

hat dunkles Haar. Am Körper befinden sich auffällige Tätowierungen: ein Krake und ein Frauengesicht an den Armen, das Gesicht eines chinesischen Mandarins an den Beinen. Das ist zwar ungewöhnlich, aber immer noch kein Hinweis darauf, wer der Ermordete ist.
Nach dem Brief in seiner Tasche ein Deutscher. Auch sein Mörder scheint ein Deutscher zu sein. Bei der Polizei meldet sich eine Bäuerin, die in der Nacht in der Nähe der späteren Fundstelle einen dunklen Mercedes mit einem Hamburger Kennzeichen gesehen haben will. Der Wagen hat angeblich gehalten und ist dann fluchtartig weggefahren.

Kapitän Burdeweik von der Amsterdamer Kriminalpolizei übernimmt den Fall. Burdeweik arbeitet in der holländischen Drogen-Metropole eng mit der Abteilung der Heroin-Fahnder zusammen. Man nimmt an, daß der Tote in den Rauschgifthandel verwickelt war. Indiz dafür: Fast an derselben Stelle, wo er lag, war im Mai 1976 die Leiche einer zierlichen, bildhübschen Chinesin gefunden worden. Sie handelte mit Heroin.
V-Leute der Polizei schwärmen in die Amsterdamer Rauschgift-Szene aus. Ohne Ergebnis. Auch eine Anfrage bei der Hamburger Kripo bringt die holländische Mordkommission nicht weiter. In der Hansestadt liegt keine Vermißtenmeldung über einen Mann vor, auf den die Beschreibung des Toten zutreffen könnte. Doch Kapitän Burdeweik ist zäh. Er gibt nicht so schnell auf. Um die Mordwerkzeuge sicherzustellen, läßt er sogar das Wasser aus einem Kanal in der Nähe des Fundortes ablaufen. Der »schwere Gegenstand«, nach dem er sucht, wird zwar nicht gefunden, dafür aber ein Messer und ein Stück roter Plastikschnur.

Untersuchungen im Polizeilabor ergeben: mit dem Messer wurde auf das Opfer eingestochen, mit der Schnur ist er gewürgt worden. Aufschluß über den Toten erhoffen die holländischen Fahnder schließlich vom Bundeskriminalamt in Wiesbaden. Dorthin schicken sie seine Fingerabdrücke. Und sie haben Erfolg: Er ist dort registriert. Daten: Komander, Franz Eduard, zweiunddreißig Jahre alt, Seemann und Kraftfahrer, zuletzt wohnhaft in Hamburg-Wilhelmsburg, Am kleinen Kanal 5.
Damit kennt man den Toten. Wer aber ist sein Mörder?

Noch ehe die Mordkommission in Amsterdam die Leiche von Akersloot identifizieren konnte, sah eine Frau in Hamburg-Wilhelmsburg ein Foto des Toten in der Zeitung. Sie zeigte es dem siebenjährigen Frank Komander, dem Sohn ihrer Nichte Angelika. »Schau mal, das ist doch dein Vater!«
Der Junge sah sich das Bild in der Zeitung an. »Ja.«
»Er ist tot«, sagte die Tante.
Frank Komander überlegte einen Augenblick. Dann sagte er: »Ich weiß, wer Papi umgebracht hat. Onkel Karl-Heinz.«
»Wie kommst du denn bloß darauf, Junge?«
»Er hatte Blut an der Jacke.«
Onkel Karl-Heinz – das war Karl-Heinz Schäfer, der fünfunddreißigjährige Freund seiner Mutter Angelika Komander. Franks Tante schüttelte den Kopf. Sie wußte zwar, daß Schäfer, mit dem ihre Nichte seit einigen Wochen zusammenlebt, wegen Raub und Diebstahl vorbestraft ist, aber warum sollte er den Mann von Angelika umbringen? Das Kind hatte einfach zuviel Phantasie.
Frank sagte: »Ich gehe zur Polizei.«

Die Frau hielt ihn zurück. »Das laß man, Frank. Das klären die schon. Geh jetzt spielen.«

Der Junge ging nicht spielen. Er lief zum nächsten Polizeirevier. Auch dort erzählt er seinen Verdacht. Nach seiner Schilderung kamen für den Mord an seinem Vater drei Menschen in Frage: eben »Onkel Karl-Heinz«, seine damals siebenundzwanzigjährige Mutter Angelika Komander und ein Freund von ihnen, der achtundzwanzigjährige Joachim Mache. Die Beamten hörten dem Siebenjährigen aufmerksam zu. Kinder in diesem Alter, so wußten sie zwar, werden oft ein Opfer ihrer eigenen Phantasie und neigen dazu, Geschichten, die sie sich ausgedacht haben, als »Wahrheit« zu erzählen. Aber der Verdacht des kleinen Frank schien Hand und Fuß zu haben. Wie bei einem Erwachsenen nahmen sie seine Aussage zu Protokoll. Der Junge hatte nicht nur Blut an der Jacke Schäfers gesehen. Er hatte auch einige Gesprächsfetzen zwischen seiner Mutter, Schäfer und Mache aufgeschnappt, die mysteriös klangen.

Als Stunden später ein Fernschreiben der Kollegen in Amsterdam eintrifft, die über die Identifizierung der Leiche durch das Bundeskriminalamt berichten, wissen die Beamten der Hamburger Kriminalpolizei schon mehr über den Toten:

Franz Komander war wegen kleinerer Einbrüche und Diebstähle vorbestraft. Zuletzt hatte er am 30. Januar 1977 mit der Polizei zu tun. Damals war er stark betrunken mit einem gestohlenen BMW, Kennzeichen SE-CL 212, auf der Francoper Straße gegen einen Baum geprallt. Dabei wurde ein Siebzehnjähriger getötet, Komanders Freund Joachim Mache leicht, er selbst schwer verletzt. Beide wurden ins Allgemeine Krankenhaus Harburg gebracht, aus dem Mache nach wenigen Tagen wieder entlassen wurde. Franz Komander sollte am

18. Februar herauskommen. Zwei Tage vorher war er überraschend für das Klinikpersonal heimlich aus dem Krankenhaus verschwunden. Vierzehn Stunden später fand man seine Leiche in der Nähe von Amsterdam.

Wie kam er dorthin? Warum wurde er getötet? Durch wen?

Die Kripo in Hamburg holt die drei Menschen zum Verhör, die nach der Aussage des Sohnes des Toten verdächtig erscheinen.

Zuerst kommt Angelika Komander, Franks Mutter. Zierlich, das hübsche Gesicht grell geschminkt, mächtige kastanienrote Löwenmähne.

»Nein«, sagt sie kopfschüttelnd, »ich kann mir nicht erklären, wie und warum mein Mann aus dem Krankenhaus verschwunden ist. Und wie er ausgerechnet nach Holland kam.« Er habe ihr gegenüber nie Andeutungen gemacht. Sie könne das alles nicht begreifen. Sie wirkt seltsam ruhig dabei.

Der Vernehmungsbeamte fragt: »Hatte Ihr Mann Feinde? Hat er sich vor etwas gefürchtet?«

»Nein, nicht daß ich wüßte.«

»Wie war das Verhältnis zwischen Ihnen und Ihrem Mann, Frau Komander?«

»Warum?«

»Aus Ihren Papieren geht hervor, daß Sie sich von ihm haben scheiden lassen. Im letzten Jahr haben Sie ihn dann wieder geheiratet. Warum ging die erste Ehe in die Brüche?«

»Er war eifersüchtig. Er schlug mich. Er glaubte, unsere Tochter sei nicht von ihm. Aber wir haben uns wieder vertragen. Sonst heiratet man ja nicht zum zweitenmal denselben.«

Für die Tatzeit hat die Frau des Toten ein einwandfreies Alibi.

Nach ihr nimmt Karl-Heinz Schäfer im Vernehmungszimmer der Mordkommission Platz. Drahtig, breitschultrig, mit aufgeworfenen Lippen, langer blonder Mähne, die Augen hinter einer dunkel getönten Brille versteckt. Seinen Beruf gibt er mit Kraftfahrer an.

Ja, sagt er, mit Franz Komander sei er befreundet. Sehr gut. Schon seit Jahren. Bei dessen erster Hochzeit am 9. Januar 1969 sei er Trauzeuge gewesen. In die Freundschaft sei auch Angelika, die Frau von Franz, mit eingeschlossen gewesen.

»Lebt Frau Komander nicht seit zwei Wochen zusammen mit ihren Kindern bei Ihnen, Herr Schäfer?«

Der Blonde blickt etwas verlegen. »Nun ja. Der Franz war im Krankenhaus. Da braucht so eine Frau jemanden. Ich meine, der sie beschützt.«

»Wann haben Sie Franz Komander zum letztenmal gesehen?«

»Am 30. Januar. In meiner Wohnung. Wir feierten da meinen Geburtstag nach. Plötzlich hatten wir die Idee, die Freundin eines guten Freundes zu holen. Franz, der Freund, und Mache fuhren los. Dabei passierte dann dieser verdammte Unfall. Sie wissen ja, der Junge starb dabei ...«

Dann fällt Schäfer ein: »Ach ja, ich sah Franz noch mal im Krankenhaus. Ich besuchte ihn mit Angelika.«

Auf die Frage, wo er in der Nacht vom 16. zum 17. Februar gewesen sei, antwortet Schäfer: »Auf der Reeperbahn.«

Ob er dafür Zeugen benennen könne? Der Blonde lächelt. Auf St. Pauli sähen einen alle – oder keiner. Bei dem Rummel, der da herrsche. Von dem Beamten bedrängt, nennt er schließlich den Namen eines Bekannten, von dem er meint, daß er ihn gesehen hat. Der kann das jedoch nicht bestätigen. Karl-Heinz Schäfer wird daraufhin festgenommen. In den Zeitungen heißt es: »Er scheint unmittelbar an der Tötung von Komander beteiligt gewesen zu sein.«

Doch der blonde Kraftfahrer leugnet das in allen Verhören. Er gibt lediglich zu, mit Komander »ein paar Dinger gedreht« zu haben. Am Hafen hätten sie zusammen Lagerhäuser ausgeräumt. Und nachts hätten sie schon mal Schweine und Schafe von fremden Weiden geholt und geschlachtet. Aber Mord an seinem besten Freund und Komplizen – nein, an so etwas würde er nicht mal denken.

Wegen seines fehlenden Alibis und des nach wie vor starken Tatverdachts wollen die Kripobeamten ihn aber nicht laufen lassen. Sie beantragen bei Gericht Haftbefehl wegen Diebstahls und Hehlerei. Ein Reporter fragt Kripohauptkommissar Kraft: »Warum nicht wegen Mordverdacht?« Kraft: »Dazu sollen noch die Ergebnisse von Spurenuntersuchungen, zum Beispiel von Blut- und Erdanhaftungen, abgewartet werden.«

Doch eine Untersuchung von Schäfers Kleidung verläuft negativ. Spuren von Blut, das der kleine Frank an einer seiner Jacken gesehen haben will, kann man nicht finden. Auch Erdreste vom Tatort in Holland werden an seinen Schuhen nicht entdeckt. Interessant ist lediglich ein anderer Fund: Die Beamten ziehen aus Schäfers Kleiderschrank eine Pudelmütze mit eingeschnittenen Sehschlitzen hervor. Eine »Tarnkappe«, wie sie von Räubern bei Banküberfällen benützt wird. Mit dem Mord hat die Mütze allerdings nichts zu tun. Der Blonde mit der dunklen Brille wird schließlich wieder auf freien Fuß gesetzt.

Auch der dritte Verdächtige, der Lagerarbeiter Joachim Mache, dunkelhaarig, mit stechenden Augen und Menjourbärtchen auf der Oberlippe, will von dem blutigen Ende seines Freundes nichts wissen. Mache war in der Tatnacht angeblich ebenfalls auf der Reeperbahn. Dafür kann allerdings auch er kein Alibi beibringen. Immerhin gelingt ihm der Nachweis, daß er am Mittag vor der Tat von Akersloot und am Morgen danach bei Hamburger Ärzten gewesen ist. Im Gegensatz zu Schäfer, der während Komanders Krankenhausaufenthalt ein Verhältnis mit dessen Frau begonnen hat und wohl die Rache des Betrogenen fürchtet, gibt es bei Mache keinen Anhaltspunkt für ein mögliches Motiv. Man muß ihn ebenfalls freilassen.

Die gemischte Amsterdamer-Hamburger Mordkommission versucht nun, über den Toten die Spur zu seinem Mörder aufzunehmen. War Komander ein Mann, der »zuviel« über die Profis der Hamburger Unterwelt wußte, wie einer seiner Freunde meint?
Ergebnis der Ermittlungen: Wohl kaum. Er war als Krimineller ein »kleiner Fisch«. Eine Tante bezeichnet ihn als »Mischung zwischen Rowdy und kleinem Kind«. Er konnte brutal sein, war aber auch feige. Eines Tages wollte er auf eigene Faust eine Bank ausrauben. Er ging zur Kassiererin, verlangte Geld. Er sagte: »Ich zähle bis zehn – habe ich bis dahin kein Geld, schieße ich!« Er zählte, und die Frau fing an zu lachen. Bei zehn wußte er nicht, was er tun sollte. Er lief fort.
Nein, er hatte nicht das Kaliber, vor dem die »großen« Kriminellen sich fürchten mußten. Wenn sich überhaupt jemand vor ihm gefürchtet hatte, dann höchstens Menschen aus seiner engeren Umgebung, aus der Welt der kleinen Diebe und Ganoven, in der er zu Hause war. Sein Tod löste hier keinerlei Trauer aus. Im Gegenteil: Am Tag nach der Tat war seine Frau Angelika mit Karl-Heinz Schäfer und Joachim Mache uneingeladen zu einer Feierlichkeit bei einer ihrer Tanten erschienen. Angelika Komander hatte getrunken, getanzt und gelacht. Und sie hatte gesagt: »Das ist mein glücklichster Tag!«
Die Tante hatte nicht begriffen, was sie damit meinte. Sie begriff es

auch noch nicht, als sie Tage später das Foto des toten Franz Komander in der Zeitung sah und es dem siebenjährigen Frank zeigte.
Der Tag, an dem ihr Mann gewaltsam sterben mußte, war für Angelika also der glücklichste Tag ihres Lebens – er sollte für sie aber schließlich zum bittersten werden.

Die Ermittlungen der Polizei kommen nicht weiter. Die gemischte holländisch-deutsche Mordkommision wird nach Monaten aufgelöst, der Fall Komander zu den Akten gelegt. Eines der wenigen unaufgeklärten Kapitalverbrechen in der Hansestadt.
Man glaubt zwar nach wie vor an eine Tatbeteiligung von Schäfer, stichhaltige Beweise gegen ihn gibt es aber nicht. Der Blonde lebt weiterhin mit der hübschen Witwe des toten Freundes und deren beiden Kindern zusammen. Er kommt auch gut mit dem kleinen Frank zurecht, der ihn bei der Polizei angezeigt hat und ihn immer noch für den Mörder seines Vaters hält. Und wie eh und je versucht er, auf krummen Wegen zu Geld zu kommen.
Am 20. September 1977 überfallen zwei Männer ein Gastwirtsehepaar in dessen Wohnung in Celle. Einer der Gangster fesselt die Eheleute, während der andere die Wohnung durchsucht. Er findet eine Kassette mit dreitausendfünfhundert Mark und eine Geldbörse mit dreihundert Mark. »Ist das alles, was ihr hier habt?« fragt er. Die Gangster scheinen noch mehr Geld bei den Überfallenen zu vermuten. Doch sie begnügen sich schließlich mit dem, was sie gefunden haben. Ein dritter Mann hat unterdessen vor dem Haus gewartet. Auf der Flucht werden die drei von der Polizei gestellt. Zwei der Männer: Karl-Heinz Schäfer und Joachim Mache. Schäfer, der die Gastwirtsleute seit Jahren kannte, hatte bei ihnen fünfundzwanzigtausend Mark ver-

mutet, die sie als Kredit aufnehmen wollten. Mache hatte die Eheleute gefesselt, während Schäfer, den sie als einzigen kannten, unten wartete. Alle drei kommen wegen gemeinschaftlichen Raubes in Untersuchungshaft.

Zwischen diesem Tag, dem 20. September, und dem 8. November liegen sieben Wochen. Sieben Wochen, in denen sich in Angelika Komander etwas verändert.
Seit dem Mord an ihrem Mann hat sie ein unstetes Leben geführt. Sie hat getrunken, Tabletten genommen, die Liebhaber gewechselt. Es war, als ob sie etwas in sich betäuben wollte. Nun, nachdem Schäfer in Haft sitzt und sie mit ihren Gedanken und Ängsten alleine ist, scheint sie mit der Sache, die sie bedrückt, nicht mehr fertigzuwerden. Am schlimmsten, sagt sie später, war es immer in der Nacht. Da wachte sie oft in Schweiß gebadet auf. Nach einer solchen Nacht erscheint sie am 8. November bei der Kriminalpolizei. Sie sagt: »Ich kann mit meiner Schuld nicht mehr leben. Mein Gewissen quält mich – deshalb muß ich es loswerden. Es geht um den Tod meines Mannes.«
»Was wissen Sie davon?«
Der Frau kommen die Tränen. »Ich weiß, wer ihn umgebracht hat.« Dann berichtet sie, warum und wie Franz Eduard Komander sterben mußte.

Komander lag im Allgemeinen Krankenhaus Harburg in einem Drei-Bett-Zimmer. Einer seiner Nachbarn war ein pensionierter Polizist. Dem erzählte der bei einem Autounfall Verunglückte haarsträubende Geschichten. Von Banküberfällen, von Diebeszügen, bei denen Motorsägen und Schreibmaschinen gestohlen wurden. Was er denn vor Gericht für diesen Banküberfall und für jenen Diebstahl bekommen würde, wollte er von dem Expolizisten wissen.

Als seine Frau von seinen freimütigen Plaudereien hörte, war sie entsetzt. Sie berichtete Karl-Heinz Schäfer davon. Auch Schäfer zeigte sich schockiert. Denn er war an den meisten Verbrechen von Komander beteiligt. Dessen Redseligkeit konnte ihn also Kopf und Kragen kosten. Aber Schäfer hatte nicht nur davor Angst. Er fürchtete die Rache des Freundes, wenn der erfuhr, daß seine Frau Angelika zu ihm, Schäfer, gezogen war, daß sie bei ihm bleiben, daß sie ihn heiraten wollte. Als seine Frau einmal von Trennung gesprochen hatte, hatte Komander erklärt: »Eine zweite Scheidung gibt es nicht – eher passiert was!« Und er hatte ihr gedroht, sie »abzustechen«, wenn sie fremdginge.

Zu der Angst vor den Prahlereien Komanders und der Angst vor seiner Eifersucht kam noch etwas anderes: Zorn. Denn den Tod des jungen Mannes, den er durch seinen Unfall verursacht hatte, hatte Komander abschätzig so kommentiert: »Er hatte vom Leben sowieso nichts zu erwarten. Einer weniger, das macht nichts!« Diese Äußerung empörte Schäfer und Mache, besonders gute Freunde des Getöteten. All das kam zusammen und führte dazu, daß Schäfer und Angelika Komander beschlossen: »Der Franz muß weg!«

Karl-Heinz Schäfer und seine Geliebte entwickelten einen teuflischen Plan: Sie wollten Komander nach Holland locken und dort ermorden. Zunächst wollte Schäfer das alleine erledigen. Seine Geliebte aber meinte, das schaffe er nicht, er solle Joachim Mache zur Hilfe nehmen. Sie selbst übernahm es, ihren Mann zu bewegen, in die Falle zu laufen. Deshalb schürte sie seine Angst, für seine kriminellen Delikte eine hohe Freiheitsstrafe zu bekommen.

Über dieses Thema entwickelte sich im Krankenzimmer Komanders folgender Dialog:
Komander: »Wieviel kriege ich denn für das, was ich auf dem Kerbholz habe?«
Der Expolizist: »Höchstens sechs Jahre, und nach drei Jahren lassen sie dich wieder heraus.«
Dann kam seine Frau, die er zur öffentlichen Rechtsstelle geschickt hatte. Sie sollte sich dort nach dem möglichen Strafmaß erkundigen. Vorher hatte sie ihn mit ihrer Meinung in Panik versetzt, er müsse mit mindestens zehn Jahren rechnen. Das behauptete sie auch jetzt. Die Rechtsstelle habe ihr das bestätigt. Dabei war sie gar nicht hingegangen.
Darauf Komander: »O Gott ...«
Seine Frau: »Hau ab, Franz! Tauch unter! Wir haben dir ein kleines Haus in Holland gemietet. Da findet dich keiner.«
Komander: »Okay, ich mach' ne Fliege.«
Dann steckten die Eheleute die Köpfe zusammen und besprachen Einzelheiten. Komander nickte zu dem Vorschlag, den seine Frau ihm machte. Er ahnte nicht, daß sie ihm die Weichen in den Tod stellte. Arglos sagte er: »Ich möchte, daß du mit den Kindern bald nach Holland nachkommst.«
Seine Frau: »Aber klar doch, Franz.«
Komander: »Schreib mir einen Brief, in dem du mir das versprichst.«
Während ihr Geliebter Karl-Heinz Schäfer schon die Mordvorbereitungen traf – er besorgte einen Plastikstrick und Schlaftabletten, mit denen ihr Opfer betäubt werden sollte, bevor man es in Amsterdam ins Wasser warf –, schrieb Angelika an den ungeliebten Mann: »Ich komme so schnell wie möglich nach ... Du hast mein Wort.« Und zum

Schluß: »Schöne Fahrt! Es liebt und küßt Dich Deine Frau Angelika.«
Am 15. Februar war es so weit. Das teuflische Paar erfuhr, daß Franz Komander an einem der nächsten Tage aus der Klinik entlassen werden sollte. Eile war geboten. Man bereitete die Fahrt für den 16. Februar vor. Angelika packte für ihren Mann einige Sachen in eine Reisetasche. Dann ließ sie ihm den Brief zukommen und die Nachricht, er würde mittags abgeholt.
Franz Komander schlich sich heimlich aus der Klinik. Schäfer und Mache holten ihn in Maches altem Mercedes in der Nähe ab. Auch Joachim Mache hatte Reisegepäck bei sich. Angelika Komander hatte ihrem Mann vorgegaukelt, der Freund würde für ein paar Tage in dem angeblich gemieteten Haus in Holland bei ihm bleiben. Er wolle für ihn, den immer noch Verletzten, so lange sorgen, bis sie selbst nachkommen könne.
Karl-Heinz Schäfer saß am Steuer. Er hatte in seiner Thermosflasche Kaffee bei sich, in dem die Schlaftabletten aufgelöst waren. Außerdem den roten Strick, der zur Fesselung des Opfers und zur Befestigung von Steinen an der Leiche bestimmt war. Weiter ein großes Messer mit spitzer Klinge und ein schweres Flacheisen. Auf dem Weg über die Autobahn und die Bundesstraße 213 nach Holland trank Franz Komander von dem Kaffee. Er wurde aber nicht betäubt, sondern nur schläfrig.

Um Mitternacht waren die drei in Amsterdam. Am Hafen unternahm Schäfer den ersten Versuch, Komander zu töten. Er hielt, stieg aus und holte das Flacheisen aus dem Kofferraum. Doch die Stelle, an der sie parkten, war zu hell beleuchtet. Zudem tauchte im entscheidenden Moment ganz in der Nähe ein Mann auf. Schäfer legte das Mord-

instrument neben sich und fuhr weiter. Im Rückspiegel sah er, daß Mache aus dem Strick eine Würgeschnur knüpfte. Nach einigen Kilometern hielt der alte Mercedes an der Landstraße bei Akersloot.
»Eine kurze Rast«, sagte Schäfer zu Komander, der kurz aus seiner Schläfrigkeit aufwachte.
Dann ging alles blitzschnell.
»Jetzt!« sagte Schäfer zu Mache, der hinter Komander auf dem Rücksitz saß.
Joachim Mache warf Komander die Schlinge um den Hals. Er riß ihn zurück, damit der andere sich nicht wehren konnte. Im selben Moment stach Schäfer auf Komander ein, vierundzwanzigmal. Mache stieg aus und öffnete die Beifahrertür. Blutend stürzte Komander aus dem Wagen. Schäfer hieb mit dem Flacheisen noch einige Male auf ihn ein. Einer dieser Schläge verursachte einen Schädelbruch mit Gehirnquetschung.
»Du schlägst meine Emma nicht mehr!« sagte Schäfer grimmig, während er das Eisen auf den Kopf des Sterbenden niedersausen ließ. »Du störst uns nicht mehr!« Emma war der Kosename von Angelika Komander.
Die beiden Männer stiegen wieder in den Mercedes und ließen ihr Opfer auf dem Weg liegen, wo es schließlich starb. Schäfer und Mache fuhren ein Stück weiter. Sie warfen Komanders Sachen fort und reinigten den Wagen von Blutspuren. Anschließend kehrten sie noch einmal zu dem Toten zurück. Sie nahmen ihm den Ausweis aus der Tasche, um seine Identifizierung zu erschweren.

Gegen ein Uhr nachts rief Schäfer bei seiner Geliebten in Hamburg an. Er sagte: »Angelika, es ist alles klar!«

Ohne das Geständnis von Angelika Komander wäre das blutige Finale von Amsterdam vermutlich nie aufgeklärt worden.
Im Mordprozeß vor einem Hamburger Schwurgericht weichen die Geständnisse der Angeklagten stark voneinander ab. Mache will bis zuletzt nicht gewußt haben, worum es ging. Schäfer habe von »beseitigen« gesprochen. Das habe für ihn »fortschaffen« bedeutet, nicht aber »töten«. Erst bei dem Halt im Hafen von Amsterdam sei ihm klar geworden, daß Komander getötet werden sollte. Er habe sich dann von Schäfer nur breitschlagen lassen, weil der ihn dann auf sein Zögern hin als Memme und Feigling bezeichnet hätte.
Schäfer will am Hafen von Amsterdam gemerkt haben, daß er es nicht über sich brachte, Komander zu töten. In der Nähe von Akersloot habe dann Mache plötzlich auf Franz Komander eingestochen. Der sei dann aus dem Wagen gefallen. Mache habe ihn darauf aufmerksam gemacht, daß Komander eine Pistole in der Hand halte. Deshalb habe er, Schäfer, den anderen mit dem Eisenstück unschädlich gemacht.
Angelika Komander verteidigt sich damit, die Tat sei ohne sie, wenn auch nicht gegen ihren Willen, geschehen. Es habe ihr egal sein können, was mit ihrem Mann passiere. Ihr sei es auch recht gewesen, wenn er bloß aus Hamburg fortgegangen wäre. Auch durch eine neue Scheidung hätte sie ihn ja »loswerden« können. Eines Mordes hätte es also nicht bedurft.
Staatsanwalt Dr. Gerd Taube sieht darin nur Schutzbehauptungen. Nach seiner Meinung haben die Angeklagten nach einem gemeinsam gefaßten Plan gehandelt. Mache, der als einziger kein Motiv hatte, Komander umzubringen, habe sich Schäfer untergeordnet. Karl-Heinz Schäfer und seine Geliebte Angelika Komander jedoch

hätten verschiedene Gründe, aber auch einen gemeinsamen Tatgrund gehabt: die Furcht vor Komanders Rache. Deshalb verhinderten sie durch den Mord, daß er hinter ihre Liebschaft kam.

Vorsitzender Reimer Hadenfeldt verkündet am 14. Juli 1978 das Urteil: Lebenslänglich für Angelika Komander und Karl-Heinz Schäfer wegen »heimtückischen, gemeinsamen Mordes«. Joachim Mache erhält wegen Beihilfe zum Mord und einer anderen Straftat eine Freiheitsstrafe von zwölf Jahren.

Das Geständnis Angelika Komanders wurde bei der Strafzumessung nicht berücksichtigt. »Doch dieser Umstand«, sagt der Vorsitzende in der Urteilsbegründung, »wird ihr bei einer späteren Gnadenentscheidung zugute zu halten sein.«

Der Fall Ruth Snyder und Henry Gray

Das tödliche Dreieck

Die Ehe beginnt so ungewöhnlich wie sie enden soll. Sie kommt durch eine »falsche Verbindung« zustande. Ruth Brown, Sekretärin in den Tiffany-Foto-Studios, will eigentlich das Büro des Zeitungskonzerns Hearst anrufen. Versehentlich stellt die Vermittlung sie zur Redaktion der New Yorker Zeitschrift »Motor Boating« durch. Sie entschuldigt sich, als sie den Irrtum bemerkt.

Doch eine schroffe Männerstimme sagt: »Wohl verrückt geworden, mich zu belästigen! Hol der Teufel alle Weiber!«

Schüchtern sagt sie: »Aber bitte, verstehen Sie doch –«

»Schluß mit dem verdammten Gesäusel!« schneidet die Stimme ihre Entgegnung ab.

Dann hängt der Mann am anderen Ende der Leitung den Hörer ein. Es ist der Redakteur Albert Snyder, Sohn eines aus Deutschland eingewanderten Bäckermeisters. Ein Hüne von Mann. Groß und bullig, mit schütterem Haar, harten Gesichtszügen, roter Trinkernase und einer Brust wie ein Bierfaß. Rücksichtslos, wenn er ein Ziel verfolgt. Als Zeitungsjunge hat er angefangen. Mit Fleiß und Fähigkeit arbeitete er sich hoch. Er ist peinlich genau in seiner Arbeit, duldet keine Fehler und reagiert grimmig auf unliebsame Störungen. Ruth Brown hat es gerade zu spüren bekommen. An diesem Tage passiert allerdings etwas Erstaunliches. Snyder zeigt sich von einer Seite, die noch keiner an ihm kennt. Während des Lunchs denkt er über den Vorfall

nach. Irgend etwas in der Stimme der jungen Frau hat ihn beeindruckt. Er ruft sie an, um sich zu entschuldigen. »Es war nicht so gemeint«, sagt er versöhnlich. »Ich bin sonst nicht so unhöflich.«
»Hm.«
»Aber ich saß gerade beim Diktat. Ihr Anruf platzte dazwischen!«
»Hm.«
Seine Stimme ist auch jetzt laut und dröhnend. »Es muß Ihnen einen ziemlichen Schock versetzt haben, nicht wahr?«
»Das kann man wohl sagen!«
»Läßt sich die Sache mit einem gemeinsamen Abendessen aus der Welt schaffen?«
Sie lacht amüsiert über seinen zerknirschten Tonfall. »Von mir aus.«
Sie treffen sich in einem der vornehmen Nachtklubs in der 50. Straße. In einem jener exklusiven Räume, in die man nur durch gute Beziehungen oder durch gute Trinkgelder gelangt.

Ruth gefällt dem Redakteur auf den ersten Blick. Sie ist schön und zierlich, beinahe zerbrechlich. Sie erinnert ihn an die Figuren aus Meißener Porzellan, die seine Eltern aus Deutschland mitgebracht hatten. Zunächst ist sie auch kühl wie Porzellan. In der eleganten Atmosphäre des Lokals aber taut sie sichtlich auf. Diese Welt fasziniert sie. Er sieht den hungrigen Ausdruck in ihren Augen.
»Wir brauchen eine neue Sekretärin in der Redaktion«, sagt er nach einer Weile. »Hätten Sie nicht Lust, sich zu bewerben?«
Sie mustert ihn langsam und bedächtig. Als Mann gefällt er ihr nicht besonders. Aber vorsichtig erwidert sie: »Warum nicht? Wenn ich mich verbessern kann.«
Er verspricht ihr, alles zu regeln. Eine Woche später ist es soweit. Sie

tritt in die Redaktion ein – und zugleich auch in das Leben Albert Snyders.
Er lädt die neue Sekretärin zum Essen ein, zu Theaterbesuchen, zu Cocktailpartys, zu all den Dingen, von denen Ruth, die aus einer einfachen norwegischen Seemannsfamilie stammt, bisher nur geträumt hat. Snyder allerdings ist alles andere als ihr Traummann. Ihr gefällt zwar das Leben, das er ihr bieten kann, ihn selbst aber findet sie abstoßend. Er ist ihr zu dröhnend, zu grobschlächtig. Sie hat von Männern andere, romantischere Vorstellungen.
Eines Tages bringt er ihr eine Pralinenschachtel mit. Sie öffnet die Packung – und glaubte ihren Augen nicht zu trauen: In der Mitte liegt ein herrlicher Brillantring. Impulsiv steckt sie sich ihn an den Finger. Sie dreht ihn im Lampenlicht hin und her. Mit jeder Bewegung sendet der Stein kleine bläuliche Blitze aus.
Dann blickt sie hoch und sieht, wie Snyder sie prüfend beobachtet. »Ich möchte, daß du meine Frau wirst, Ruth!« sagt er.
Sie zögert unschlüssig. Sie weiß, daß sie entweder den Ring zurückgeben oder den Heiratsantrag annehmen muß. Später schreibt sie in ihr Tagebuch: »Als ich den Ring in der Hand hatte, war es mir einfach unmöglich, ihn wieder herzugeben. Ich glaube, ich hätte in diesem Moment sogar Frankenstein mein Jawort gegeben. Mir war klar, daß ich eine große Dummheit machte.«
Kurz darauf heiraten sie.
Häufig ziehen Gegensätze sich geradezu magnetisch an und ergänzen sich. Die beiden aber sind so grundverschieden, daß kaum eine Brücke von einem zum anderen führt. Albert Snyder zum Beispiel fühlt sich am wohlsten auf der Jagd und beim Fischen. Das Leben im Freien ist sein Element. Ruth dagegen liebt Partys, Nachtklubs und

Tanz, alles das, was er ihr bis zur Hochzeit geboten hat. Aus Berechnung allerdings, denn er wollte sie damit für sich gewinnen. Sie sehnt sich nach einem Kind – der dreizehn Jahre ältere Snyder aber will kein Babygeschrei im Haus. Die lebenslustige junge Frau drängt es unter Menschen – ihr Mann zieht es vor, in seinem Motorboot auf einsamen Seen zu angeln.

Vorher hat er für sie viel Geld ausgegeben und sich wie ein Gentleman benommen. Nach den Flitterwochen aber fällt er in seine alten Gewohnheiten zurück. Er wird knauserig, läßt seinen ungehobelten Manieren freien Lauf. Als ein Ober in einem Lokal in Manhattan seine Bestellung mißversteht und einen falschen Salat bringt, stößt er ohne Rücksicht auf Ruth den Tisch um und geht laut schimpfend nach draußen.

Am meisten aber leidet die sensible Ruth darunter, daß sie im Schatten einer anderen leben muß. Diese andere blickt sie vom frühen Morgen bis zum späten Abend an – von lebensgroßen Fotos, die fast in jedem Raum des Hauses von Snyder in Brooklyn hängen. Sogar im Schlafzimmer des Ehepaars.

Als Ruth zu ihm zog, hatte Snyder ihr gesagt, daß alle diese Bilder Jessie Guishard darstellen, ein Mädchen, das er einmal »sehr, sehr geliebt« habe und heiraten wollte.

»Warum hast du es nicht getan?« fragte sie.

»Das geht dich eigentlich nichts an«, erwidert er schroff. »Aber damit du mich in Ruhe läßt: Jessie ist an Tuberkulose gestorben.«

Immer und überall steht Jessie zwischen ihnen. Wenn sie sich streiten, schleudert er ihr ins Gesicht, daß alles anders sein würde, wenn Jessie noch lebte. Sein neues Motorboot tauft er »Jessie G.«. Daraufhin weigert sich Ruth, das Boot zu betreten.

Die Ehe ist bald nur noch ein einziger Kampf, ein ewiges Gezänk, ein ständiges Vorwürfemachen. Auch ein Kind kann sie nicht mehr kitten. Im Gegenteil: Snyder, der Kinderfeind, fühlt sich von seiner jungen Frau »angeschmiert«, als sie ein Baby erwartet. Er ist doppelt erbost, als sie statt eines Jungen ein Mädchen zur Welt bringt.

Ruth droht mit Scheidung. Zwei der Gründe, die damals im Staat New York dafür anerkannt werden, sind Ehebruch und seelische Grausamkeit. Obwohl Ruth vermutet, daß ihr Mann regelmäßig Bordelle besucht, kann sie ihm eheliche Untreue nicht nachweisen. Wohl aber seelische Grausamkeit. Damit wird in Amerika ein Verhalten definiert, das »geeignet ist, Leben oder Gesundheit eines Individuums zu verletzen und ein weiteres Zusammenleben unmöglich zu machen«.

Der Schatten der toten Jessie bedroht Ruths Gesundheit. Jeder Richter würde das anerkennen. Doch sie zögert, diese Waffe gegen Albert anzuwenden – vielleicht deshalb, weil es ihr an seiner Seite finanziell so gut geht wie nie zuvor.

Wie viele andere Frauen in ähnlicher Situation resigniert sie schließlich. Aber nicht untätig, sondern beseelt von dem Gedanken, sich an ihrem Mann zu rächen – auf die einzige Art, die ihr zur Verfügung steht: auf weibliche Art. Sie fängt an, sich nach anderen Männern umzusehen.

Sie hat es nicht schwer. Denn sie ist eine reife, anziehende und begehrenswerte Frau, die nur zu winken braucht, um einen Mann anzulocken. Sie winkt – und es kommt Henry Judd Gray, ein Korsettreisender.

Was die schöne Ruth an den schmächtigen Judd fesselt, wird immer ein Rätsel bleiben.

Er ist kein Schönling, kein romantischer Frauentyp. Ihm fehlt die leichte Hand, das unbekümmerte, sieghafte Lächeln des Eroberers. Alles an ihm ist blaß, alltäglich, durchschnittlich: die Hornbrille, das weichliche Gesicht mit den beweglichen Lippen und dem fliehenden Kinn. Die Art, sich zu kleiden und aufzutreten. Er ist fünfunddreißig Jahre, hat die ersten grauen Schläfenhaare, und trotzdem wirkte er nicht wie ein fertiger, lebenstüchtiger Mann.

Vielleicht ist es gerade dieser Zug von Hilflosigkeit, der Ruth anzieht, als sie ihm in »Henry's« Restaurant in der 36. Straße begegnet. Es ist ein Lokal mitten im Textilzentrum New Yorks. Hier verkehren die Handlungsreisenden, die jeden Monat ein paar Tage in Manhattan verbringen, und Frauen, die flüchtige Abenteuer suchen.

Kurz nach der Geburt des Babys sind die Snyders von Brooklyn nach Queens Village umgezogen, einem Stadtteil New Yorks auf Long Island. In dem großen Haus ist genug Platz, um Ruths Mutter aufzunehmen. Sie kümmert sich um das Kind und den Haushalt. Dadurch hat Ruth viel Zeit. Und bald fährt sie fast täglich mit einer Freundin nach Manhattan – zu »Henry's« Restaurant.

Judd mag Ruth sofort – und sie ihn auch.

Mit einer Menge Martinis macht er sich Mut. Dann steuert er durch das Lokal auf ihren Tisch zu. Die Augen hinter seiner Brille blicken ein wenig gläsern, als er sich leicht vor ihr verbeugt. »Darf man Platz nehmen?«

Sie lächelt ihn voll an. Ihre kleinen Zähne heben sich schneeweiß vom Rot ihrer Lippen ab. »Man darf.«

Verlegen setzt er sich. »Trinken wir etwas zusammen?«

»Sie sollten lieber etwas essen«, sagt sie.

Seufzend fügt er sich, genauso wie er sich ihr auch später immer wieder fügen soll. Schon von der ersten Minute an sind die Weichen gestellt.

Judd hat mit Ruth viel gemeinsam. Wie sie war er als Kind kränklich und unglücklich. Auch er ist in seiner Ehe unzufrieden und hat eine Tochter, die etwa ein Jahr älter ist als Ruths Töchterchen Lorraine. Er arbeitet als Reisender für die »Bien Joly Corsett Company«. Was seine Beschäftigung anbetrifft, ist er seltsam empfindlich. Beinahe ängstlich versucht er, das Wort »Korsett« zu vermeiden. Statt dessen bezeichnet er seine Ware als »intime Gewänder«.

Neugierig fragt Ruth: »Die Frauen in Paris tragen doch besonders raffinierte Sachen?«

Er nickt eifrig. »Die führen wir auch. Wenn Sie wollen, schenke ich Ihnen ein Modell, etwas ganz Verrücktes!«

»Wirklich?«

Judd sagt mit Nachdruck: »Was ich verspreche, das halte ich!«

Als sie auseinandergehen, verabreden sie ein neues Treffen für den nächsten Tag.

Ruth erscheint mit der üblichen kleinen Verspätung, die Frauen beim ersten Rendezvous für sich in Anspruch nehmen. Judd starrt sie bewundernd an, als sie auf ihn zukommt. Bei jedem Schritt zeichnen sich unter ihrem Kleid die Linien wohlgeformter Schenkel ab. In seiner Phantasie stellt er sie sich in den Pariser Dessous seiner Firma vor.

Sie scheint seine Gedanken zu erraten. Lächelnd fragt sie: »Nun, was macht das versprochene Geschenk? Vergessen?«

»Nein, nein.« Er schüttelt den Kopf. Eine jähe Röte huscht über seine Züge. »Ich dachte, es ist besser ... Sie suchen sich selbst das Richtige aus.«

Spöttisch blinzelt sie ihn an. »Und wo?«
»In unserem Büro.«
Das Büro der Korsettfirma liegt in der Fifth Avenue, an der Ecke 34. Straße. Es ist schon geschlossen. Judd sperrt auf. Alle Räume liegen verlassen. Sie sind allein in dem großen Haus. In einem Zimmer mit Spannteppich, bequemen braunen Ledersesseln und breitem Ledersofa sagt Judd: »Bitte, warten Sie hier. Ich bin gleich zurück.«
Er verschwindet durch eine Tür, die zum Lagerraum führt. Wenig später kehrt er mit einem Stapel weißer Kartons zurück. Er stellt sie vor sie nieder, richtete sich dann auf und sagt lächelnd: »Sie haben die Auswahl!«
Neugierig wie ein Kind, das eine neue Puppe bekommt, macht Ruth sich über den Inhalt her. Judd hat ihr nicht zuviel versprochen: die schwarzen Korsetts und Korselettes, die sie nacheinander über ihr Kleid anlegt, sind raffiniert geschnitten. Dem Firmenslogan entsprechend dazu angetan, »Reizendes noch reizender« zu machen.
Schließlich hat sie ihre Wahl getroffen. Ein Korsett mit wenig Stangen, aber mit viel Bändern und Rüschen und tiefausgeschnittenem Dekolleté. »Dies möchte ich gern behalten« sagt sie. »Darf ich?«
Er nickt. »Hoffentlich paßt es.« Wieder ist da die Röte in seinem Gesicht, als er sagt: »Am besten, Sie probieren es einmal an. Wenn es nicht paßt, suche ich Ihnen die entsprechende Größe heraus.«
»Schön. Aber Sie müssen mir dabei behilflich sein.«
Verlegen erwidert er: »Ja, ja ... natürlich.«
Alles ist bisher so verlaufen, wie er es sich erhofft hat. Doch jetzt verläßt ihn der Mut. Er steht unentschlossen da, während sie am Verschluß ihres Kleides herumnestelt.
Aufmunternd sagt sie: »Nun kommen Sie schon!«

Langsam tritt Judd hinter sie. Seine Hände, die nun Haken um Haken lösen, sind unruhig.
Er hat nur wenig Erfahrung mit Frauen. Seine eigene war die erste, die er kennenlernte. Er hatte sie geheiratet, um seiner Mutter einen Gefallen zu tun. Liebe und Leidenschaft hatten dabei keine große Rolle gespielt. Jetzt aber, in der Nähe dieser aufregend schönen Frau, spürt er zum erstenmal ein unbekanntes Feuer. Sie zieht ihr Kleid aus, und er dreht sich um.
Kurz darauf hat sie das schwarze Korsett über den nackten Körper gestreift. Kokett dreht sie sich vor ihm auf dem Teppich. »Gefalle ich dir?« fragt sie mit weichem Lachen.
»Ja ...«, sagt er erregt.
An einsamen Abenden hat er hin und wieder Nachtlokale besucht, in denen Schönheitstänzerinnen auftraten. Frauen, die im Wirbel der Musik auch die letzte Hülle fallen ließen. Aber selbst die aufreizendste, verführerischste Zurschaustellung verblaßt in seiner Erinnerung beim Anblick der blonden Ruth.
Mit geschmeidigen Bewegungen kommt sie auf ihn zu. Als sie ihn an sich zieht, fühlt er ihre samtene Wärme. Sie küßt ihn, und er drückt sie an sich. Sanft gibt sie seinen Liebkosungen nach.
Als sie schließlich das Büro der »Bien Joly Corsett Company« verlassen, ist es nicht mehr weit von Mitternacht.

Nun, da die Schranken gefallen sind, zeigen die beiden sich in ihrer Liebe unersättlich. Schon am nächsten Tag tragen sie sich im Imperial-Hotel als Mann und Frau ein. Sie schlafen in der folgenden Zeit in vielen New Yorker Hotels. Am liebsten im berühmten Waldorf-Astoria, in das man geht, um gesehen zu werden, das

andererseits aber jeden Gast, der darauf Wert legt, mit dem Mantel diskreter Hotelanonymität umgibt.
Für Henry Judd Gray ist die Liebe zu Ruth ohne Probleme. Ein Rausch, ein Taumel der Leidenschaft, der ihn überglücklich macht. Für Ruth Snyder aber ändert sich in seinen Armen die Welt. Anders als der Mann, der wie man sagt, nach einem bequemen Kästchensystem zu lieben versteht – in einem Kästchen die eine, im nächsten die andere –, liebt die Frau meist klarer und konsequenter. Sie will nur für den einen da sein, dem ihr Herz gehört. Für andere gibt es darin keinen Platz. Und Judd hat Ruths verhaßten Mann aus ihrem Herzen verdrängt.
»Es ist schrecklich, wie brutal er mich und das Kind behandelt!« jammert sie ihrem Freund vor. Immer häufiger, immer unglücklicher, oft unter Tränen. Später will es so scheinen, als habe sie bewußt den Beschützerinstinkt ihres Liebhabers geweckt und damit schließlich auch seine Bereitschaft, zu töten.
Einmal sagt er nach ihrem Klagen: »Ich könnte diesen Kerl umbringen!«
»Meinst du das wirklich?« fragt sie.
Er sieht das lauernde Funkeln ihrer Augen. Erschreckt fährt er zurück.
»Nein – natürlich nicht«, erwidert er. »Das wäre ja Mord. Eine furchtbare Sünde vor Gott!«
Er ist tief religiös, geht regelmäßig zur Kirche und arbeitet als Lehrer in der Sonntagsschule. Es belastet sein Gewissen, gegen ein göttliches Gebot verstoßen zu haben. Er hat nicht nur seines »Nächsten Weib begehrt« – er hat es ihm auch genommen. Mord aber liegt weit außerhalb seiner Vorstellungswelt.
Ruth läßt jedoch nicht locker. Sie ist von der Idee besessen, ihren Mann umzubringen. Wenn er weg ist, kann Judd an seine Stelle treten.

Sie braucht ihre Liebe dann nicht mehr zu verstecken, Snyders Gewalttätigkeiten nicht mehr zu ertragen.

Eines Nachts, im Waldorf-Astoria, rüttelt sie Judd wach. »Irgend etwas muß mit Albert geschehen!« flüstert sie, ganz nahe über ihn gebeugt. »Wenn du allein dazu keinen Mumm hast, müssen wir es eben zusammen tun!«

»Nein«, sagt Judd abwehrend. »Niemals gebe ich mich dazu her. Niemals. Du bist ja verrückt!«

Am nächsten Morgen schwört er sich, Ruth nie wiederzusehen. Doch am Nachmittag ruft er alle zehn Minuten bei ihr an. Sie meldet sich nicht, und er läuft von Lokal zu Lokal, um sie zu finden und ihr seine Liebe zu beteuern.

Die Leidenschaft hat ihn verblendet. Längst zerrt er an unsichtbaren Fesseln, Fesseln der Hörigkeit. Der Hörige glaubt, ohne den Partner nicht leben zu können, und um ihn nicht zu verlieren, ist er bereit, alles für ihn zu tun. Im Guten wie im Bösen.

Ruth verlangt das Böse von Henry Judd Gray. Noch aber hat er die Kraft, sich zu weigern. Sie versucht zunächst, ohne seine Hilfe auszukommen.

»Komisch, ich habe manchmal das Gefühl, in höchster Gefahr zu sein – in Lebensgefahr!« sagt Wochen später Albert Snyder zu seinem Bruder. Dabei blickt er ihn unruhig an. Irgendwie scheint der Redakteur zu spüren, daß der Weg unter seinen Füßen zu einem Abgrund führt. Er berichtet von merkwürdigen Zwischenfällen, die sich in letzter Zeit in seinem Hause ereigneten. »Einmal löste sich ein Gasschlauch in dem Zimmer, in dem ich einen kurzen Mittagsschlaf hielt, Benommen, schon halb ohnmächtig, wachte ich auf. Mit letzter Kraft taumelte ich nach draußen und pumpte mir frische Luft in die Lungen.«

Ein anderes Mal wurde ihm, so erzählt er, sterbenselend, als er wie üblich morgens eine Portion Backpflaumen gegessen hatte. »Ich brach zusammen, hielt meine letzte Stunde für gekommen. Ich rief nach Ruth, aber sie war nicht da. Schließlich mußte ich mich übergeben. Danach wurde es mir allmählich wieder besser.«

Sein Bruder runzelt die Stirn. »Wirklich seltsam, Albert«, sagt er. »Vermutest du eine böse Absicht dahinter – vielleicht durch Ruth?«

Snyder zuckt die Schultern, überlegt. »Ach was«, sagt er dann. »Aus welchem Grund? Gut, wir verstehen uns nicht besonders. Jeder geht seinen Weg. Deshalb bringt man einander aber doch nicht um.« Er schüttelt den Kopf. »Nein, nein, ich sehe wohl Gespenster. Ein paar unglückliche Zufälle, weiter nichts!«

Er findet tatsächlich zu seiner alten Arglosigkeit zurück. Von seiner jungen Frau läßt er sich sogar dazu überreden, eine Lebensversicherung über tausend Dollar abzuschließen. Eine völlig unverdächtige Summe, wie er meint.

Woher soll er auch wissen, daß sein Tod für Ruth längst beschlossene Sache ist und daß sie daran auch noch verdienen will – und zwar nicht tausend, sondern rund hunderttausend Dollar. Dazu bedient sie sich eines alten Gaunertricks.

»Du mußt die Versicherungsformulare in dreifacher Ausfertigung unterschreiben«, sagt sie zu ihm.

Er liest aufmerksam das Original der Tausend-Dollar-Police durch, Dann unterschreibt er es. Und auch die beiden Durchschläge, die Ruth so geschickt darunter geheftet hat, daß nur noch der Platz für die Unterschrift sichtbar ist. Die beiden angeblichen »Durchschläge« sind jedoch zwei weitere Policen. Die eine über fünftausend Dollar, die andere über neunzigtausend Dollar. Auszahlbar auch bei tödlichem Unglücksfall.

Ruth bemüht sich eifrig, seinem Ableben nachzuhelfen. Wieder streut sie Gift in sein Essen. Wieder inszeniert sie einen Gaszwischenfall. Doch Snyder mit seinen Bärenkräften widersteht allen Anschlägen. Er scheint unverwundbar.

»Er ist zu zäh für mich«, sagt sie schließlich zu ihrem Geliebten. »Du mußt mir jetzt helfen!«

Henry Judd Gray aber lehnt nach wie vor ab. Er will nicht in eine »so furchtbare Sache« verwickelt werden.

Da greift die mordwütige Frau zu einer weiblichen List. Sie schlägt ihm vor, ihn auf einer seiner Vertreterreisen zu begleiten. Judd stimmt hocherfreut zu. Er ahnt nichts von dem Hintergedanken Ruths, ihn schon herumzukriegen, wenn sie nur lange genug mit ihm allein ist. Zwei Wochen reisen sie gemeinsam durch die Provinz. Tagsüber bietet Judd in den Geschäften seine Korsetts an. Die Nächte gehören der Liebe. Und Ruth sorgt dafür, daß sie ihm unvergeßlich werden.

»So könnte es immer zwischen uns sein«, sagt sie einmal, als er in ihren Armen liegt. »Wenn Albert nicht wäre ...«

»Laß dich doch scheiden!«

»Es hat keinen Sinn. Er würde uns beide umbringen.« Sie schweigt eine Weile. Dann sagt sie: »Es gibt nur den einen Ausweg!«

Noch einmal versuchte er, sich zu wehren, bezeichnet ihr Vorhaben als Torheit, als Wahnsinn.

Ihre Stimme ist dicht an seinem Ohr, als sie fragt: »Liegt dir denn so wenig an mir?«

Er spürt die Gefahr. Er weiß aber auch, daß er Ruth für immer verlieren

wird, wenn er nicht bereit ist, die Gefahr um ihretwillen auf sich zu nehmen. Sie zu verlieren aber ist für ihn ein unerträglicher Gedanke.
»Also gut«, sagt er schließlich. »Ich werde dir helfen.«
»Ich wußte es ja, Liebling. Ich wußte es ja!«
Sie bedeckt ihn mit Küssen, belohnt sein »Ja« zum Mord mit stürmischer Liebe.
Nach New York zurückgekehrt, besorgt er Ruth ein schwer zu beschaffendes Gift. Er stellt sich ihr sogar für einen wahnwitzigen Versuch zur Verfügung: zu einer »Generalprobe« für den geplanten Mord. Furchtsam sieht er mit an, wie seine Freundin eine kleine Giftdosis in seinen Schnaps tut. Dann hebt er das Glas, trinkt es leer. Mit mattem Seufzer fällt er vom Stuhl. Vier Stunden bleibt er bewußtlos. Dann kehrt er langsam ins Leben zurück. Kopfschmerzen drohen seinen Schädel zu zersprengen.
Sachlich sagt Ruth: »Die dreifache Menge müßte genügen.«
Doch sie genügt nicht. Auch der siebte Mordanschlag auf Albert Snyder mißlingt. Er scheint übernatürliche Kräfte zu besitzen, eine unzerstörbare Natur.
Die kleine, zierliche Ruth betrachtet diese fast unglaubliche Widerstandskraft als Herausforderung, an der sich schließlich ihre ganze, ebenso unglaubliche kriminelle Energie entzündet.
Später nennt man sie »The Tiger Woman«, die Tigerfrau – und wie eine Raubkatze lauert sie fortan auf die Gelegenheit zuzuschlagen, endgültig und tödlich.
Ende Februar 1927 verbringt Judd mit Ruth, die er zärtlich »Momsie« (Muttchen) nennt, die vierzehnte und letzte Nacht im Waldorf Astoria. In einem der vielen hundert luxuriösen Hotelzimmer wird in dieser Nacht das Schicksal des Redakteurs Albert Snyder besiegelt.

Am nächsten Morgen begleitet Ruth ihren Geliebten zum Grand Central Bahnhof. Er muß mit seiner Korsettkollektion nach Upstate reisen. Zum Abschied sagt sie: »Vergiß nicht die Sachen, die du mir versprochen hast.«

Er nickt. »All right, Momsie!«

Die »Sachen« sind eine Phiole Chloroform, ein großer Hammer, ein Paar Gummihandschuhe und zwei Lederriemen. Judd kauft sie in Kingstone ein. Er packt diese Requisiten des Todes zwischen die Requisiten des Lebens, seine Dessous und Korsetts. Nach New York zurückgekehrt, übergibt er sie Ruth.

Am 7. März trifft er sich mit ihr in »Henry's« Restaurant, wo sie sich kennengelernt haben. Beim Lunch sagt sie: »Heute nacht ist es günstig, mit ihm Schluß zu machen. Bist zu bereit?«

Seine Hand, mit der er gerade einen Bissen zum Mund führen will, fällt nach unten. Bisher ist der Mord für ihn weit weg gewesen. Eine Idee, ein unwirklicher Gedanke. Jetzt aber, da sie die blutige Ausführung verlangt, befällt ihn Angst. Kopfschüttelnd sagt er: »Nein, ich kann es nicht, Momsie – beim besten Willen nicht.«

Ihre Augen werden plötzlich kalt und böse. Hart treten die Linien ihres starken Unterkiefers hervor. »Du hast es mir versprochen. Wenn du mich wirklich liebst, mußt du es tun!«

Eine Weile starrt er vor sich hin. Dann erhebt er sich, geht zur Toilette. Dort zieht er eine Taschenflasche mit Whisky aus dem Jackett, trinkt sie leer. »Einverstanden«, sagt er, als er zurückkehrt. »Heute nacht. Um elf Uhr komme ich zu euch hinaus.«

Den Rest des Tages verbringt Judd in der Gesellschaft von Whisky, von viel Whisky, um seine Angst herunterzuspülen. Dann stolpert er in den Bus, der ihn hinaus nach Queens Village bringt.

»Ich war ziemlich berauscht«, schreibt er später in seinem Geständnis. »Ich lief zwei bis drei Stunden ziellos durch die Gegend, dann näherte ich mich der Snyder-Villa. Nirgends sah ich Licht. Da hörte ich ein Klopfen am Küchenfenster und sah Mrs. Snyder, die mir Zeichen gab, hereinzukommen. Ich ging die Hintertreppe hoch. Sie war im Nachthemd und küßte mich. In ihrer Hand hatte sie eine Flasche Whisky, mit ungefähr einem halben Liter drin.«

»Los, trink!« sagt sie. »Und dann vorwärts – er schläft tief und fest.«

Er setzt die Flasche an den Mund, nimmt einen kräftigen Schluck. Dann schüttelt er den Kopf. »Ich bring's nicht fertig«, sagt er weinerlich, »wirklich nicht. Gott sieht alles!«

Sie umklammert ihn, küßte ihn abermals. Krampfhaft hält sie ihn fest, als er gehen will. Er versucht, sich loszureißen. Ihre Fingernägel bohren sich dabei in sein Fleisch.

»Sei doch ein Mann!«

»Nein, nein«, sagt er schluchzend.

Dann löst er seine Hände aus ihrem Griff, stößt sie von sich, läuft davon. Mit dem letzten Zug fährt er nach Hause zurück, nach East Orange in New Jersey.

Die nächste Verabredung zum Mord wird brieflich getroffen. Ruth verspricht ihm den Himmel auf Erden, wenn er nur endlich mit ihr den »Gouverneur«, so nennt sie ihren despotischen Mann, in die Hölle schickt. Als »letzten« Termin setzt sie ihm den 19. März.

Judd weiß, was das bedeutet, und er nimmt sich vor, diesmal nicht schwach zu werden.

Umsichtig trifft er seine Vorbereitungen. Am Abend des 19. März nimmt er ein Zimmer im Onondaga-Hotel in der Stadt Syracuse im Staat New York. Er trägt sich in die Gästeliste ein und bittet einen

Freund, am nächsten Morgen sein Bett so zu zerwühlen, als ob jemand darin geschlafen hätte, drei Briefe aufzugeben, einige Telefongespräche für ihn zu führen und dann das »Bitte-nicht-stören«-Schild an die Tür zu hängen.
Eine Stunde später sitzt er wieder im Bus nach Queens Village. Der Motor surrt sanft. Die Sonne versinkt hinter einer schwarzen Wolkenbank. Er spricht sich selbst Mut zu. Was kann ihm schon passieren? Sein Alibi für die kommende Nacht ist perfekt. Niemand wird morgen wissen, daß er die Nacht weit außerhalb von Syracuse verbracht hat.

Zwei Blocks von Ruths Villa entfernt steigt er aus. Es ist stockfinster. Wieder packt ihn die Angst. Er betäubt sich mit einem Schluck aus der Flasche. Dann beobachtete er eine Weile das Haus, dessen Vorderfront von einer Straßenlaterne erhellt wird. Alle Fenster sind dunkel. Die Snyders scheinen nicht da zu sein.
Dreimal geht er am Haus vorbei. Ruth hat ihm geschrieben, daß sie die Hintertür offen läßt. Er steuert darauf zu, macht aber im letzten Moment kehrt. Die Nerven. Er geht ins Zentrum von Queens Village, läuft eine Stunde auf der Hauptstraße auf und ab. Gelegentlich tritt er in einen Hauseingang, um sich aus der Whiskyflasche Mut anzutrinken. Dann gibt er sich einen energischen Ruck. Er geht zur Villa zurück. Leise betritt er sie durch den Hintereingang.
Es ist kurz nach Mitternacht.
Wie angekündigt, findet er links am Fenster eine Taschenlampe und auf dem Tisch im Wohnzimmer ein ungeöffnetes Päckchen Zigaretten – das Zeichen, daß Ruth ihrerseits alle Vorbereitungen getroffen hat.

Etwa eine Viertelstunde steht er steif vor Furcht und lauscht in die Dunkelheit. Es ist still, bis auf das Ticken einer Uhr. Es klingt gespenstisch, atemlos. Auf Fußspitzen schleicht er dann die Treppe hinauf zum ersten Stock. Hier versteckt er sich in einem kleinen Raum neben dem Schlafzimmer, das Ruth mit ihrem Mann teilt. Vorsichtig legt er Hut und Mantel ab. Die Handschuhe behält er an. Er setzt sich auf die Couch.

Unter dem Kissen findet er den fünf Pfund schweren Hammer, den er zwei Wochen vorher in Kingstone gekauft hat. Außerdem eine Rolle Draht, eine Drahtzange und eine volle Flasche Whisky Vat 69.

Wieder trinkt er. Dann übt er, mit dem Hammer zuzuschlagen, immer wieder. Schließlich findet er Gefallen daran, mit einem unsichtbaren Gegner zu kämpfen. Er fühlt sich stark und überlegen wie noch nie in seinem Leben. Bis gegen zwei Uhr morgens die Wirkung des Alkohols nachläßt.

Auf der Suche nach einer neuen Flasche schleicht er die Treppe hinunter zur Halle. Plötzlich erfassen ihn durch ein Fenster im Treppenhaus die Scheinwerfer eines Autos. Die Lichter erlöschen, und er sieht mehrere Gestalten über den Rasen auf das Haus zukommen. Voller Panik läuft er zurück nach oben.

Kurz darauf ertönen Schritte im Korridor. Er erkennt die Stimme Ruths und ihrer Tochter Lorraine. Dann öffnet sich die Tür zu seinem Zimmer.

»Bist du da, Liebster?« fragt Ruth leise.

»Ja.«

»Verhalte dich ruhig und warte. Ich komme zurück, sobald ich kann.«

Minuten später hört er erneut Schritte im Gang. Sie sind schwer und wuchtig. Das muß der »Gouverneur« sein. Judd hat ihn niemals gesehen, aber er haßt ihn, weil Ruth ihn haßt. Weil er ihrem und seinem, Judds, Glück im Weg steht. Im Badezimmer wird die Brause aufgedreht.

Ruth erscheint wieder in der Tür. Sie trägt ein dünnes, durchsichtiges Nachthemd. Ihre Silhouette hebt sich dunkel vom hellen Licht des Korridors ab.

»Hast du den Hammer gefunden?«

»Ja.«

Sie schnuppert in die Luft. »Du hast viel getrunken, nicht wahr?«

»Eine ganze Menge. Aber ich brauche noch mehr.«

»Im Kleiderschrank findest du eine Flasche Scotch. Aber mach keinen Krach. Sobald er eingeschlafen ist, komme ich zu dir.«

Während Snyder sich im Badezimmer schnaufend unter der Dusche dreht, holte Judd die Flasche aus dem Schrank und trinkt sich weiter Mut an. Als Ruth abermals kommt, sitzt er halb betrunken auf dem Fußboden.

»Geh zurück«, flüstert er. »Er kann noch nicht eingeschlafen sein.«

»Doch – hör nur ...«

Von nebenan ertönen rasselnde Schnarchgeräusche, laut und gleichmäßig.

Die Frau im Nachthemd kniet sich neben Judd nieder, küßt ihn. Dann sagt sie, wieder den Schnarchtönen lauschend: »Gräßlich, wie dieser Kerl schläft! Aber ich brauche es mir nicht länger anzuhören, nicht wahr, Liebster?«

Judd nickt. »Wie lange sollen wir noch warten?« fragt er.

Sie zieht ihn an sich, drückt sich fest gegen ihn. Flüsternd erwidert sie: »Nicht mehr lange.«

Die Uhr unten in der Halle schlägt eine Weile später drei Uhr.

Ruth löst sich von ihm, steht auf. »Jetzt!« sagt sie.

Sie nimmt Judd, der benommen emportaumelt, bei der Hand und führt ihn ins Schlafzimmer. An ihrer Bettseite brennt eine matte Nachttischlampe. Der schlafende Mann daneben hat die Decke bis übers Gesicht gezogen, und alles, was Judd sehen kann, ist sein fast kahler Schädel.

Judd tritt dicht an ihn heran, reckt sich auf die Zehen, hebt den Hammer. Der Alkohol hat seinen Blick getrübt, und als der Schlag niedersaust, trifft er nicht den Kopf, sondern die Schultern Alberts Snyders. Laut stöhnend fährt sein Opfer aus dem Schlaf auf. Judd hebt den Hammer zum zweitenmal. Doch Snyder, jetzt halbwach, bekommt ihn am Schlips zu fassen und zerrt ihn zu sich herunter.

Ein verbissener, stummer Kampf um Leben und Tod beginnt.

Snyders kräftige Hände pressen sich wie eine Eisenklammer um Judds Hals. Nur für Sekunden kann er sich aus ihrem tödlichen Druck befreien. Verzweifelt ruft er: »Momsie ... Um Gottes willen – so hilf mir doch!«

Da nimmt die Frau den Hammer und schlägt ihn ihrem Mann auf den Kopf. Ihr ganzer Haß sitzt hinter dem Hieb – alles, was sich in den langen, bitteren Jahren der Ehe an auswegloser Wut in ihr aufgestaut hat.

Snyder sackt zusammen. Seine Hände lösen sich von seinem Widersacher. Nun umspannen Judds Finger den Hals des anderen, und er läßt erst von ihm ab, als er keinen Widerstand mehr spürt. Dann zieht er die Drahtschlinge um die Kehle der Redakteurs und bindet dessen Fußgelenke mit den beiden Lederriemen fest, die Ruth ihm reicht.

Zusammen gehen sie dann nach unten. Noch außer Atem nehmen sie einen Drink aus der Hausbar.

»Glaubst du, daß er sterben wird?« fragt sie.
Er starrt an ihr vorbei, merkwürdig gelb und grün im Gesicht.
»Ich weiß es nicht.«
»Er muß sterben, hörst du! Sonst bin ich ruiniert!«
Sein Blick ist immer noch abwesend. Unbeteiligt sagt er: »Mir ist es egal. Alles! Ich weiß nur, daß ich jetzt fertig bin – mit dir und allem ...«
Sie tritt auf ihn zu, rüttelt an seiner Schulter. »Das ist doch Unsinn, Judd! Jetzt haben wir erreicht, was wir wollten – wenn er wirklich stirbt. Du darfst nicht schlappmachen. Komm!«
Sie schiebt ihm den Rest der Drahtrolle in die Hand. Willenlos folgt er ihr nach oben ins Schlafzimmer, um dem Ende des Mannes nachzuhelfen. Doch es ist überflüssig.
Snyders offene Augen starren ins Leere. Seine Brust bewegt sich nicht mehr.
»Tot?« fragt Ruth, die an der Tür stehen geblieben ist.
Er nickt.
Für kurze Zeit stehen sie stumm und regungslos. Dann sagt Ruth: »Wir müssen einen Raubmord vortäuschen.«
Sie holt Snyders Pistole aus dem Schrank, drückt sie dem Toten in die schlaffen Finger. Dann laufen die beiden im Haus von Zimmer zu Zimmer, ziehen Schubladen heraus, zerwühlen ihren Inhalt, werfen Stühle um. Sie tun alles, um den Eindruck zu erwecken, daß Einbrecher dieses Durcheinander angerichtet haben. Schließlich gehen sie wieder ins Todeszimmer zurück. Ruth nimmt die Brieftasche aus dem Anzug ihres Mannes. Die zweihundertsiebzig Dollar, die darin sind, steckt sie in Judds Tasche.
»Du mußt meinen ganzen Schmuck mitnehmen!« fordert sie dann.
Als Judd ablehnt, wirft sie ihre Ringe und Armreife unter die Matratze

ihres Bettes. Ihren kostbaren Pelzmantel stopft sie in einen Sack, den sie im Besenschrank versteckt. Danach gehen sie in den Keller und verbrennen ihre blutbefleckte Kleidung im Heizofen.

Jetzt erst, beim Widerschein des Feuers, scheint Judd, der wie in Trance blind alle Anweisungen der Frau befolgt hat, zur eigenen Besinnung zurückzufinden.

Er fragt: »Wo ist der Hammer?«

»Ich habe ihn im Werkzeugkasten versteckt.«

Judd kratzt eine Handvoll Asche zusammen, geht damit zum Werkzeugkasten und streut sie über den blutigen Hammer. Er sagt: »So sieht es aus, als sei der Hammer jahrelang nicht benutzt worden.«

Als nächstes breiten sie eine italienische Zeitung, die Snyder aus der Redaktion mitgebracht hat, auf dem Teppich des Wohnzimmers aus. Damit wollen sie den Verdacht auf die Italiener lenken, die zu einem hohen Prozentsatz an der Kriminalität New Yorks beteiligt sind. Zum Schluß fesselt Judd seine Geliebte an Händen und Füßen und steckt ihr eine Mullbinde als Knebel in den Mund.

Als er fertig ist, steigt ein jäher Ekel vor sich selbst und vor Ruth in ihm auf. Er sagt: »Vielleicht werden Monate vergehen, vielleicht ein Jahr – vielleicht wirst du mich auch nie wiedersehen.«

Dann verläßt er das Todeshaus. So unsicher und schwankend, wie er gekommen ist.

In sein Hotel in Syracuse zurückgekehrt, stellt er fest, daß die Briefe nicht mehr da sind. Sein Freund hat sie also aufgegeben. Auf seinem Tisch liegt ein Zettel mit der Nachricht: »Alles in bester Ordnung!« Beruhigt zieht Judd sich aus. Ehe er ins Bett geht, wirft er den Zettel und die Fahrkarte nach Queens Village in den Papierkorb. Dann löscht er das Licht. Er ist sicher, daß keine Instanz der Welt ihn mit der Bluttat in Verbindung bringen kann. Mit diesem Gedanken schläft er ein. Er schläft fest und traumlos, bis er am Nachmittag unsanft wachgerüttelt wird.

»Henry Judd Gray?« fragt eine Stimme.

Drei Männer stehen im Zimmer. Sie tragen hellgraue Anzüge und haben weiche Hüte tief in die Stirn gezogen. Einer von ihnen sagt knapp: »Kriminalpolizei!« Und ein anderer: »Vorwärts! Aufstehen! Mitkommen!«

»Warum?« fragt er mit einem Ton, der Erstaunen ausdrücken soll, der aber seine ganze schreckliche Angst verrät.

Der dritte Mann, der sich bisher im Hintergrund aufgehalten hat, tritt langsam auf ihn zu. Er sagt: »Der Henker wartet auf Sie!«

Seine Verhaftung ist auf Ruth Snyders mangelndes Talent als Schauspielerin zurückzuführen. Sie hat die Polizisten lediglich durch ihre Schönheit, durch den appetitlichen Anblick, den sie in ihrem dünnen Nachthemd bot, beeindruckt, nicht aber durch die Geschichte, die sie ihnen auftischte.

Bei Anbruch des Tages hatte sie sich vor die Tür ihrer Tochter gerollt. Mit den Füßen trat sie dagegen. Die erschreckte Lorraine stürzte zum Telefon. Sie verständigte die Nachbarn. Die alarmierten das FBI.

Der erste Fehler unterlief Ruth, als sie die Beamten mit Stricken um Hand- und Fußgelenke empfing – obwohl die Nachbarn sie längst entfesselt hatten. Der zweite Fehler war, daß sie den leitenden Kommissar allzu eindringlich auf die italienische Zeitung hinwies, die er ihrer Meinung nach nicht genügend beachtet hatte. Er war ein mürrischer kleiner Mann.

»Na und?« fragte er ungehalten, während er sich weiter umsah. »Es paßt doch alles zusammen!« erklärte sie eine Spur zu eifrig. »Der Mann, der mich und Albert überfiel, war schlank und dunkelhaarig. Er trug ein schwarzes Bärtchen und sprach mit typisch italienischem Akzent.«

»So so. Machte er Licht?«

»Nein.« Sie schüttelte den blonden Kopf. »Aber er hielt den Strahl einer Taschenlampe auf mich gerichtet.«

Der kleine Kommissar blickte auf. Er musterte sie plötzlich scharf. »Und da wollen Sie so viele Einzelheiten an ihm erkannt haben? Erstaunlich. Was passierte dann?«

Sein mißtrauischer Ton brachte sie etwas aus dem Konzept. Nervös antwortete sie: »Als ich zu mir kam, kämpfte er in der Dunkelheit mit meinem Mann. Stöhnend sank Albert schließlich zusammen. Ich schrie ... da stürzte er sich auf mich. Ich wehrte mich verbissen. Doch ich unterlag ihm. Er fesselte mich.«

»So so.«

Der Blick des Kommissars wanderte langsam an ihr auf und ab. »Dafür, daß Sie mit ihm kämpften«, sagte er schließlich, »sehen Sie aber recht adrett aus.«

»Was soll das heißen?« fragte sie.

Er gab keine Antwort. Statt dessen erteilte er seinen Leuten mit leiser Stimme einige Anweisungen. Zur Verblüffung der Frau fingen sie daraufhin an, das Haus auf den Kopf zu stellen. Nach kurzer Zeit hatten sie die »gestohlenen« Schmuckstücke unter der Matratze, den Pelzmantel in der Besenkammer und den blutverschmierten Hammer im Werkzeugkasten entdeckt.

»Was sagen Sie dazu?« fragte der Kommissar.

Sie wich seinem Blick aus. »Das ... das verstehe ich nicht.«

»Ich auch nicht.«

Als nächstes ordnete er eine gründliche Untersuchung der jungen Witwe durch den Polizeiarzt an. Auch der konnte an ihrem Körper nicht den geringsten Kratzer entdecken.

Hartnäckig blieb sie dabei: »Ich habe tatsächlich mit dem dunklen Fremden gerungen!«

»Aber wohl nicht allzu energisch«, meinte trocken der Kommissar. Er hielt einen Schlips hoch, den einer seiner Beamten neben dem Bett des Toten gefunden hatte. »Kennen Sie den?«

Sie zuckte die Schultern unter ihrem dünnen Gewand.

»Hier steht ein Monogramm: HJG. – Sagt Ihnen das etwas?«

»Nein«, erwiderte sie schroff.

»In Ihrem Notizbuch haben wir achtundzwanzig Männernamen gefunden. Zu einem von ihnen könnte dieses Monogramm passen.« Lauernd musterte er sie, als er den Namen nannte: »Henry Judd Gray ...«

Ruth Snyders Kopf fuhr hoch. Ihre Miene spannte sich. Ihre Augen schienen einen Schrei anzukündigen – aber nur für eine Sekunde. Fast augenblicklich gewann sie dann ihre Selbstbeherrschung zurück. Gepreßt sagte sie: »Ein flüchtiger Bekannter.« Ihre Stimme wurde schrill: »Es ist absurd, ihn mit diesem Raubmord in Verbindung zu bringen.«

Der Kommissar trat ganz nahe an sie heran. »Wer spricht von Raubmord? Nichts ist gestohlen worden. Ihr Mann wurde getötet – mit Ihrer Hilfe, Mrs. Snyder! Ich verhafte Sie unter dringendem Tatverdacht!«

Verzweifelt schluchzte sie: »Nein, nein ...«

Auf der Polizeistation wiederholte sie ihre simple, unglaubwürdige

Geschichte vom Überfall. Immer wieder. Sie klammerte sich daran wie eine Ertrinkende. Bis ihre Nerven streikten, bis sie am frühen Nachmittag zusammenbrach.

»Ich ... ich gestehe«, stammelte sie ...

Kurze Zeit später holen Polizisten ihren Liebhaberkomplizen aus seinem Hotelbett. Durch Ruths Aussage ist Judds glänzendes Alibi wertlos geworden.

Man findet die Würgespuren des Kampfes mit Snyder an seinem Hals und die Fahrkarte nach Queens Village im Papierkorb.

»Oh, dieses verdammte Weib!« murmelt er, als man ihm ihr Geständnis vorhält. »Diese Teufelin!«

Dann gesteht auch er.

Die Liebe ist oft stark genug, zwei Menschen zu Komplizen bei einem schweren Verbrechen zu machen. Sie erweist sich meistens aber als zu schwach, die Folgen der gemeinsam begangenen Tat zu überleben. Aus Leidenschaft wird häufig Haß, aus dem Miteinander ein Gegeneinander von Bezichtigung und Beschuldigung. So auch im Fall der Ruth Snyder und des Henry Judd Gray.

Als am 25. April 1927 im Queens Country Courthouse in Long Island City der Mordprozeß gegen sie beginnt, da stehen die Liebenden von einst sich als erbitterte, unversöhnliche Feinde gegenüber.

Ruth trägt eine schwarze Witwentracht, die ihre blonde Schönheit noch hervorhebt. In ihrem hübschen, schmalen Gesicht mit den blaßblauen Augen stört einzig der zu stark geratene Unterkiefer. »Er ist wie ein Block Granit«, schreibt am nächsten Tag eine Zeitung, »und jeder Preisboxer würde sie darum beneiden.« Das ist natürlich übertrieben. Doch ein Kern Wahrheit liegt darin. Im Gesicht eines

Menschen spiegelt sich nicht selten dessen Charakter. Es kann verraten, wessen ein Mensch fähig ist, im Guten wie im Bösen. Und Ruth Snyders Kinn läßt auf eine gewisse Aggressivität schließen, auf eine Energie, die man ihrer kleinen, zierlichen Person eigentlich nicht zutraut.

Henry Judd Gray wirkt gegen sie blaß und unscheinbar. Nur ein Schatten neben der dominierenden Erscheinung der Frau, die schlagartig alle Blicke auf sich zieht.

Fünf Meter neben ihm nimmt sie auf der Anklagebank Platz. Er sieht nicht zu ihr auf, und auch sie gönnt ihm nur einen kurzen, verächtlichen Blick.

Mehr als die fünf Meter trennen jetzt das äußerlich so ungleiche Paar: ein Toter, die Angst vor der Strafe, die Hoffnung, den eigenen Kopf vor dem Henker zu retten – und sei es auf Kosten des anderen.

Ruths Verteidiger, Anwalt Edgar F. Hazleton, eröffnet das Duell.

»Diese Frau war lange Jahre hindurch eine gute Ehefrau und treusorgende Mutter«, sagt er halb zu der Angeklagten, halb zu den zwölf Geschworenen, alles Männer, gewandt. »Wenn ihre Ehe auch von Anfang an nicht glücklich war, so biß sie doch tapfer ihre Zähne zusammen und ging ihren geraden Weg – bis ...« Der Verteidiger klemmt sich umständlich seine Zwickelbrille auf die Nase. Er fixiert Judd verächtlich, hebt den Arm, deutet mit theatralischer Geste auf ihn. »... bis sie diesen Mann traf – einen gemeinen Betrüger und Verführer!«

Alle erwarten einen Protest von Judds Verteidiger. Samuel L. Miller aber bleibt sitzen und sieht ruhig mit an, wie der Mann mit dem Zwikker vor der Geschworenenbank auf und ab marschiert und seine Version des Dramas von Queens Village gibt. Als er fertig ist, springt

Miller auf. Ein stämmiger, untersetzter Mann, noch ziemlich jung. Mit wenigen kurzen Schritten steht er an der Geschworenenbank. Seine Hände umklammern die Holzbarriere.
»Meine Herren Geschworenen«, sagt er. »Ich brauche nicht viele Worte. Sehen Sie sich nur die beiden Angeklagten an. Ein einziger Blick wird Ihnen sagen, wer von beiden der Verführer und der Verführte ist. Mein Mandant ist das Opfer eines Dramas menschlicher Hilflosigkeit, menschlicher Herrschsucht und menschlicher Enttäuschung – das Opfer einer heimtückischen Schlange von Frau!«
Der Ankläger überblickt höhnisch die Szenerie. Er hat nicht viel Arbeit. Seine Gegner nehmen sie ihm ab, indem sie sich gegenseitig belasten.

Der erste Zeuge ist ein Versicherungsinspektor. Ruths Verteidiger will mit seiner Hilfe beweisen, daß ihr Motiv keinesfalls Geldgier war. Daß sie kurz vor dem Tod ihres Mannes den Versicherungskontrakt lösen wollte.
»War das nicht ihr ausdrücklicher Wunsch?« fragt er.
Der Inspektor zögert. »Sie schnitt dieses Thema an«, erwidert er dann vorsichtig. »Später kam sie aber nicht mehr darauf zurück.«
»Doch wohl deshalb nicht, weil Sie ihr die Schwierigkeiten vor Augen geführt hatten, die einem solchen Vorhaben im Weg standen?«
»Möglich.«
Jetzt erhebt sich zum erstenmal Staatsanwalt Newcombe. Er fragt: »Waren die Schwierigkeiten unüberwindlich?«
Wieder druckst der Inspektor. Dann sagt er: »Nein, es hätte sich wohl ein Weg finden lassen.«
»Danke.«

Als nächster Zeuge erscheint Josephine Brown, Ruths Mutter. Vergeblich versucht der Staatsanwalt aus ihr herauszuholen, daß ihre Tochter sie für die Mordnacht unter einem Vorwand aus dem Haus geschickt hätte. Die alte Frau aber geht auf keine Frage ein. Sie starrt unentwegt zur Anklagebank und murmelt: »Ruth, mein liebes Kind – mein liebes Mädchen ...«

Schließlich tritt die Angeklagte in eigener Sache in den Zeugenstand. Im Verhör durch ihren Verteidiger versucht sie, alle Schuld auf Judd abzuwälzen. Einzig er sei der Initiator des Mordplans gewesen. Er habe ihn vorbereitet und ausgeführt. Sie habe nur widerwillig mitgemacht, unter seinem Einfluß.

Dann nimmt der Assistent des Anklägers sie ins Kreuzverhör.

»Ihr Mann hatte volles Vertrauen zu Ihnen, nicht wahr?«

»Ja.«

»Aber Sie mißbrauchten es?«

»Nein, das habe ich nicht.«

»Sie haben Ihren Mann doch mit Gray betrogen?«

Ruth beißt sich auf die Unterlippe. »Nun, ja.«

»Und nicht nur mit ihm ...«

Wild blickt sie ihr Gegenüber an. »Was soll das heißen?«

»Daß Ihr Mann Ihnen nicht nur wegen Gray, sondern auch wegen Ihrer anderen Männerbekanntschaften im Weg stand! Denken Sie nur an die achtundzwanzig Männernamen in Ihrem Tagebuch.«

Erregtes Tuscheln unter den Zuhörern. Zum erstenmal richtet sich Judds Blick auf die Frau neben ihm. Er starrt sie ungläubig an.

Mit dunkelrotem Gesicht fährt ihr Verteidiger hoch. »Hohes Gericht – diese Methode ist niederträchtig!« ruft er. »Meine Mandantin wird hier als Dirne hingestellt. Ich protestiere aufs schärfste dagegen!«

Richter Scudder ignoriert den Einspruch. Ruhig fragt er die Angeklagte: »Kannten Sie die achtundzwanzig Männer?«

»Ja«, erwidert sie leise. »Ich war mit ihnen befreundet.«

»Näher?«

»Nicht intim.«

»Auch nicht mit einem gewissen Mister Lesser?« fragt der Staatsanwalt.

»Auch nicht mit ihm.«

»Aber Sie haben doch mindestens sechsmal mit ihm im Waldorf-Astoria-Hotel geschlafen – oder nicht?«

Wieder blickt Judd die einstige Geliebte fassungslos an. Eine Woge der Antipathie schlägt ihr aus dem Saal entgegen. Ihr Verteidiger protestiert, und diesmal gibt der Richter seinem Einspruch statt.

»Diese Frage wird nicht zugelassen.«

Aber der Staatsanwalt hat sein Ziel erreicht: Ruths Versuch, die Rolle der von ihrem Ehemann mißhandelten Frau zu spielen, die das leichte Opfer eines Verführers wurde, die aus auswegloser Abhängigkeit von ihm handelte – dieser Versuch ist schon jetzt gescheitert. Und es scheint so, daß nicht nur der Haß auf den einen und die Liebe zum anderen sie zu der blutigen Mordtat trieb, sondern auch die Sucht nach Geld, nach neuen Abenteuern.

Judd schüttelt unentwegt den Kopf. Die Enthüllung des Anklägers hat ihm die Augen über diese Frau geöffnet. Er fühlt sich doppelt betrogen und hintergangen. Das treibt ihn dazu, bei seiner Vernehmung in fanatischem, geradezu selbstzerstörerischem Wahrheitsdrang jede scheußliche Einzelheit des Mordkomplotts zu bekennen.

Als er schildert, wie er den schweren Hammer gegen den schlafenden Snyder hob, kommt es zu einem dramatischen Zwischenfall.

»Aufhören! Um Gottes willen – er soll aufhören!« ruft plötzlich eine Stimme im Zuhörerraum.
Ein großer, massiger Mann ist bei Judds Worten aufgesprungen. Sein Zwischenruf erstickt, wird zum Flüstern. Er schwankt, greift sich ans Herz. Gerichtsdiener eilen zu ihm, fangen ihn auf, führen ihn nach draußen. Es ist Warren Schneider, der Bruder des Ermordeten, der noch unverändert seinen deutschen Familiennamen trägt.
Judd wartet, bis Schneider den Saal verlassen hat. Dann erzählt er weiter. Er berichtet, wie er Ruth fesselte und danach das Haus verließ. »Ich ging raus«, sagt er und starrt verstört den Richter an. »Ich ging ... – raus ...«, wiederholt er.
Plötzlich sackt ihm der Kopf auf die Brust. Seine Arme fallen herab. Auch er schwankt, taumelt, fällt nach vorn, gegen die hölzerne Barriere.
Die Stille, die seinem Sturz folgt, wird durch einen neuen Aufschrei unterbrochen.
»Das ist alles nicht wahr!« ruft Ruth hysterisch.
Sie wirft ihre Hände vors Gesicht, gräbt sich ihre spitzen Fingernägel in die Stirn. Und schluchzt, schluchzt.
In die aufgewühlte Atmosphäre sagt der Richter: »Ich unterbreche die Sitzung.«
Viel gibt es danach nicht mehr zu verhandeln. Judd ist geständig, und Ruth helfen alle Ausflüchte nichts. Wie eine Mauer stehen gegen sie die Indizien, die Aussage ihres Komplizen, ihr eigenes polizeiliches Geständnis. Daran vermag auch das Plädoyer ihres Anwalts nicht mehr zu rütteln.
Am 9. Mai schickt Richter Scudder die Geschworenen zur Beratung. Sie dauert genau dreißig Minuten. Dann verkündet der Obmann den

Spruch, den jeder erwartet hat. »Ruth Snyder – schuldig des Mordes. Judd Gray – schuldig des Mordes.«
Wenig später ergeht das Urteil: Tod auf dem Elektrischen Stuhl.

Die Berufung der Verteidiger wird abgewiesen. Danach bleibt nur noch die Hoffnung auf Gnade. Sie liegt in den Händen eines Mannes, dem seine Karriere über alles geht. Gouverneur Alfred Smith ist ein hartnäckiger Verfechter der Todesstrafe. Er weiß, daß er damit die Wähler auf seiner Seite hat.
Die Zeitung »New York Daily News« wendet sich mit der Frage »Gnade für Ruth Snyder?« an die Öffentlichkeit. Mehr als achtundzwanzigtausend Leser geben ihre Stimme ab. Das Ergebnis: Für Gnade entscheiden sich siebeneinhalbtausend Männer – aber nur fünftausend Frauen. Für Hinrichtung: sechseinhalbtausend Männer – aber über neuntausend Frauen!
Gouverneur Smith ist der Wählerstimmen vor allem der Frauen sicher, als er mit echt amerikanischer Freimütigkeit eine Begnadigung ablehnt: »Let'm fry!« (»Laßt sie braten!«)
Die Hinrichtung wird auf den Abend des 12. Januar 1928 festgesetzt. In der Hoffnung, eine der erregendsten Stories der Zeitungsgeschichte bringen zu können, engagiert die »New York Daily News« den berühmten Fotoreporter Thomas Howard für einen Sonderauftrag. Er lautet: »Schießen Sie ein Foto von Ruth Snyder auf dem Stuhl!«
Jeder andere hätte nur betrübt den Kopf geschüttelt. Denn alle Zeugen einer Exekution werden vor Betreten der Todeskammer sehr sorgfältig durchsucht. Nahezu unmöglich, eine Kamera einzuschmuggeln oder gar sie einzusetzen. Howard aber nickt. »Okay, wird gemacht!« Er hatte noch keinen Auftrag abgelehnt.

Am Abend des 12. Januar 1928 kurz vor elf Uhr wird Ruth Snyder in den Hinrichtungsraum von Sing-Sing geführt. Sie ist nur noch ein menschliches Wrack. Das Haar grau und strähnig, die Wangen tief eingesunken. Sie geht gekrümmt zwischen den beiden Wärterinnen, murmelt leise Gebete vor sich hin und hält ein großes, gelbes Kruzifix an die Brust gepreßt.

Die zwanzig Journalisten auf der Zeugenbank starren sie verwundert an. Einer von ihnen, der sie kaum wiedererkennt, flüstert: »Mein Gott, mein Gott – sie haben die falsche Frau!«

Die Delinquentin ist in der Tat nicht mehr die vitale, schöne Ruth Snyder, die im Gerichtssaal stand. Die Frau, die einmal viele Männer faszinierte und einen von ihnen so in ihren Bann zog, daß er für sie sein Leben aufs Spiel setzte – und verlor. Die selbst als Mörderin noch Dutzende von Heiratsangeboten erhielt.

Als man sie auf den Stuhl bindet, sagt sie monoton: »Herr vergib ihnen, denn sie wissen nicht, was sie tun ... Herr, vergib –«

Die Worte brechen ab, versinken in einem letzten wilden Schluchzen, als ihr drei Männer blitzschnell die Ledergurte um Brust, Taille, Arme und Beine legen. Dann die Ledermaske. Die Schädelkappe. Die Fesseln an den Fußgelenken.

Die Männer treten zurück, bis auf einen, der den Sitz der Elektroden prüft. Dann verläßt auch er den Raum.

Fotoreporter Thomas Howard sitzt in der Todeskammer in der ersten Reihe, dem Elektrischen Stuhl genau gegenüber. Nur dreieinhalb Meter von der Frau entfernt, die sich jetzt unter den Stromstößen aufbäumt. Dicht über seinem Fußgelenk hat er eine Miniaturkamera angebracht. Er zieht rasch das Hosenbein ein wenig hoch, drückt einen Gummiball in seiner Jackettasche und löst damit den Kameraverschluß aus.

Dann ist Ruth Snyder tot.

Henry Judd Gray kommt acht Minuten später.

Er hat sich äußerlich kaum verändert, wirkt blaß und unscheinbar wie immer. Ruhig geht er zum Stuhl, setzt sich. Er wendet sich dem Geistlichen zu, lächelt ihn noch einmal an, schüchtern und ängstlich.

Kurz darauf stirbt auch er.

Am nächsten Tag bringt die »New York Daily News« eine Extraausgabe mit dem Sterbebild »der schönen Mörderin« über die ganze Titelseite. Sie löst damit einen Sturm der Entrüstung aus. Aber die Auflage steigt. Denn Mord und das Schicksal von Mördern haben auf die Menschen immer ihre Faszination. Psychologen kennen den Grund: In der Beschäftigung mit dem Mörder schwingt oft heimliche Bewunderung für ihn mit. Denn er hat getan, was der Durchschnittsmensch nicht zu tun wagt. Und hinter seinem Schicksal lassen sich so gut die eigenen Mordimpulse verstecken.

Der Fall Adelheid S.* und Ernst St.*

Der Begonien-Mord

»Also, ich fahre jetzt zu meiner Jagdhütte«, sagt der Mann am Telefon. »Der Jagdgast, den ich erwartet habe, kommt zu mir ins Revier. Damit habe ich mein Alibi. Du weißt ja, was du zu tun hast, Herzchen. Ich rufe dich morgen früh an.«
Die junge Frau nickt. »Ja«, sagt sie.
Seit sie diesen Mann, den neunundvierzigjährigen Zahnarzt Ernst St., kennt, hat sie zu allem ja gesagt. Sie liebt ihn. Deshalb ist die sechsundzwanzigjährige Heimleiterin Adelheid S. auch bereit, diesen schrecklichen Auftrag auszuführen. Er lautet: »Töte meine Frau!« Zum Lohn will St. die junge Geliebte heiraten.

Es ist elf Uhr am Morgen des 5. Juli 1974. Ein Freitag.
Die hübsche, etwas füllige Blondine packt die Utensilien, die sie für den Mord braucht, in ihre weiße Umhängetasche. Der Geliebte hat sie ihr zwei Tage vorher in die Wohnung gebracht: ein Fläschchen mit Äther und eine sogenannte »Einwegspritze« aus Plastik. Er hat ihr auch genaue Anweisungen gegeben, wie sie vorgehen soll. Sie müsse seine Frau zunächst mit dem Inhalt des Fläschchens betäuben und dann mit der Spritze Luft in die Vene der Ellenbeuge spritzen.

* Aus Gründen des Persönlichkeitsschutzes wurden die Namen von der Verlagsredaktion abgeändert.

Ob sie eine Spritze geben könne, hatte er gefragt. Sie hatte genickt, obwohl sie noch nie eine Spritze in der Hand hatte. Sie gestand es ihm aber nicht ein, denn wie immer wollte sie ihm auch diesmal alles rechtmachen. Irgendwie würde sie es schon schaffen. Wie hatte er doch noch beschwörend zum Abschied gesagt? »Meine Frau muß auf alle Fälle weg!«

Am nächsten Morgen will ihr Geliebter sie in dem Jugendheim, das sie leitet, gegen acht Uhr anrufen. Sie haben einen Code vereinbart. Wenn der Mord geklappt hat, soll sie sagen: »Es geht mir gut!« Andernfalls: »Es geht mir schlecht.«

Die junge Frau wartet bis zum Nachmittag. Mit einer Flasche Rotwein trinkt sie sich Mut an. Dann fährt sie zu einer Gärtnerei in München-Planegg und kauft eine rote Begonie. Auch das hat ihr der Geliebte aufgetragen. Er weiß, daß seine Frau überängstlich ist und ohne weiteres niemanden in die gemeinsame, mit einer Alarmanlage gesicherte Villa einläßt. Sein teuflischer Trick: Adelheid soll seiner Frau den Blumenstock überreichen, als Präsent für Frau St.'s Mutter, die bald Geburtstag hat. Aber auch das hat der ebenso reiche wie geizige Zahnarzt verlangt: »Kauf billige Blumen!« Er will für den Mord an seiner Frau nicht mehr als nötig ausgeben. Die Begonie, die Adelheid S. kauft, kostet sechs Mark.

Am Abend macht sie sich mit der Blume und ihrer weißen Umhängetasche auf den Weg. Schließlich taucht eine weiße, zweistöckige Villa in der Professor-Kurt-Huber-Straße 24 in München-Gräfelfing vor ihr auf. Hier hat Ernst St. seine Praxis, hier lebt er zusammen mit seiner Frau Margarete, mit der er seit 1951 verheiratet ist. Ihren Wagen, einen VW, parkt Adelheid S. in der Nähe. Mit klopfendem Herzen geht sie zur Haustür.

Auf ihr Klingeln öffnet niemand. Frau St. ist nicht da. Die junge Frau fährt zurück zum Jugendheim, trinkt wiederum Wein und fährt dann abermals nach Gräfelfing. Hier trifft sie Frau St., die gerade von der S-Bahn kommt, auf der Straße. Margarete St. kennt die junge Frau, die seit Jahren Patientin ihres Mannes ist. Daß sie seit einem halben Jahr auch dessen Geliebte ist, weiß sie allerdings nicht. Adelheid S. sagt: »Ich möchte Ihnen die Begonie zum Geburtstag Ihrer Mutter bringen!« Margarete St. blickt überrascht. »Das ist aber schön«, sagt sie dann erfreut. »Ach bitte, kommen Sie doch einen Augenblick herein.« Arglos schließt sie die Haustür auf, läßt die Besucherin eintreten. Sie geht mit ihr hinaus auf die Terrasse, wo man zusammen weiße Limonade trinkt. Die beiden Frauen sprechen über dieses und jenes. Dann kommt Margarete St. auf das Thema, das sie am meisten bewegt: Krankheiten.

Das hängt mit ihrem eigenen Schicksal zusammen. Seit ihrer Jugend hat sie eine labile Gesundheit. Als Kind litt sie unter Schwäche- und Brechanfällen. Wegen verschiedener Leiden attestierten ihr mehrere Ärzte Arbeitsunfähigkeit. Sie rieten ihr von einer Heirat ab und eröffneten ihr, daß sie keine Kinder bekommen würde. Ernst St. kannte den Zustand seiner Frau, als er sie heiratete. Aber selbst nach einer Herzoperation, der sie sich nach schweren Anfällen unterziehen mußte, ließ er sie entgegen ärztlichem Rat voll im Haushalt und in der Praxis arbeiten. Wie so oft sagt Frau St. auch im Gespräch mit ihrer Besucherin, sie nehme zuviel Rücksicht auf sich selbst und sie könne eigentlich mehr tun. Während sie sich unterhalten, gehen die beiden Frauen ins Haus zurück. Sie setzen sich ins Wohnzimmer. Hier unternimmt die Besucherin einen letzten Versuch, ohne Mord ihr Ziel zu erreichen. Sie möchte ihren Geliebten heiraten.

»Frau St.«, sagt sie, »Ihr Mann und ich – wir lieben uns. Wir haben ein Verhältnis.«

Die erwartete Szene bleibt aus. Die zierliche Frau des Zahnarztes, der man ihre geschwächte Gesundheit ansieht, schüttelt nur den Kopf. Sie sagt: »Da schau mal an, daß der so heucheln kann ...«

Ihre Besucherin sagt: »Von Ernst weiß ich, daß Ihre Ehe seit dreizehn Jahren nur noch auf dem Papier besteht. Da wäre es doch am besten, wenn Sie sich scheiden ließen.«

Abermals schüttelt die kleine Zahnarztfrau den Kopf. »Ich werde doch nicht dumm sein – ich bin eine kranke Frau. Warum soll ich denn meinen Mann aufgeben?«

Margarete St. kann nicht fassen, was sie da hören muß. Die Ehe ist die Grundlage ihrer Existenz. Mit ihr würde für sie alles zusammenbrechen: ihre Lebensaufgabe, ihr soziales Ansehen, ihre Gegenwart und ihre Zukunft. Die andere, die Jüngere, Gesündere, die ihr da gegenübersitzt, will ihr das alles nehmen. Doch so schwach sie auch ist, sie gibt nicht auf. Sie will kämpfen. Und greift zu der einzigen Waffe, die sie gegen ihren Mann besitzt. Wenn er sie verlasse, so droht sie, zeige sie ihn beim Finanzamt an. Er habe Steuern hinterzogen – eine Viertelmillion Mark. Komme das auf, sei er erledigt. Und sie, die Geliebte, habe dann ja auch nichts von ihrem Mann.

Sie weint, als sie das sagt. Es ist ihr Todesurteil. Denn nun beschließt Adelheid S. zu handeln.

Später sagt sie: »Es war, wie wenn der Herr St. neben mir stehen und sagen würde: ›Du mußt es tun! Du mußt den Auftrag ausführen!‹ Ich habe das Chloroform und die Spritze herausgenommen, und Frau St. rief: ›Das ist typisch für meinen Mann!‹

Ich habe sie im Stuhl zurückgedrückt und ihr den Wattebausch unter die Nase gehalten. Dabei kam es zu einem Handgemenge, und ich habe sie geschlagen. Zweimal habe ich versucht, sie mit der Spritze zu pieksen ...«
Doch das gelingt nicht. Der Plan ist fehlgeschlagen. Die junge Frau aber will und kann nicht mehr zurück. Die andere steht ihrem Glück im Wege. Außerdem hat sie angefangen, Frau St. zu töten. Unter diesem doppelten Zwang handelt sie.
Die Angegriffene reißt sich los, läuft zum Schlafzimmer. Adelheid S. hinter ihr her. Sie holt ihr Opfer ein, stürzt sich auf sie. Ein wilder Kampf beginnt. Der Gerichtsarzt Dr. Spann stellt später an Margarete St. neben drei Einstichen im Bereich der Venen einunddreißig Blutergüsse an ihrem Körper fest. Die zierliche, kranke Arztfrau hat gegen die viel größere, robuste junge Frau keine Chance. Adelheid S. wirft ihr schließlich einen Bademantelgürtel um den Hals, zieht zu, erdrosselt sie. Mit dem Gürtel hängt sie die Tote an einer Türklinke auf. Es soll wie Selbstmord aussehen.
Um zweiundzwanzig Uhr verläßt Adelheid S. die weiße Villa. Fluchtartig fährt sie in ihrem Wagen davon.
Am nächsten Morgen ruft ihr Geliebter sie aus seinem Jagdrevier an. Sie sagt das vereinbarte Codewort: »Es geht mir gut ...«

Am Nachmittag dieses 6. Juli erreicht ein Anruf die Gräfelfinger Polizei. Am Apparat ist die Schwägerin von St. Aufgeregt sagt sie: »Bitte, kommen Sie sofort. Frau St. ist tot! Vermutlich Raubmord.«
Als die Beamten eintreffen, finden sie im Haus Professor-Kurt-Huber-Straße 24 Ernst St. sowie dessen Schwager und die Schwägerin vor, die das Verbrechen gemeldet hat. Der Zahnarzt, ein kleiner, grauhaa-

riger Mann mit Hornbrille und korrekt gezogenem Scheitel, macht einen verstörten Eindruck. Er führt die Beamten durchs Haus, deutet auf die Tote an der Türklinke, zeigt offene Schränke und ein zerwühltes Bett im Schlafzimmer und sagt: »Meine Pistole ist weg! Gestern lag sie noch im Nachttisch.«

Es sieht tatsächlich so aus, als seien Gangster im Haus gewesen. St. sagt: »Vielleicht wollten sie an den Tresor. Gretl kannte die Zahlenkombination nicht, um ihn zu öffnen. Vielleicht mußte sie deshalb sterben.«

Die Beamten haben keinen Anlaß, an den Worten von St. zu zweifeln. Er ist in dem eleganten Münchener Villenvorort ein angesehener Bürger, ein tüchtiger Arzt, ein Mann mit großem Besitz und eigener Jagd, der in der Gesellschaft etwas gilt. Wie sollten sie in diesem Augenblick auch wissen, daß er noch vor wenigen Minuten im Haus Veränderungen vorgenommen hat, um sie auf eine falsche Fährte zu locken? Er hat die Türen im Schlafzimmer geöffnet, das Bett zerwühlt und den Wandteppich vom Tresor genommen und auf einen Tisch gelegt. Auch die Pistole hat er versteckt. Später wird sie in einer Schrankablage gefunden. Niemand kann dem blaß wirkenden Zahnarzt ansehen, daß er es war, der den Mord im eigenen Haus inszeniert hat.

Verräterisch war allerdings sein Verhalten am Vormittag. Da alarmierte er seine Verwandten, sie sollten nach seiner Frau sehen, weil sie nicht – wie verabredet – zu ihm ins Jagdrevier gekommen sei. Als er von ihnen hörte, das Haus in Gräfelfing wirke von außen unbewohnt und die Zeitung stecke noch im Kasten, rief er: »Da ist etwas passiert! Ich komme sofort!« Doch in aller Ruhe setzte er sich danach noch mit Freunden an einen Wirtshaustisch und trank Bier. Dann erst machte er sich auf den Weg zu seiner Villa. Hier sah er, wie seine Geliebte den

Mord ausgeführt hatte. Blitzschnell reagierte er, um einen Raubmord vorzutäuschen.
Eines hatte er aber übersehen: die rote Begonie. Adelheid S. hatte sie nach der Tat vergessen.
Einer der Kriminalbeamten, die den Mord aufnehmen, sieht den Blumenstock. Mit einer grünen Manschette, noch halb in Papier eingewickelt, steht er in der Diele. Der Beamte fragt sich: Hat Margarete St. die Begonie selbst mitgebracht – oder stammt sie womöglich vom Mörder?
Am nächsten Morgen meldet sich ein Zeuge, der in der Zeitung vom Mord in der Zahnarztvilla gelesen hat. Er gibt an, am Freitagabend eine Frau mit einem roten Kleid gesehen zu haben, die mit einem Blumenstock in der Hand vor dem Hause von St. auf und ab ging. Sie habe die Frau des Zahnarztes angesprochen und sei mit ihr ins Haus gegangen.
»Wann war das?« fragt man ihn.
»Gegen acht Uhr.«
Dann meldet sich eine Verkäuferin aus einem Blumengeschäft in Planegg. Sie hat der Frau im roten Kleid den Begonienstock verkauft. Wie sie aussah? »Hübsch, mit großem Busen.«
Diese Frau war vermutlich die letzte Besucherin von Margarete St. Aber: Ist sie auch ihre Mörderin? Auf dem Terrassentisch in der Zahnarzt-Villa hat die Mordkommission eine Limonadenflasche und drei Gläser gefunden. Frau St. und die Frau im roten Kleid, so sagen Nachbarn aus, haben zusammen auf der Terrasse gesessen und getrunken. Das erklärt die zwei Gläser. Was ist aber mit dem dritten Glas? Spielt es überhaupt eine Rolle?
Und welche Rolle spielt die geheimnisvolle Frau im roten Kleid?

Eine Frau als Raubmörderin – das ist selten in der Kriminalgeschichte. Wenn Frauen töten, dann meistens aus Liebe, Eifersucht oder Haß. Margarete St. – also womöglich ein Racheopfer?
»Sie war herzkrank«, sagt der Hausarzt. Und die Nachbarn sagen: »Eine stille, zurückhaltende, freundliche Frau.« Ehekrach? Streitigkeiten? Dafür gibt es keinen Hinweis. Auch das Alibi ihres Mannes wird von der Mordkommission vorsorglich überprüft. Der Jagdfreund bestätigt Ernst St., daß er am Mordabend mit ihm zusammen war. Die Ermittlungen drehen sich im Kreise.
Da hilft ein Bäcker aus der Nachbarschaft den Beamten weiter. »Ich weiß nicht, ob das wichtig ist«, sagt er. »Ich finde das aber komisch ...«
»Was finden Sie komisch?«
»Daß Herr St. jeden Morgen um fünf Uhr, wenn er seinen Hund Alf spazierenführt, in eine Telefonzelle geht und von dort aus jemanden anruft. Er hat doch Telefon zu Hause.«
Kriminaloberkommissar Schuler, der die Ermittlungen leitet, fragt St.: »Mit wem haben Sie jeden Morgen von der Zelle in der Nähe Ihres Hauses aus telefoniert?«
»Ich? Aus einer Telefonzelle? Wie kommen Sie denn bloß darauf?«
»Sie sind gesehen worden. Wir haben Zeugen.«
»Die müssen sich irren.«
»Also: wen haben Sie angerufen? Wir können das leicht feststellen.«
Seufzend sagt St.: »Ich habe eine Freundin. Seit einigen Jahren. Weil meine Frau so krank war ... Das kann man doch verstehen, nicht wahr? Da bin ich wohl keine Ausnahme.«
»Name?« – »Aber sie hat doch mit der Sache nichts zu tun. Lassen Sie sie um Gottes Willen da heraus.«
Doch die Kripoleute dringen so lange in ihn, bis er den Namen von

Adelheid S. preisgibt. Kurz darauf klingeln sie an einer Wohnung in der Münchener Hansastraße. Eine junge, blonde Frau mit hellblauen Augen öffnet. »Sind Sie Adelheid S.?« fragt einer der Beamten.
Er zeigt seine Marke. Da beginnt die junge Frau zu schluchzen. Sie stammelt: »Ja, ich habe es getan.«
»Was?«
»Ich habe Frau St. umgebracht ...«

Noch in derselben Nacht bringt man Adelheid S. ins Münchener Polizeipräsidium. Ihre Aussage enthüllt ein tödliches Dreieck, wie man es in vielen Tragödien auf der Bühne und im Leben findet: der erfolgreiche Mann in den besten Jahren, die Frau, für die seine »besten« Jahre die grausamsten werden, wenn er ihrer überdrüssig ist, und die junge Geliebte, die im Hintergrund darauf wartet, um an ihre Stelle treten zu können.

Es gehört zu den Rätseln der menschlichen Natur, daß oft nur Mord eine solche Dreierverstrickung lösen kann. Auch Adelheid S. scheint keinen anderen Ausweg gesehen zu haben. Sie mordete, so sagt sie, weil sie St.'s Frau werden wollte. Auf eine Scheidung habe ihre Rivalin sich nicht eingelassen.
Der Kommisar fragt: »Und Herr St.? Wußte er davon? War er damit einverstanden, daß Sie seine Frau töteten?«
Die junge Frau zögert. Das Verhör dauert schon seit Stunden. Was soll sie sagen? Soll sie den dreiundzwanzig Jahre älteren Mann, den sie nach ihren Schilderungen »über alles liebt«, belasten? Oder soll sie lügen, um ihn zu beschützen? Um zu lügen, fehlt ihr die Kraft. Wohl auch die Intelligenz, die Phantasie, die Logik, die man braucht, um eine

falsche Darstellung auf Dauer durchzuhalten. So sagt sie schließlich:
»Ja, er wußte Bescheid.«
»War es sein Plan?«
»Ja. Er ist allerdings schiefgegangen. Ich sollte seine Frau am Abend besuchen, betäuben und ihr Luft in die Venen spritzen. Doch es klappte nicht. Frau St. wehrte sich ...«

Ernst St., der geachtete Bürger, der angesehene Arzt also ein eiskalter Anstifter zum Mord?
Auch ihn holt man ins Präsidium. Doch energisch streitet er alles ab.
»Was diese Person sagt, ist eine gemeine Lüge!« erklärt er. »Schön, ich hatte ein Verhältnis mit ihr. Aber mich deshalb scheiden lassen – oder gar meine Frau umbringen? Das ist doch lächerlich.«
Auch wenn dieser Mann sich oft umständlich, manchmal geschraubt ausdrückt, er weiß sich geschickt zu verteidigen. Sein Hauptargument: Adelheid S. sei bei dem Mord dumm und stümperhaft vorgegangen. Als erfahrener Mediziner hätte er anders gehandelt. Schließlich wisse jeder Fachmann, daß man mit einer Zwei-Kubikzentimeter-Spritze, wie seine Geliebte sie benutzt habe, keinem Menschen eine tödliche Luftembolie beibringen kann. Schon das entlarve ihre Aussage als Lüge.
Das klingt einleuchtend. Andererseits: die etwas einfältige Adelheid S. macht nicht den Eindruck einer Frau, die aus eigenem Antrieb tötet. Ihr Handeln muß demnach tiefen Wesensschichten entspringen, in die nur Psychologen hinableuchten können. Polizisten, obwohl immer wieder mit den Rätseln der menschlichen Seele konfrontiert, sind keine Psychologen. Sie müssen sich auf die Realität und auf die Fakten stützen, die das Mosaik eines Verbrechens ausmachen. Um

dieses Mosaik zusammenzutragen, fragen sie Adelheid S. nach ihren Beziehungen zu Ernst St.
Rückhaltlos berichtet sie, wie alles anfing – und endete.

Adelheid S. lernte Ernst St. 1960 kennen. Sie war damals zwölf Jahre, ein pummeliges Geschöpf. Ängstlich saß sie im Behandlungsstuhl seiner Praxis in der Münchener Siglstraße. Margarete St. reichte ihrem Mann die Instrumente.
Eine alltägliche Szene im Sprechzimmer eines Zahnarztes, der den Ruf genoß, keinem Patienten »weh zu tun«. Nichts deutete darauf hin, daß diese drei Menschen vierzehn Jahre später die handelnden Figuren in einer blutigen Tragödie werden sollten. Der Ausgangspunkt dazu wurde aber an diesem Morgen gelegt.
Adelheid imponierte der kleine, drahtige Mann mit den flinken Händen. So hätte sie sich ihren Vater gewünscht. Eine eher unbewußte Regung des unehelich geborenen Mädchens. Bewußt aber war ihr, daß sie sich bei St. wohlfühlte, daß er ihr alle Angst nahm. Er entließ sie mit einer Tafel Schokolade.
Von nun an ging sie regelmäßig zweimal im Jahr zu ihm, um sich behandeln zu lassen. Als sie älter wurde, auch öfter. Häufig täuschte sie dabei Zahnschmerzen nur vor, denn er war ihr Jungmädchenschwarm. Mit seinen blauen Augen und später seinen grauen Schläfen war er für sie ein Typ »wie Rudolf Schock«.
Auch St. mochte die Kleine, die mit der Zeit sichtlich heranblühte. Er bestellte sie schließlich zu Behandlungen, die eigentlich gar nicht nötig waren. Dabei richtete er es meistens so ein, daß seine Frau dann nicht in der Praxis war. Alles noch harmlos, aber doch schon mehr als die Vater-Tochter-Beziehung, nach der alles aussah.

Der Zahnarzt war überrascht, als seine junge Patientin ihm eines Tages sagte: »Ich habe mich verlobt.« Er bedauerte das. Doch die Besuche der damals Zwanzigjährigen bei ihm wurden auch nach ihrer Heirat nicht weniger. St. ahnte nicht, daß er wie ein Schatten über ihrer Ehe lag. Sie verglich ihren Mann, einen jungen Fotografen, ständig mit dem Zahnarzt, der so gut verdiente, in besten Verhältnissen lebte und gesellschaftlich etwas darstellte. Eine ganz andere Welt, eine ganz andere Erscheinung. St. wurde für sie mehr und mehr zum Idealbild. Ihre Ehe zerbrach schließlich daran.

»Ach Sie Glückliche, Sie haben es schon hinter sich!« sagte er, als sie ihm von ihrer Scheidung erzählte. Ein anderes Mal sagte er zu ihr: »Ach, Sie als Frau zu haben! Sie sind jung, kräftig und arbeitsam.« Aus solchen Äußerungen entnahm Adelheid S., daß er sie gern sah. Und auch, daß er, entgegen dem äußeren Anschein, keine glückliche Ehe führte.

Die Ehe von St. war zu dieser Zeit längst ausgehöhlt. 1951 hatte er während seiner Ausbildung zum Dentisten seine Jugendfreundin Margarete geheiratet. Schon damals eine gesundheitlich labile, stets kränkelnde Frau. Als die sexuellen Beziehungen der Eheleute nachließen, begann St. ein Verhältnis mit einer Patientin. Es dauerte neun Jahre. Nachdem es zu Ende war, richtete er seine Begehrlichkeit auf Adelheid S.

Als sie im August 1973 nach Wallgau in Urlaub fuhr, schickte er ihr anonym einen Liebesbrief. Sie erhielt ihn nicht.

Aber das Wort Liebe, das Stichwort für die spätere Katastrophe, war gefallen.

Langsam aber unausweichlich trieben die beiden aufeinander zu. Es begann damit, daß sie zusammen schwimmen gingen. Der Arzt hatte

St. zum Sport geraten. Auf der Suche nach einem Partner fragte er seine Patienten. Alle lehnten jedoch ab, bis auf Adelheid S. »Na schön, Ernst, da hast du ja eine Begleitung«, sagte arglos Margarete St., als ihr Mann und seine junge Patientin sich zum ersten gemeinsamen Badebesuch verabredeten. Sie selbst war wegen ihrer Krankheit nicht imstande, mit ihrem Mann zu schwimmen.

Bald schon schlug der Zahnarzt der jungen Frau vor, nach dem Baden noch einen Schoppen Wein zu trinken. An diesem Abend überreichte er ihr drei rote Nelken. Mit den Worten: »Dunkelrote Rosen bring ich, schöne Frau, und was dies bedeutet, wissen Sie genau.«

Verlegen fragte Adelheid: »Und was sagt Ihre Frau dazu? Sie sind doch verheiratet.«

Darauf St.: »Das ist mir egal. Denn ich liebe Sie ... schon seit langem.«

Kurz darauf kam St. aus seinem Jagdrevier in die Wohnung der jungen Frau. Sie wurden miteinander intim. Von diesem Moment an verfiel Adelheid dem erfahrenen Geliebten. Denn bei ihm fand sie zum erstenmal sexuelle Erfüllung. Schon nach dieser ersten Begegnung fühlte sie sich schwanger. St. verlangte eine Abtreibung. Er sagte: »Wenn sie weg wäre (gemeint war seine Frau), dann bräuchtest du es nicht auf dich zu nehmen.« Und ein anderes Mal: »Warte nur, die Zeit ist noch nicht da – du kriegst schon noch ein Kind.«

Die Beziehungen der beiden verliefen von nun an nach einem immer gleichen Stundenplan. Morgens um fünf Uhr, wenn St. seinen Hund ausführte, rief er die Geliebte an, um sie zu wecken. Abends zwischen neunzehn und zwanzig Uhr gingen sie in Gräfelfing im Dunkeln spazieren. Der Mittwoch und der Samstag gehörten der Liebe. Dann kam St. aus seinem Jagdrevier heimlich zu ihr in die Wohnung und blieb bis zum nächsten Morgen. Er war ein unersättlicher Liebhaber und gab der jungen Frau sexuelle Aufputschmittel und enthemmende Spritzen, damit sie mithalten konnte. Zuerst wehrte sie sich gegen seine ausgefallenen Praktiken, schließlich machte sie alles mit, was er von ihr verlangte.

Wenn sie im Bett zusammenlagen, sagte St. immer häufiger: »Meine Frau ekelt mich an. Mir wird übel, wenn ich ihre Unterwäsche im Bad sehe.«

Adelheid sagte: »Dann laß dich doch scheiden.«

St. schüttelte jedesmal den Kopf. Er kenne seine Frau, darauf würde sie sich niemals einlassen. Am 21. Dezember 1973 ging er zu einer Münchener Astrologin. Zwei Dinge wollte er von ihr wissen: Ob sie ihm eine Scheidung voraussagen könne. Und wie sich der Gesundheitszustand seiner kranken Frau entwickeln würde. Die Astrologin sagte ihm, daß er mit einer Scheidung nicht rechnen könne. Die Gesundheit seiner Frau sei allerdings Mitte 1974 gefährdet.

Heiligabend überreichte Ernst St. seiner Geliebten einen Blumenstrauß und einen handgeschriebenen Brief, den sie fortan ständig bei sich trug. Bei ihrer Festnahme durch die Polizei hatte sie ihn in ihrer Handtasche. Er lautete:

»Meine geliebte Adelheid!

Im Neubeginn meines Lebens, vorgegeben durch die Stunde unserer Erstbegegnung, liegt offensichtlich schicksalsbedingt jene Kraft, mit der ich seit jenem Augenblick des Glückes bis an das Ende unseres Lebens verweilen will. So heißt nun mein weiteres Sein: ›Adelheid‹! Du bist mein wahres Leben, meine Zukunft. Ich liebe Dich, Dich allein, mein Herz – mein Glück –, ich will und *kann* Dich nimmermehr aus meinem Leben streichen.

Was Worte an dieser Stelle nicht zu fassen vermögen, sollen Dir am heutigen Tage die Strahlen des Weihnachtlichen in Dein Herz tragen und damit jenen Frieden, den die Bewahrung unseres gemeinsamen Glücks bis an das Ende unseres Lebens nötig hat.
Ergriffen von der gewaltigen Kraft ehrlicher Liebe wünsche ich angemessen der Stunde eine ›Frohe Weihnacht‹!
Dein Dich liebender Ernst!«
Ende Januar versuchte St., seine Frau zur Scheidung zu bewegen. Sie bat sich einige Tage Bedenkzeit aus, lehnte dann ab. Eine Scheidung käme »nur über ihre Leiche« in Frage. Wenn er daran festhalte, würde sie dem Finanzamt gegenüber aufdecken, daß er seit 1958 systematisch die Einkommensteuer hinterzogen habe. Dann würde eben »alles platzen«.
Mit dieser Drohung traf sie St.'s Nerv. Denn er war extrem sparsam bis zum unverhüllten Geiz. Um den Friseur zu sparen, schnitt er seiner Frau die Haare selbst. Obwohl er im Monat zehntausend Mark verdiente, gab er ihr nur zweihundert Mark Haushaltsgeld. Und er ließ die stets Kränkelnde hart im Haushalt und in der Praxis arbeiten, um kein Geld für Hilfskräfte ausgeben zu müssen. Einen solchen Mann, der auf vieles verzichtete, um emsig seinen Besitz zu mehren, mußte die Drohung seiner Frau, ihn beim Finanzamt anzuzeigen, in Panik versetzen.
Schließlich sah er nur noch einen Ausweg. Zu seiner Geliebten sagte er: »Die muß weg! Sie ist uns im Wege ...«

Er begann über das »Wie« nachzusinnen. Erstaunlich dabei seine kriminelle Phantasie, sein Mangel an Skrupel. Man könne einen Autounfall fingieren, meinte er. Oder einen Jagdunfall. Seine Frau könne von einem Hochsitz herunterfallen, den man entsprechend präpariert habe.

Die Geliebte widersprach solchen finsteren Überlegungen. Man könne seine Frau doch nicht beseitigen wie eine gelesene Zeitung. Außerdem seien seine Pläne viel zu gefährlich. Bei einem vorgetäuschten Autounfall zum Beispiel könne ihm selbst etwas passieren. Davor habe sie Angst.

Doch er kam von seinen Mordgedanken nicht mehr los. Nur in einem Punkt änderte sich im Laufe der Wochen und Monate seine Meinung. Anfangs erklärte er, er wolle dem Sterben seiner Frau selbst »nachhelfen«. Später versuchte er der Geliebten klarzumachen, daß er dann sofort in Verdacht geraten müsse. Denn zu viele Leute wüßten von seiner schlechten Ehe. Konsequenz: Sie, Adelheid, müsse den entscheidenden Schritt tun. Damit könne sie ihm ihre Liebe beweisen. Denn: »Es geht um unsere Zukunft! Wenn du es tust, Herzchen, bist du bald schon meine Frau ...«

Die einfache Adelheid wehrte sich. Nein, da mache sie nicht mit. Alles könne er von ihr verlangen – nur das nicht.

Es sei ganz einfach, engegnete er. Sie brauche seiner Frau nur Luft in die Venen zu spritzen. Dadurch würde eine Luftembolie herbeigeführt. Der Arzt würde der Herzkranken einen natürlichen Tod bescheinigen. Nicht die Spur eines Verdachtes würde auf sie fallen.

Noch einmal begehrte sie auf. Er solle es abermals mit der Scheidung versuchen, seine Frau andernfalls schikanieren, damit sie endgültig die Lust an der Ehe verliere. Oder er solle sie mit Geld ködern. Nach der Heirat könnten sie ja beide hart arbeiten und Frau St. monatlich einige tausend Mark, dazu die Hälfte der schwarz eingenommenen Honorare und als Abfindung eines seiner beiden Häuser geben. Aber damit stieß sie bei ihm auf Granit. Dafür habe er nicht sein Leben lang geschuftet, sagte er. Dafür nicht. So wurde sein Geiz für ihn mit zur Antriebskraft zum Mord.

Die Antriebskraft für Adelheid wurde ihre Hörigkeit, ihre seelische und sexuelle Abhängigkeit von St.

Längst hatte sie ihm gegenüber eine Unterwerfungshaltung eingenommen. Das hatte sie schon als Kind bei ihrer dominierenden Mutter getan. Ein Verhaltensmuster, das bei ihr also längst eingeschliffen war. Vielleicht hatte sie den ihr in allem überlegenen St. gerade deshalb als Partner gewählt. Bei ihm konnte sie die gewohnte Rolle spielen und sich seinen Wünschen fügen. Sie fügte sich schließlich auch, als er von ihr als »Liebesbeweis« den Mord verlangte.

Die letzte Weiche dazu wurde am Mittwoch, dem 3. Juli 1974, gestellt. St. besuchte die Geliebte in ihrer Wohnung, um sich bei ihr das Weltmeisterschaftsfußballspiel Deutschland gegen Polen anzusehen. In einer grauen Tüte brachte er eine Plastikspritze mit. Er erklärte ihr, wie sie damit umgehen müsse, um seine Frau umzubringen. Nach dem Fußballspiel, das Deutschland 1 : 0 gewann, liebten sie sich noch einmal. Als er ging, sagte er: »Mein Gott, Herzchen, jetzt muß ich heim zu dem Scheusal!«

Am Donnerstag und Freitag malte er der Geliebten bei Spaziergängen aus, wie es mit ihnen nach der Tat weitergehen würde. »Du ziehst zunächst zu mir in die leere Einliegerwohnung«, sagte er. »Wir müssen den Schein wahren. Aber in der Praxis und im Haus nimmst du schon Margaretes Stelle ein. Nach einer gewissen Anstandsfrist heiraten wir.«

Adelheid S. sah sich am Ziel ihrer Wünsche. Freitagabend tötete sie Margarete St.

Soweit die Schilderung der jungen Mörderin vor der Polizei und dem Untersuchungsrichter. Doch Ernst St. bleibt dabei: »Ich habe mit der Tat nichts zu tun. Weder mit der Hand noch mit dem Geist.«
Der Kommissar fragt: »Wie erklären Sie sich dann die Tat von Frau S.?«
Der Zahnarzt zuckt mit den Schultern. »Vielleicht Habgier. Womöglich wollte sie an den Tresor und wurde dabei von meiner Frau gestört. Frau S. kannte die Zahlenkombination. Ich hatte sie ihr einmal gegeben, für den Fall, daß mir oder meiner Frau etwas zustoßen würde.«
»Wenn das so war – warum hat Frau S. Sie dann so stark belastet?«
»Sie muß ein Darlehen von sechstausend Mark an mich zurückzahlen, das ich ihr ohne Quittung gegeben habe. Vielleicht glaubt sie, das müsse sie nicht, wenn man mich verhaftet.«
»Haben Sie ihr die Ehe versprochen?«
»Nein. Sie wußte, daß ich mich niemals scheiden lassen würde. Auch bei einem normalen Tod meiner Frau hätte ich sie nicht geheiratet.«
»Aber Sie haben ihr doch am letzten Heiligabend geschrieben, sie sei Ihr wahres Leben, Ihre Zukunft! Sie könnten sie nie mehr aus ihrem Leben streichen ... Das paßt doch nicht zusammen.«
Ernst St., nach kurzem Überlegen: »Das war Ausfluß meines Humors, Witzes und Frohsinns. Zu meinem Alltag gehört auch der Überschwang.«
Der Kommissar schüttelt den Kopf. »Humor, Witz und Frohsinn kann ich in diesem Brief beim besten Willen nicht entdecken.«
Ernst St.: »Ich habe ihn aber nicht ernst gemeint.«
Anfang Februar 1974 betritt der Zahnarzt neben der Geliebten den Münchener Schwurgerichtssaal. Sie sind des gemeinsamen Mordes angeklagt. Adelheid S. ist in der Haft dicker geworden, sie hat zwanzig Pfund zugenommen: »Kummerspeck«. An Ernst St. sind die

Monate in der Zelle scheinbar spurlos vorübergegangen. Er wirkt ernst, gefaßt, verbissen und würdigt die Mitangeklagte keines Blickes. Zunächst verläuft der Prozeß ohne Sensation. Adelheid S. wiederholt ihr Geständnis, Ernst St. seine Unschuldsbeteuerungen. Über die Beziehungen zu seiner Frau sagt er in seiner gestelzten Redeweise: »Meine Ehe war getragen vom Talent der Freundschaft. Im Vordergrund stand die Praxis. Später kamen die Jagd und die Hausmusik dazu. Meine Ehe war auch gewürzt von kleinen Mißhelligkeiten, aber eine Krise gab es nicht.«

Am vierten Tag platzt die Verhandlung wegen einer Schöffin, die sich mit einem Verteidiger anlegt. Sie wird wegen Befangenheit abgelehnt. Am 12. April beginnt alles von neuem. Der Vorsitzender Dr. Hubert Grader wendet sich der Angeklagten zu, die noch einmal die Tat geschildert hat.

VORSITZENDER: »Wie äußerte sich Herr St., als Sie ihn danach zum erstenmal wiedersahen? Machte er Ihnen Vorwürfe, daß die Sache mit der Spritze nicht geklappt hatte?«

ANGEKLAGTE: »Er sagte: ›Du bist ja noch blöder als meine Alte! Aber ich hab' ja ein hundertprozentiges Alibi. Und ein Jäger kann lügen wie die Pest!‹«

VORSITZENDER: »Lieben Sie Herrn St. noch?«

ANGEKLAGTE: »Ja. Ich habe ihn keine Sekunde gehaßt.«

VORSITZENDER: »Auch nicht, als Sie verhaftet wurden?«

ANGEKLAGTE, leise: »Ein Haftbefehl kann ja nicht ein Herz wie ein Uhrwerk zum Stillstand bringen.«

Nach diesen Worten richten sich die Blicke der Menschen im Saal auf den kleinen, unscheinbaren Mann mit der Hornbrille neben ihr. Doch ihre Botschaft, daß sie ihn trotz allem immer noch liebt, scheint ihn nicht zu erreichen. Starr blickt er vor sich hin.

Da erhebt sich ein Sachverständiger und wendet sich an die Angeklagte.

GUTACHTER: »Was hat Sie an diesem Mann denn so gefesselt?«

ANGEKLAGTE: »Alles an ihm.«

GUTACHTER: »Aber jeder Mensch hat doch Fehler.«

ANGEKLAGTE: »Er nicht.«

Anders ihr Mitangeklagter. Er erklärt, er habe Adelheid S. nie geliebt. Es sei nur eine sexuelle Beziehung gewesen.

VORSITZENDER: »Die nicht ohne Folgen blieb. Eines Tages war von Abtreibung die Rede.«

ANGEKLAGTER: »Ich war mir keiner Schuld bewußt.«

VORSITZENDER: »Darum geht es nicht. Sie soll damals schon im vierten Monat gewesen sein.«

ANGEKLAGTER: »Diesen Schluß wage ich nicht zu ziehen.«

VORSITZENDER: »Frau S. wollte dann auch Ihr Jagdrevier sehen?«

ANGEKLAGTER: »Richtig. Die jagdlichen Ereignisse fanden im Mai statt.«

VORSITZENDER: »Ich meine, ob Sie mit Frau S. in Ihrer Jagdhütte einmal übernachtet haben?«

ANGEKLAGTER: »Richtig, damit meinte ich ja die jagdlichen Ereignisse.«

Schallendes Gelächter im Saal. Richter Dr. Grader muß das Publikum um Ruhe bitten.

Das Auftreten von Ernst St. ist nicht selten selbstherrlich. Er wirkt beherrscht und konzentriert. Zeitweilig spricht er forsch und abgehackt wie ein Gardeoffizier. Seine geschraubte Redeweise rückt ihn jedoch immer wieder in die Nähe einer Witzfigur. So steht er beispielsweise nachts nicht auf, um zur Toilette zu gehen. Nein, er »erwacht, um biologische Fragen zu verrichten«. Pathetisch erklärt er: »Nichts und niemand hätte mich von meiner Frau trennen können.« Und verächtlich zu der einstigen Geliebten gewandt: »Daß sie meine Frau umbringt, hätte ich ihr nie zugetraut.«

VORSITZENDER: »Frau S. hat hier erklärt, daß Sie am 3. Juli 1974 mit ihr in ihrer Wohnung das Mordkomplott geschmiedet haben.«

ANGEKLAGTER: »Erfunden! Ich weiß mich genau zu erinnern. Es fand an diesem Nachmittag weder eine Liebesstunde statt, noch mußte Frau S. mir eine Hose aufbügeln, wie sie geschildert hat, noch mußte sie sich auf meinen Schoß setzen. Vielmehr schaute ich mir in ihrer Wohnung das Fußball-Länderspiel Deutschland gegen Polen an. Der Gerd Müller hat in der fünfundsiebzigsten Minute das erste Tor geschossen. Ich weiß es genau.« Und dann wieder in seinem geschraubten Sprachstil: »Die Spannung des Fußballspiels war nicht gehalten, an andere Dinge zu denken.«

Aussage steht also weiterhin gegen Aussage. Wer lügt, wer sagt die Wahrheit? Soll man der hübschen, dicklichen jungen Frau glauben, die womöglich aus Trotz gegen ihren Geliebten, der ihr das immer verboten hat, im Gerichtssaal ein Kleid trägt, das ihre Knie nicht bedeckt? Oder soll man dem verbissen wirkenden Zahnarzt glauben, der alles abstreitet, selbst, daß er ihr Spritzen und Aufputschmittel zur sexuellen Anregung gegeben hat?

Die Antwort auf diese Fragen muß den Prozeß entscheiden. Das Schwurgericht hört dazu das Gutachten der Sachverständigen.

Die Psychologin Professor Dr. Müller-Luckmann glaubt, eine falsche Belastung des Angeklagten durch Adelheid S. ausschließen zu können. Das setze den Aufbau logischer Gedankenketten voraus, zu dem sie aufgrund ihrer Persönlichkeitsstruktur nicht in der Lage sei. Es ermangele ihr im geistigen und praktischen Bereich an Findigkeit und Einfallsreichtum. Beides aber sei für eine durchgängige Lüge bei einem so komplizierten Sachverhalt Voraussetzung. Den Detailreichtum und die Differenziertheit bei ihren ersten polizeilichen Vernehmungen habe sie nicht erfinden können. Ergebnis des vorsichtig formulierten Gutachtens: Ein Alleingang der jungen Frau beim Mord und eine Falschbelastung des Zahnarztes sind wohl auszuschließen. Mit anderen Worten: Die Angeklagte hat vor der Polizei und vor Gericht die Wahrheit gesagt. Demnach hat Ernst St. also gelogen. Andere Gutachter kommen zu ähnlichen Feststellungen.

Ernst St. erscheint in ihrem Urteil als überdurchschnittlich intelligent. Ein Mann, der planmäßig und klar überlegt seine Ziele verfolgt. Seine Lebensplanung sei in einem übersteigerten Egoismus darauf ausgerichtet, sich durchzusetzen, aber möglichst kein Risiko einzugehen und seine eigene Position möglichst doppelt und dreifach abzusichern.

Ein Egoist, ein kühler Planer – aber auch ein Mörder? Die Aussage seiner früheren Geliebten und die Meinung der Sachverständigen über diese Aussage stehen gegen ihn.

Für ihn aber spricht, daß ein Mann seines Wissens und seiner Intelligenz (IQ = 120 HAWIE) wohl kaum eine Mordkomplizin mit so unzureichenden Mitteln zur Tat geschickt hätte. Er mußte wissen, daß seine Geliebte nach ihren Kenntnissen und nach ihrer Ausrüstung mit einer Zwei-Kubikzentimeter-Spritze bei ihrem Opfer eine tödliche Luftembolie nicht herbeiführen konnte. Aber er soll sie trotzdem dazu aufgefordert haben. Darin liegt ein Widerspruch.

Auf diese offene Frage findet später das Schwurgericht eine verblüffende Antwort.
Die Plädoyers bringen keine Überraschungen. Erster Staatsanwalt Klaus Rebel fordert Lebenslang für Ernst St., dreizehn Jahre Freiheitsstrafe für Adelheid S. Ihre Anwälte verlangen für sie eine Verurteilung lediglich wegen Totschlags. Verteidiger Walter sagt: »Wer wie sie aus Liebe und Hörigkeit zu einem Mann tötet, ist keine Mörderin!« Rechtsanwalt Dr. Erich Schmidt-Leichner beantragt als Wortführer der Wahlverteidigung für Ernst St. Freispruch. Gegen ihn gäbe es keinen einzigen Schuldbeweis außer der Aussage von Adelheid S. Und sie habe während des Prozesses in verschiedenen Punkten gelogen. Ernst St. sagt als letztes Wort: »Hohes Gericht, ich bin unschuldig.« Und Adelheid S. sagt: »Ich bereue aus tiefstem Herzen, was ich aus Liebe getan habe. Herr St. versucht, alle Schuld auf mich zu schieben, aber auch er wird eines Tages vor einem höheren Richter stehen.«
Als sich das Schwurgericht zur Beratung zurückzieht, wissen alle Prozeßbeteiligten, daß es vor einer schwierigen Aufgabe steht. Denn an klassischen Beweismitteln – hieb- und stichfesten Indizien etwa, gesicherten Spuren, glaubwürdigen Zeugenaussagen –, mit deren Hilfe man die Mitschuld von St. nachweisen kann, herrscht Mangel. Während des fast drei Monate dauernden Prozesses hat er seine ganze Eloquenz aufgeboten, seine frühere Geliebte als infame Lügnerin hinzustellen. Sie hingegen machte keine Anstalten, sich zur Wehr zu setzen. Ein Reporter schrieb: »Sie wirkte wie ein Schlachtopfer, dem die Einzelheiten wie auch der Ausgang des Prozesses gleichgültig sind.« Der persönliche Eindruck, den sie hinterließ, sprach allerdings für sie, für die Glaubwürdigkeit ihrer Darstellung von der Tat und deren Vorgeschichte. Aber ein Eindruck ist kein Beweis.

Am 8. August 1976 verkündet Vorsitzender Dr. Hubert Grader das Urteil: »Dreizehn Jahre Freiheitsstrafe für Adelheid S. wegen Mordes. Lebenslänglich für Ernst St. wegen Anstiftung zum Mord.«
Aus der Begründung: »Der Angeklagte hat die Tat umsichtig und sehr, sehr sorgfältig geplant.« Er habe gewußt, daß es bei der »auf ihn hörenden« Geliebten nur eines entsprechenden Anstoßes bedürfe, um sie zur Tat zu bewegen. Und er habe die Tat gewollt, da er in der »jungen, kräftigen, gesunden, gutaussehenden und willigen« Adelheid eine bessere Partnerin im Beruf, Haushalt und im Sexualbereich gesehen habe als in seiner herzkranken Frau, die in keine Scheidung einwilligen wollte und die ihm somit im Wege stand. Anfang Juli 1974 habe er Adelheid S. zu dem Verbrechen bewegt, »in dem er den kategorischen Imperativ aussprach, etwa so: ›Wenn du mich liebst, dann tust du es!‹«

Aufsehen nicht nur unter Juristen erregt, wie das Schwurgericht den Widerspruch zwischen der Tatsache auflöst, daß er als Mediziner wissen mußte, daß die Geliebte mit der von ihm gestellten Spritze seine Frau niemals töten könnte, sie aber dennoch so mangelhaft ausgerüstet zum Mord schickte.
Dem habe, so Vorsitzender Dr. Grader, ein nahezu teuflischer »Insgeheim-Plan« von St. zugrunde gelegen, »ein Plan, den nicht einmal Frau S. kannte. Er hat bewußt seiner Geliebten ein zu Mordzwecken untaugliches Mittel in die Hand gegeben.« Das sei eine Handlung mit »Netzfunktion« gewesen, »eine Tötungsart, von der sich der Arzt distanzieren konnte«. Andererseits sei ihm die Persönlichkeitsstruktur von Adelheid S. so vertraut gewesen, daß er fest darauf habe bauen können, daß sie seine Frau auf jeden Fall mit anderen Mitteln töten

würde, wenn sie erkennen mußte, daß der ursprüngliche Plan nicht funktionierte.

Eine sehr gewagte Konstruktion, über die ein Prozeßbeobachter schreibt: »Ernst St. soll die Geliebte mit einer Stecknadel in der Gewißheit losgeschickt haben, ihr werde ein Schwert zuwachsen, sobald sie die Wirkungslosigkeit der Stecknadel festgestellt habe ...«

Dennoch wirkt die Begründung des Urteils insgesamt schlüssig. Die Verteidigung von St. legt dagegen beim Bundesgerichtshof Revision ein. Im Dezember 1977 wird sie in allen Punkten verworfen.

Adelheid S. muß nur sieben Jahre ihrer Strafe absitzen. Anfang März 1983 kann sie wegen guter Führung das Frauengefängnis Aichach vorzeitig verlassen. Sie lebt heute unter einem anderen Namen.

Arthur Hailey

Letzte Diagnose
Ullstein Buch 2784

Hotel
Ullstein Buch 2841

Airport
Ullstein Buch 3125

Auf höchster Ebene
Ullstein Buch 3208

Räder
Ullstein Buch 3272

Die Bankiers
Ullstein Buch 20175

Hochspannung
Ullstein Buch 20301

Bittere Medizin
Ullstein Buch 20788

ein Ullstein Buch

»Dieser Bestsellerautor kennt den direkten Weg zum Publikum: Spannung.«
Münchner Merkur

Max Pierre
Schaeffer

Zum Nachtisch
Zyankali

Die 10 berühmtesten Versicherungsverbrechen
Ullstein Buch 20713

Mörder aus gutem
Hause

Die 11 berühmtesten Verbrechen aus der High Society
Ullstein Buch 20760